CONTROVERSES

TROISIÈME ÉDITION

Cahier d'activités

Larbi Oukada
Georgia College

Didier Bertrand
Indiana University–Purdue University-Indianapolis

Janet Solberg
Kalamazoo College

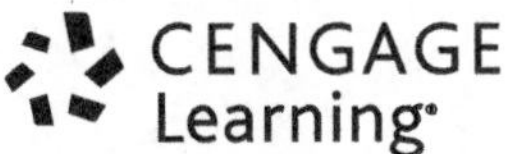

Australia • Brazil • Japan • Korea • Mexico • Singapore • Spain • United Kingdom • United States

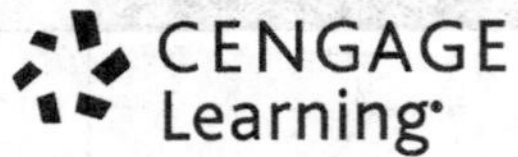

WCN: 01-100-101

ISBN-13: 978-1-305-10579-9
ISBN-10: 1-305-10579-6

Cengage Learning
200 First Stamford Place, 4th Floor
Stamford, CT 06902
USA

Cengage Learning is a leading provider of customized learning solutions with office locations around the globe, including Singapore, the United Kingdom, Australia, Mexico, Brazil, and Japan. Locate your local office at **www.cengage.com/global**

Cengage Learning products are represented in Canada by Nelson Education, Ltd.

To learn more about Cengage Learning, visit **www.cengage.com**

Purchase any of our products at your local college store or at our preferred online store **www.cengagebrain.com**

Printed in the United States of America
Print Number: 04 Print Year: 2019

Table des matières

Le présent de l'indicatif

Sommaire

GRAMMAIRE

www.cengagebrain.com

I. Le présent de l'indicatif

A. Formation du présent de l'indicatif

Grammar Podcasts, Grammar Tutorials

Note that the present indicative in French corresponds to three forms in English: the simple present, the present progressive, and the present emphatic.

Nous **parlons** français. { *We **speak** French.* / *We **are speaking** French.* / *We **do speak** French.* }

Conjugated forms of the present tense show three regular patterns and many exceptions.

1. **Les verbes qui se terminent en *-er*.** The first and most common pattern, is that of verbs whose infinitive ends in **-er** (example: **parler**).

sujet	**parler**	**manger**	**commencer**
je	parl **e**	mang **e**	commenc **e**
tu	parl **es**	mang **es**	commenc **es**
il, elle, on	parl **e**	mang **e**	commenc **e**
nous	parl **ons**	mang ***e* ons**	commen **ç ons**
vous	parl **ez**	mang **ez**	commenc **ez**
ils, elles	parl **ent**	mang **ent**	commenc **ent**

Remarques:

a. **Similar verb pronunciation.** Because some of their endings are silent, several **-er** verb forms are pronounced the same way. To use the verb **parler** as an example, [whether you are talking about yourself **(je parle)**, to a friend **(tu parles)**, or about another person or persons **(il parle, elle parle, ils parlent, elles parlent)**, the verb forms sound exactly alike. However, in cases where the verb begins with a vowel, **la liaison** allows you to hear whether a third-person verb is singular or plural **(Il aime / Ils** [z]**aiment)**.

b. **Sole irregular *-er* verb.** The verb **aller** *(to go)* ends in **-er** but is conjugated differently.
   je **vais,** tu **vas,** il/elle/on **va,** nous **allons,** vous **allez,** ils/elles **vont**

c. **Verbs with two stems.** Some verbs have one stem for the **je, tu, il/elle/on** and **ils/elles** forms, and a different stem for the **nous** and **vous** forms.

- Verbs like **lever**:
  je l**è**ve, tu l**è**ves, il/elle/on l**è**ve, ils/elles l**è**vent, *but:* nous levons, vous levez
- Verbs like **espérer** and **préférer**:
  j'esp**è**re, tu esp**è**res, il/elle/on esp**è**re, ils/elles esp**è**rent
  but: nous esp**é**rons, vous esp**é**rez
- Verbs like **appeler** or **jeter**:
  j'appe**ll**e, tu appe**ll**es, il/elle/on appe**ll**e, ils/elles appe**ll**ent
  but: nous appelons, vous appelez
  je je**tt**e, tu je**tt**es, il/elle/on je**tt**e, ils/elles je**tt**ent
  but: nous jetons, vous jetez
- Verbs ending in **-yer,** like **essayer**:
  j'ess**ai**e… nous essayons

d. **Verbs with a spelling modification in the *nous* form**

- Verbs whose stem ends in ***g*** (**partager, déménager, ranger,** etc.) receive an extra ***e*** before the -**ons** ending to preserve the soft ***g*** sound.

  Nous mangeons au restaurant.

- Verbs whose stem ends in **c** (**placer, balancer,** etc.) add a cedilla to the ***c*** of the **nous** form to preserve the soft **c** sound.

  Nous commençons à étudier le français.

2. Les verbes qui se terminent en *-ir*. The second pattern is that of verbs ending in **-ir,** such as **finir.**

sujet	**finir**
je	fin **is**
tu	fin **is**
il, elle, on	fin **it**
nous	fin ***iss*** **ons**
vous	fin ***iss*** **ez**
ils, elles	fin ***iss*** **ent**

Remarques:

- A number of common -ir verbs, such as **sortir, partir, dormir,** and **servir,** follow a different pattern.

sujet	**sortir**	**partir**	**dormir**	**servir**
je	sor **s**	par **s**	dor **s**	ser **s**
tu	sor **s**	par **s**	dor **s**	ser **s**
il, elle, on	sor **t**	par **t**	dor **t**	ser **t**
nous	sor ***tons***	par ***tons***	dor ***mons***	ser ***vons***
vous	sor ***tez***	par ***tez***	dor ***mez***	ser ***vez***
ils, elles	sor ***tent***	par ***tent***	dor ***ment***	ser ***vent***

- In addition, a few verbs ending in **-ir,** such as **ouvrir, offrir, souffrir,** and **découvrir,** are conjugated like **-er** verbs.

sujet	**ouvrir**	**offrir**	**souffrir**	**découvrir**
je/j'	ouvr **e**	offr **e**	souffr **e**	découvr **e**
tu	ouvr **es**	offr **es**	souffr **es**	découvr **es**
il, elle, on	ouvr **e**	offr **e**	souffr **e**	découvr **e**
nous	ouvr **ons**	offr **ons**	souffr **ons**	découvr **ons**
vous	ouvr **ez**	offr **ez**	souffr **ez**	découvr **ez**
ils, elles	ouvr **ent**	offr **ent**	souffr **ent**	découvr **ent**

3. Les verbes qui se terminent en *-re*. The third regular pattern is that of verbs ending in **-re**, such as **vendre.**

sujet	**vendre**
je	vend s
tu	vend s
il, elle, on	vend
nous	vend ons
vous	vend ez
ils, elles	vend ent

4. Les verbes irréguliers au présent. A number of verbs have irregular conjugations.

avoir	*to have*	ai, as, a, avons, avez, ont
boire	*to drink*	bois, bois, boit, buvons, buvez, boivent
conduire	*to drive*	conduis, conduis, conduit, conduisons, conduisez, conduisent
connaître	*to know*	connais, connais, connaît, connaissons, connaissez, connaissent
courir	*to run*	cours, cours, court, courons, courez, courent
craindre	*to fear*	crains, crains, craint, craignons, craignez, craignent
croire	*to believe*	crois, crois, croit, croyons, croyez, croient
devoir	*to have to*	dois, dois, doit, devons, devez, doivent
dire	*to say, tell*	dis, dis, dit, disons, dites, disent
écrire	*to write*	écris, écris, écrit, écrivons, écrivez, écrivent
être	*to be*	suis, es, est, sommes, êtes, sont
faire	*to do, make*	fais, fais, fait, faisons, faites, font
falloir	*to be necessary*	il faut
lire	*to read*	lis, lis, lit, lisons, lisez, lisent
mettre	*to put (on)*	mets, mets, met, mettons, mettez, mettent
mourir	*to die*	meurs, meurs, meurt, mourons, mourez, meurent
plaire	*to please, be pleasing to*	plais, plais, plaît, plaisons, plaisez, plaisent
pleuvoir	*to rain*	il pleut
pouvoir	*to be able to*	peux, peux, peut, pouvons, pouvez, peuvent
prendre	*to take*	prends, prends, prend, prenons, prenez, prennent
recevoir	*to receive*	reçois, reçois, reçoit, recevons, recevez, reçoivent
rire	*to laugh*	ris, ris, rit, rions, riez, rient
savoir	*to know*	sais, sais, sait, savons, savez, savent
suivre	*to follow*	suis, suis, suit, suivons, suivez, suivent
valoir	*to be worth*	vaux, vaux, vaut, valons, valez, valent
venir	*to come*	viens, viens, vient, venons, venez, viennent
vivre	*to live*	vis, vis, vit, vivons, vivez, vivent
voir	*to see*	vois, vois, voit, voyons, voyez, voient
vouloir	*to want*	veux, veux, veut, voulons, voulez, veulent

5. **Les verbes pronominaux au présent.** These verbs follow the conjugation patterns outlined above, except that they are preceded by a reflexive pronoun.
Example: **se réveiller** *(to wake up)*, **se réunir** *(to meet)*, **s'entendre** *(to get along)*

sujet	***pronom réfléchi***	***verbe***	***verbe***
	se	**réveiller**	**réunir**
je	**me**	réveill e	réun **is**
tu	**te**	réveill **es**	réun **is**
il, elle, on	**se**	réveill **e**	réun **it**
nous	**nous**	réveill **ons**	réun iss **ons**
vous	**vous**	réveill **ez**	réun iss **ez**
ils, elles	**se**	réveill **ent**	réun iss **ent**

sujet	***pronom réfléchi***	***verbe***
	s'	**entendre**
je	**m'**	entend **s**
tu	**t'**	entend s
il, elle, on	**s'**	entend
nous	**nous**	entend **ons**
vous	**vous**	entend **ez**
ils, elles	**s'**	entend **ent**

B. Usages du présent

The present tense of the indicative is used in the following ways.

- To tell about what is happening at the present moment.

  Je te téléphone de l'avion.

  I ***am calling*** *you from the plane.*

  Les enfants **jouent** dans le jardin.

  The children ***are playing*** *in the yard.*

- To make generalizations or speak about habitual actions.

  Le soleil **se lève** à l'est. *The sun* ***rises*** *in the east.*

  D'habitude, je **sors** le samedi soir. *Usually, I* ***go out*** *on Saturday nights.*

- To indicate what is going to happen in the near future.

  Qu'est-ce que vous **faites** ce soir? *What* ***are you doing*** *tonight?*

  Nous **allons** au cinéma. *We* ***are going*** *to the movies.*

  Demain, nous **partons** pour Paris. *Tomorrow, we* ***are leaving*** *for Paris.*

- To indicate what is going to happen in the near future using **aller** + *infinitive.*

  Mon colocataire **va être** ingénieur.

  My roommate ***is going to be*** *an engineer.*

  Demain, nous **allons ranger** notre chambre.

  Tomorrow, we ***are going to clean*** *our room.*

- To indicate what *has just happened* in the recent past, using **venir de** + *infinitive.*

  Mon frère **vient de finir** ses études.
  *My brother **has just finished** college.*

  Le film **vient de commencer** il y a quelques minutes.
  *The movie **just started** a few minutes ago.*

- To express an action that started in the past and that is continuing into the present, using **depuis** or **ça fait.**

  Tu **fais** du karaté **depuis** combien de temps?
  Je pratique le karaté **depuis** sept ans. *I **have been doing** karate **for** seven years.*

  Et **ça fait combien de temps** que tu **as** ta ceinture noire?
  Ça fait deux ans que j'ai ma ceinture noire. *I **have had** my black belt **for** two years.*

  Depuis quand est-ce que tu **participes** à des compétitions?
  Je **participe** à des compétitions **depuis** 2013. *I **have been** participating in competitions **since** 2013.*

- Note that **ça fait** + *period of time* begins a sentence, but **depuis** + *period of time* comes after the verb. With a *point in time* (**10h15, mardi dernier, 2013,** etc.) you must use **depuis.**

- Technically, **Depuis quand… ?** calls for a response designating a point in time (a day, a date, etc.) and **Depuis combien de temps… ?** asks for a period of time (a number of days, years, etc.). However, as long as you supply the information being asked for, it doesn't much matter how you phrase your answer.

Exercices

1. Au café. Vous êtes seul(e) à une table dans un café et vous entendez des bribes *(snippets)* de conversations qui ont lieu autour de vous. Choisissez le verbe approprié, et écrivez-le à la forme qui convient.

1. YANN: Julien et Paul, (avoir / être) ______________-vous libres ce soir?

   PAUL: Oui, et nous (avoir / vouloir) ______________ envie d'aller au cinéma. Est-ce que tes sœurs (savoir / vouloir) ______________ y aller avec nous?

2. JULIEN: Eh, Yann! Tu (s'endormir / se réveiller) ______________ ou quoi? Paul (proposer / venir de) ______________ te poser une question!

   YANN: Excuse-le, il (ne pas devoir / ne pas pouvoir) ______________ se concentrer. Il (attendre / prendre) ______________ sa fiancée.

3. PAUL: Voilà mon voisin qui (passer / savoir) ________. Monsieur Vautrin! Comment (aller / devenir) ______________-vous?

M. VAUTRIN: Moi, je (faire / se sentir) ______________ mieux, mais ma femme (être / courir) ______________ toujours un peu malade. Elle (devoir / valoir) ______________ aller chez le médecin.

4. — Nous sommes des étudiants francophones: Émile et Lucien (entendre / venir) ______________ de la Guadeloupe, mais ils (conduire / vivre) ______________ à Paris actuellement. Moi, je (aller / être) ______________ du Cameroun, mais je (être / suivre) ______________ des cours de danse ici.

— Enchantée de vous rencontrer!

5. — Qu'est-ce que vous (faire / savoir) ______________?

— J(e) (finir / vendre) ______________ quelques cartes postales.

— Vous en (écrire / recevoir) ______________ à tous vos amis? Moi, je (craindre / être) ______________ trop paresseux pour faire ça. Heureusement, mes amis (comprendre / croire) ______________ bien.

6. — Qu'est-ce que tu (pouvoir / vouloir) ______________ faire ce week-end?

— Est-ce qu'on (aller / pouvoir) ______________ faire du camping?

— Je veux bien, mais est-ce que tes parents (préférer / répondre) ______________ que tu restes à la maison?

7. — Qu'est-ce que vous (aller / mettre) ______________ pour sortir?

— Lilou et moi, nous (porter / prendre) ______________ un beau tee-shirt et une jupe, mais les garçons (s'habiller / venir) ______________ toujours un peu moins bien que nous. Ils (mettre / vendre) ______________ généralement un vieux jean.

8. — Vous (lire / tenir) ______________ beaucoup de romans, n'est-ce pas?

— Non, mais j(e) (acheter / écrire) ______________ beaucoup de journaux parce que je (craindre / s'intéresser) ______________ beaucoup à la politique. Mon mari (lire / rire) ______________ des bandes dessinées et nos enfants (lire / voir) ______________ tout le temps des romans policiers.

9. — Tu (connaître / savoir) ______________ qui est cette belle jeune fille, là-bas?

— Non, mais demande à Mathéo et à Manon: ils (connaître / savoir) ______________ tout le monde!

10. — Je te (dire / faire) _______________ «au revoir» maintenant. Je (devoir / pouvoir) _______________ partir.

— Déjà? Mais quand est-ce que nous (attendre / se revoir) _______________?

— Bientôt, j(e) l' (espérer / préférer) _______________. Ça me (plaire / vouloir) _______________ de passer du temps avec toi. Je (découvrir / dire) _______________ toujours quelque chose de nouveau.

11. — Qu'est-ce que vous (tenir / vouloir) _______________? Un petit café?

— Rien, merci. Nous (partir / prendre) _______________ tout de suite. Mais nous (s'appeler / se retrouver) _______________ ici demain, à la même heure?

12. — Tu as entendu? Ils (aller / faire) _______________ divorcer!

— Non!

— Si! Je (ne pas croire / ne pas mentir) _______________.

— Oh, nous te (croire / devoir) _______________, mais ça nous (prend / surprendre) _______________. Ils (former / valoir) _______________ un beau couple.

13. — Tu (s'amuser / s'attendre) _______________ avec lui?

— Oh, oui. Quand il (raconter / rencontrer) _______________ des histoires, je (mourir / pleuvoir) _______________ de rire. Mais quelquefois, il (boire / répondre) _______________ un peu trop. Il (falloir / vouloir) _______________ faire attention.

14. — Tu (sentir / voir) _______________ cette fille là-bas? Elle nous (écouter / entendre) _______________ depuis vingt minutes.

— Et alors? Nous ne (dire / faire) _______________ rien de secret.

15. — Je vous (conduire / confondre) _______________ à la gare?

— Merci, mais nous (devoir / pouvoir) _______________ y être à 5 heures du matin.

— Pas grave. Je (s'habiller / me lever) _______________ très tôt d'habitude.

C. Les questions au présent

An easy way to ask questions that is acceptable in almost every situation is to add **est-ce que** to the beginning of the statement, or between the interrogative word (**où**, **quand**, **pourquoi**, **comment**...) and the rest of the statement.

Examples:

Statement: Les jeunes Français étudient souvent l'anglais au lycée.
Question: **Est-ce que** les jeunes Français étudient souvent l'anglais au lycée?
Statement: On parle beaucoup le français *en Afrique de l'Ouest*.
Question: Où **est-ce qu'**on parle beaucoup le français?
Statement: Le français est une langue internationale depuis *le 18ᵉ siècle*.
Question: Depuis quand **est-ce que** le français est une langue internationale?

For more information on asking questions in the present, see Chapter 1 of this ***Cahier d'activités***.

 **2. Questionnaire.** Répondez au questionnaire suivant et posez ensuite les mêmes questions à un(e) partenaire. Servez-vous des questions entre parenthèses pour continuer la conversation avec votre partenaire.

1. Qu'est-ce que tu ______________ (faire) quand tu ______________ (avoir) du temps libre?

   Quand j'______________ (avoir) du temps libre, je…
   - ______________ (regarder) la télé. (Quelles émissions…?)
   - ______________ (écouter) de la musique. (Quelle sorte de musique…?)
   - ______________ (lire) un bon livre. (Quel livre… maintenant?)
   - ______________ ??? *(Proposez une autre activité.)*
2. Et quand tu ______________ (être) en ville?

   Quand je ______________ (être) en ville, je…
   - ______________ (prendre) un pot *(to have a drink)* avec des amis. (Où… ?)
   - ______________ (faire) du lèche-vitrines *(window shopping)*. (Quelles boutiques… ?)
   - ______________ (aller) voir une exposition. (Quel genre de… ?)
   - ______________ ??? *(Proposez une autre activité.)*
3. Comment est-ce que tu ______________ (dépenser) *(to spend)* ton argent?

   Avec mon argent, je(j')…
   - ______________ (aller) au cinéma. (Combien de fois par mois… ?)
   - ______________ (acheter) des vêtements et / ou des CD. (Où… ?)
   - ______________ (offrir) des cadeaux à mes amis. (Pour quelles occasions… ?)
   - ______________ ??? *(Proposez une autre activité.)*
4. Comment ______________ (passer)-tu le samedi soir d'habitude?

   Le samedi soir, je…
   - ______________ (recevoir) mes amis *(to have friends over)*. (Qui… ?)
   - ______________ (sortir) avec mes amis. (Où… ?)
   - ______________ (regarder) un DVD chez moi. (Quels films… ?)
   - ______________ ??? *(Proposez une autre activité.)*
5. Quand tu ______________ (vouloir) faire de l'exercice, que ______________ (faire)-tu?

   En général, je…
   - ______________ (courir). (Combien de kilomètres/miles… ?)
   - ______________ (suivre) un cours d'aérobic. (Pourquoi… ?)
   - ______________ (jouer) au basket. (Avec qui… ?)
   - ______________ ??? *(Proposez une autre activité.)*
6. Quelle ______________ (être) ton activité préférée quand il fait beau?

   Quand il fait beau, je…
   - ______________ (faire) du jogging. (À quelle heure… ?)
   - ______________ (se détendre). (Qu'est-ce que… ?)
   - ______________ (continuer) à travailler. (Pourquoi… ?)
   - ______________ ??? *(Proposez une autre activité.)*

3. Premiers jours sur le campus. Arnaud compose un message électronique à son ami d'enfance qui ne fréquente pas encore l'université. Écrivez ce message à partir des éléments donnés dans les deux colonnes suivantes.

Salut, Étienne,

Je suis bien arrivé sur le campus le week-end dernier…

1. Je / être ici depuis seulement trois jours,	mais je / avoir l'impression d'y être depuis un mois
2. Les cours / venir de commencer aujourd'hui,	et ils / sembler difficiles
3. Mon camarade de chambre / être en train d'installer le réseau numérique *(network connection)*.	Nous / passer beaucoup de temps sur l'ordinateur
4. Je / avoir mal à la tête,	et je / avoir peur d'attraper un rhume *(a cold)*
5. Je / venir d'assister à	mon cours de littérature française
6. Je / lire un roman de Stendhal.	Et toi, qu'est-ce que tu / faire?
7. Merci pour ton colis *(package)*.	Je / adorer le chocolat!
8. Je / aller t'écrire un autre message bientôt	pour te parler du campus.

À plus,

Arnaud

4. À votre tour! Comme Arnaud, écrivez un message électronique à un(e) ami(e) qui ne fait pas ses études sur le même campus que vous. Racontez-lui ce que vous faites depuis le début de l'année universitaire, ce que vous faites en ce moment et ce que vous allez faire.

1. ____________________
2. ____________________
3. ____________________
4. ____________________
5. ____________________

 **5. Depuis quand? / Depuis combien de temps?** Interviewez un(e) camarade de classe sur sa vie et ses intérêts. Demandez-lui depuis quand ou depuis combien de temps il/elle a cet intérêt, fait cette activité, etc. Suivez le modèle.

avoir une voiture	faire du bénévolat *(volunteer work / service learning)*
étudier le français	s'intéresser à la politique / aux films d'animation / etc.
être membre d'un club sur le campus	vivre dans une résidence universitaire / une maison / un appartement
être membre d'une équipe sportive	
avoir un passe-temps *(hobby)*; Lequel?	
jouer d'un instrument / jouer dans un ensemble	

Modèle: VOUS: *Tu es membre d'une équipe?*
VOTRE CAMARADE: *Oui, je suis membre d'une équipe de foot.*
VOUS: *Depuis combien de temps?*
VOTRE CAMARADE: *Depuis six ans, je crois.*
Vous écrivez: Sharon est membre d'une équipe de foot depuis six ans.

1. ____________________
2. ____________________
3. ____________________
4. ____________________

Maintenant, présentez votre camarade de classe à un(e) *autre* camarade de classe, et parlez ensemble de vos intérêts.

Modèle: VOUS: John, je te présente Sharon. Elle est membre d'une équipe de foot.
VOTRE CAMARADE: *Cool! Moi, je ne joue pas au foot, mais je joue de la flûte depuis six ans. Je t'invite à mon prochain concert! Je peux aller à un de tes matchs? etc.*

II. *C'est* vs. *Il est*

It is not always easy to decide between **c'est** and **il/elle est** (*he/she/it is*) or **ce sont** and **ils/elles sont** *(they are).* Two general concepts will greatly help you to choose the correct subject in French.

1. **C'est** has two forms: a singular (**c'est**) and a plural (**ce sont**). **C'est** and **ce sont** are almost always followed by a noun, a pronoun, or an infinitive.

nouns:

C'est un médecin.	*He's a doctor.*
Ce sont de bons médecins.	*They are good doctors.*
C'est le Docteur Dupont.	*That's/it's Doctor Dupont.*
C'est le quatorze juillet.	*It's July 14.*

pronouns

C'est moi (toi, lui, elle, nous, vous, elles, eux).	*It's/that's me! (you, him, her, us, you, them).*

infinitive

Voir, c'est croire.	*Seeing is believing.*

2. **Il/elle est** and **Ils/elles sont** are followed by adjectives, not nouns.

Elle est brillante, mais **elle n'est pas** arrogante.
She is brilliant, but she's not arrogant.

This is equally true when the subject pronoun is the impersonal **il,** meaning *it.*

Il est amusant de comparer le français et l'anglais.
It's fun to compare French and English.

But: **C'est** dommage qu'il ne vienne jamais nous voir. *(«Dommage» is a noun, not an adjective.)*

3. When nouns designating profession, nationality, or religion are preceded by **il/elle est** or **ils/elles sont,** they function like adjectives. They are *not* preceded by articles.

Il est protestant. Elle est ingénieur. Elles sont égyptiennes.

When they are preceded by **C'est** or **Ce sont**, they function as nouns and are preceded by an article. When appropriate (for instance, for nationalities) the noun is capitalized.

C'est un protestant. **C'est une** Suisse. **Ce sont des** étudiantes égyptiennes.

There is generally no difference in meaning between these two structures and they are generally translated identically

Ils sont athlètes.	*They are athletes.*	Ce sont des athlètes.	*They are athletes.*
Il est français.	*He's French.* (adjective).	C'est un Français.	*He's French. (noun)*

Note: In some circumstances, **C'est** can also be followed by an adjective. This occurs when the adjective modifies a concept, a series of events, a situation, etc., and not just a single person or thing. Compare the following uses of **C'est** and **Il est** with adjectives:

Mon voisin? **Il est** bizarre.

My neighbor? He's strange. (Here, **bizarre** refers specifically to the neighbor [**il**], and follows the expected pattern described above of **Il est** + adjective.)

Il n'est pas venu à ma fête, et il ne m'a jamais téléphoné. **C'est** bizarre.

He didn't come to my party, and he never called me. It's/That's strange. (Here, **bizarre** doesn't refer specifically to **il,** but rather to the entire concept of not coming to the party and never calling afterwards, so in this exceptional case, we have **C'est** + adjective.)

6. Des présentations. Complétez les phrases suivantes avec **c'est, ce sont, il est, elle est, ils sont** ou **elles sont.**

1. —Tiens! ______________ Kévin! Je te le présente!

   Clara, je te présente Kévin. ______________ canadien, et ______________ un étudiant brillant. ______________ lui qui m'a aidée en maths le semestre dernier.

   — Enchantée, Kévin!

2. —Madame Martin, je vous présente Léna Pujol. ______________ une amie d'enfance.

   —Bonjour, Léna. Vous êtes la fille du professeur Pujol?

   —Oui, Madame. Vous le connaissez?

   —Bien sûr! ______________ un collègue. ______________ un excellent professeur, d'ailleurs. Tous les étudiants adorent sa façon d'enseigner les proverbes: «Partir, ______________ mourir un peu» ______________ le proverbe d'aujourd'hui. Enseigner un peu de culture avec la grammaire, ______________ bien!

   —Ça, ______________ mon papa!

3. —Anne, je te présente Joëlle. ______________ une étudiante étrangère, et ______________ très dynamique. Elle s'intéresse au club de Frisbee.

   —Vous avez déjà fait du Frisbee en Europe? ______________ super!

   —Non, je n'en ai jamais fait. Mais je trouve que(qu') ______________ important que je découvre des activités «typiquement américaines» pendant que je suis ici.

7. Je vous présente... Utilisant l'exercice précédant comme modèle, imaginez ce que vous diriez pour présenter trois personnes à quelqu'un qui ne les connaît pas. Donnez des informations sur la profession, la nationalité, les intérêts et talents, etc. de chaque personne.

1. (un ami / une amie) ______________________________

   ____
2. (un membre de votre famille) ______________________________

   ____
3. (un étranger / une étrangère [*foreigner*] que vous connaissez) ______________________________

   ____

À l'écoute!

Brad et Zélie parlent de la différence entre la conversation «à la française» et la conversation «à l'américaine». Écoutez ce qu'ils disent et répondez aux questions qui suivent.

Première écoute

Est-ce que les phrases suivantes sont justes (J) ou fausses (F)?

1.	Pendant une conversation, Brad a été vexé par des amis américains.	J	F
2.	Zélie est d'accord que les Français sont impolis.	J	F
3.	Différentes cultures ont différents styles de conversation.	J	F

Deuxième écoute

1. Quel était le sujet de la conversation entre Brad et des Français à la soirée?

   ____

2. Selon Zélie, pourquoi est-ce que les Français «interrompent» toujours?

   ____

Troisième écoute

Essayez de nommer trois résolutions qu'un(e) Américain(e) pourrait faire pour avoir un style de conversation plus français.

Modèle: Je vais parler moins longtemps — pas de monologues!

1. ______________________________
2. ______________________________
3. ______________________________

Atelier d'écriture

I. Le sujet: Un courriel. Vous allez écrire un courrier électronique «***un courriel***» à un(e) étudiant(e) français(e) qui sera votre colocataire le semestre/trimestre prochain. Dans votre courriel, n'oubliez pas de mentionner les détails suivants, mais vous pouvez en ajouter d'autres si vous le désirez. Ensuite, en utilisant les suggestions ci-dessous, écrivez les questions que vous voulez poser à votre futur(e) colocataire. Ajoutez d'autres questions si vous le voulez!

II. Détails à mentionner:

- votre nom, votre âge, votre pays ou région d'origine, la ville où votre famille habite
- votre spécialité et la raison pour laquelle vous l'avez choisie
- si vous avez beaucoup de devoirs (ou non), l'heure à laquelle vous vous levez et vous vous couchez et l'endroit où vous étudiez (à la maison, dans votre chambre, à la bibliothèque, etc.)
- ce que vous faites quand vous avez du temps libre. Citez plusieurs activités en utilisant des verbes différents et donnez des détails spécifiques sur vos activités pour rendre votre message plus intéressant!
- ce que vous aimez faire quand vous sortez avec des amis

Ajoutez ici des détails qui vont permettre à votre colocataire de mieux vous connaître et de mieux connaître votre université.

III. Questions à poser:

Demandez à votre colocataire les informations suivantes:

- son âge (Quel âge… ?)
- ce qu'il/elle étudie (Qu'est-ce que… ?)
- depuis quand il/elle étudie l'anglais (Depuis quand / Depuis combien de temps… ?)
- s'il/si elle connaît déjà des Américains (Est-ce que tu… ?)
- ce qu'il/elle aime faire lorsqu'il/elle a du temps libre (Qu'est-ce que… ?)
- ce qu'il/elle veut faire pendant son séjour aux États-Unis (Qu'est-ce que… ?)

Posez d'autres questions qui vont vous permettre de mieux connaître votre colocataire.

IV. Salutations. Here are some ways you could open and close your email.

Opening formulas

Salut!	*Hi!*
Cher Jean-Claude / Chère Angie	*Dear Jean-Claude / Dear Angie*

Closing formulas

Bien amicalement	*In friendship, fondly*
À plus!	*See you!*
À bientôt!	*See you soon!*

V. Au travail!

CHAPITRE

1 L'interrogation et la négation

Sommaire

GRAMMAIRE

www.cengagebrain.com

À L'ÉCOUTE!

ATELIER D'ÉCRITURE

I. Notions de base

A. Questions en «oui» ou «non»

Grammar Podcasts, Grammar Modules

Since your earliest days of French, you have known several ways of asking yes-no questions. They are:

1. The repetition of a simple declarative sentence with a rising intonation in your voice.
   Vous êtes étudiant?
2. The addition of **est-ce que** or **n'est-ce pas** to your declarative sentence.
   Est-ce que vous êtes étudiant?
   Vous êtes étudiant, n'est-ce pas?
3. The use of inversion of the subject and the verb.
   Êtes-vous étudiant?

Remarques:

- When inverting with subject pronouns **il** and **elle,** if the verb ends with a vowel you will add **-t-** to facilitate pronunciation. When the subject is a noun, you will sometimes state the noun first, and then invert the appropriate pronoun subject and the verb.
  Va-t-il à la fac?
  Georges va-t-il faire des études de médecine?
- **N'est-ce pas** anticipates an affirmative reply. Be mindful not to overuse **n'est-ce pas** as a question tag (*is he? doesn't she? haven't you? can they?, etc.*).
  — Tu es le frère de Daniel, n'est-ce pas?
  — Eh bien, oui! C'est mon frère aîné.

B. Mots interrogatifs

A few of the more common question words are invariable; they are simple to use:

quand	*when*
pourquoi	*why*
comment	*how*
où	*where*
combien (de)	*how much, how many*

In standard French, these question words appear at the beginning of the sentence. The question can be formed using **est-ce que** or inversion.

Quand est-ce qu'il vient?
Quand vient-il?

In casual spoken French, we sometimes hear questions posed with the question word at the end of the sentence.

Il vient quand?
Tu habites où?

These forms are not appropriate in written French or in formal situations, but you will hear them often in informal settings.

Exercice

1. Un coup de téléphone. Vous êtes chez un ami quand sa tante québécoise lui téléphone pour savoir ses résultats au bac. En considérant les réponses données par votre ami, imaginez quelles questions sa tante lui a sans doute posées. (Il y a peut-être plus d'une question possible.)

Modèle: — __Tu as passé le bac, n'est-ce pas?__
— Oui, je l'ai passé en juin.

1. — ______________________________?

— Oui, oui, je les ai eus. J'ai réussi!

2. — ______________________________?

— La semaine passée. Et j'ai eu mention «bien» *(with distinction)*!

3. — ______________________________?

— Parce que j'ai été très très occupé depuis. Mais j'allais te téléphoner ce week-end. Pardon, tatie (*aunt*) Colette.

4. — ______________________________?

— Je vais probablement étudier à Paris III, la Sorbonne.

5. — ______________________________?

— Maman et Papa vont m'aider et j'ai une bourse *(scholarship)*. Tu sais, les études ne coûtent pas très cher en France.

6. — ______________________________?

— Oh, je suppose qu'il me faudra à peu près 30 euros par semaine comme argent de poche… Tu veux me les donner? Oh, c'est très très sympa de ta part! Je ne sais pas comment te remercier…

II. Les pronoms interrogatifs

Grammar Podcasts, Grammar Modules

The French equivalents for the English interrogative pronouns *who?*, *whom?*, and some forms of *what?* vary in form depending on three criteria:

1. whether the question is asking about persons or things
2. what their grammatical function is (whether they are asking about a subject, the object of a verb, or the object of a preposition)
3. whether you want to use **est-ce que** or inversion in your question

Using "long" question forms (with **est-ce**)
We'll look first at what we will call the "long" question forms. They contain three elements sequenced as follows:

first part	second part	third part
qui or **que (qu')**	**est-ce**	**qui** or **que**

To understand how questions are formed using "long" forms, keep in mind their three-part structure and follow these instructions:

1. The first element tells your listener whether you are asking about a person or a thing. Use **qui** *(who[m])* if you are asking about a person, and **que (qu')** *(what)* if you are asking about a thing.
2. The second element is a two-word expression: **est-ce,** the inversion of **c'est...** This expression will be the same in every "long" question form—it allows you to construct your question without inverting the subject and the verb.
3. The third element is *all about grammar.* You will use **qui** as your third element if the person or thing you are asking about is the grammatical subject of your question. If it is ***not*** the subject, you will use **que.**

Questions about a person who is the subject of the question
Scenario: Someone is crying, and you want to know who (**_____ est-ce _____ pleure?**).

1. Since you're asking about a *person,* the first element in your "long" question will be **qui.**
2. Next comes **est-ce:** ***Qui est-ce*** **_____ pleure?**
3. Finally, decide if the person you're asking about is the subject of the question; that is, is the person you are asking about doing the crying? In this case, the person is indeed the subject, so the third element in your "long" question is **qui.**
   — **Qui est-ce qui** pleure?
   — Le bébé pleure.

Questions about a thing that is the subject of the question
Scenario: There's a strange mechanical noise outside, and you want to know what is making the noise: **_____ est-ce _____ fait ce bruit?**

1. Since you're asking about a *thing,* the first element in your "long" question will be **que (qu').**
2. Next comes **est-ce:** ***Qu'est-ce*** **_____ fait ce bruit?**
3. Finally, decide if the thing you're asking about is the subject of the question; that is, is the thing you are asking about making the noise? In this case, the thing is indeed the subject, so the third element in your "long" question is **qui.**
   — **Qu'est-ce qui** fait ce bruit?
   — Un bulldozer fait ce bruit.

Questions about a person who is not the subject of the question
Scenario: You want to ask your friend whom she saw at the party: (____ **est-ce** ____ **tu as vu?)**

1. Since you're asking about a person, you'll begin with **qui.**
2. Next comes **est-ce.**
3. Since the person you're asking about is *not* the subject (**tu** is the subject), the third element will be **que (qu')**

   — **Qui est-ce que** tu as vu?
   — J'ai vu Julie.

Questions about a thing that is not the subject of the question
Scenario: You want to ask your friend what he bought for his mom: ____ **est-ce** ____ **tu as acheté pour ta mère?**

1. Since you're asking about a thing, begin with **que (qu').**
2. Add **est-ce.**
3. Since the thing you're asking about is *not* the subject (**tu** is the subject), the third element is **que.**

   — **Qu'est-ce que** tu as acheté pour ta mère?
   — Je lui ai acheté une lampe.

Long questions that contain prepositions
When constructing a "long" question that includes a preposition (**pour, à, dans, avec,** etc.), the same principles apply, but the preposition must begin the sentence.

- **Pour qui** est-ce **que** Julie travaille? (You're asking about a person who is *not* the subject of the sentence.) (A logical answer might be: **Julie travaille pour Madame Carrer.)**
- When your question is about a thing and it is preceded by a preposition, use the pronoun **quoi.**

  Cette lampe est fragile? **Dans *quoi*** est-ce **que** tu vas la mettre? (Logical answer: **Je vais la mettre dans un carton solide.**)
- In casual American English, it has become acceptable to end sentences with a preposition: *Who[m] was she dancing **with**? What will he put it **in**?* This cannot be done in French, where questions containing prepositions will most likely *begin* with the preposition, followed by **qui** or **quoi.** Even with more "casual" word order, the preposition will not be separated from **qui** or **quoi.**

  Elle dansait ***avec qui?*** Tu vas l'écrire ***sur quoi?***

Let's construct some questions following this three-step procedure.

Imagine that someone is crying, and you want to know who it is: _____ ***est-ce*** _____ **pleure?** Since you are asking about a *person*, the first element in your long question form will be **qui.** Next comes **est-ce:** ***Qui est-ce*** _____ **pleure?** Now, is the person you're asking about the subject of the question (that is, is the person you're asking about doing the crying)? Yes; so the third element in your "long" question form will also be **qui.**

***Qui est-ce qui* pleure?** *(this person is the subject)* (e.g., Ma fille pleure.)

In a similar scenario, imagine that there's a strange mechanical noise outside, and you want to know what is making it: _____ ***est-ce*** _____ **fait ce bruit?** Since you are asking about a *thing*, the first element in your "long" question form will be **que.** Next comes **est-ce:** ***Qu'est-ce*** _____ **fait ce bruit?** Now, is the thing you're asking about the subject of the question (that is, is the thing you're asking about making the noise)? Yes; so the third element in your "long" question form will be **qui.**

***Qu'est-ce qui* fait ce bruit?** *(this thing is the subject)* (e.g., Un bulldozer fait ce bruit.)

What about situations in which you are asking about a *person* who is *not* the subject of your question? A friend of yours comes home from a party and you want to ask who(m) she saw: _____ ***est-ce*** _____ **tu as vu?** In this situation you are asking about a person, so the first element of the question form will be **qui;** and since the person is not the subject of the question (***tu*** is the subject), the third element will be **que.**

Qui *(person)* est-ce **que** *(this person is the direct object)* tu as vu? (e.g., J'ai vu Julie.)

Using "short" question forms
Most of the "long" questions discussed above can also be expressed using a shorter form without **est-ce.**

- **Qui est-ce qui** can be shortened to **qui. Qui** will be the first word of the question and will be followed by a verb.
  Qui pleure? (this means the same thing as ***Qui est-ce qui*** **pleure?**)
- **Qui est-ce que** can also be shortened to **qui.** Since it asks about a person who is the direct object of the question, it will be followed by an inverted *subject + verb.*
  Qui avez-vous vu? (this means the same thing as ***Qui est-ce que*** **vous avez vu?**)
- **Qu'est-ce que** can be shortened to **que.** Since it asks about a thing that is the direct object of the question, it will be followed by an inverted *subject + verb.*
  Qu'avez-vous acheté? (this means the same thing as ***Qu'est-ce que*** **vous avez acheté?**)
- *Preposition* + **qui est-ce que** can be shortened to *preposition* + **qui.** It will be followed by an inverted *subject + verb.*
  Avec qui danse-t-elle? (this means the same thing as ***Avec qui est-ce qu'elle danse?***)
- *Preposition* + **quoi est-ce que** can be reduced to *preposition* + **quoi.** It will be followed by an inverted *subject + verb.*
  Dans quoi allez-vous mettre le cadeau? (this means the same thing as ***Dans*** **quoi est-ce que vous allez mettre le cadeau?**)

Remarque:

There is one "long" question form that cannot be shortened—**qu'est-ce qui. Qui** alone means you are asking about a person **(Qui parle? Qui avez-vous vu?). Que(qu')** alone means that you are asking about a thing that is the direct object of its verb **(Que voyez-vous?).** A question formed with **qu'est-ce qui** needs both **que** and **qui** in order to show that it is asking about a *thing* that is the *subject* of the question.

Qu'est-ce **qui** fait ce bruit?

Tableau récapitulatif				
	people	**meaning**	**things**	**meaning**
subject of a verb	**qui** **qui est-ce qui**	*who?*	**qu'est-ce qui** [no short form possible here]	*what?*
direct object of a verb	**qui** + *inverted subject and verb* **qui est-ce que**	*whom?*	**que** + *inverted subject and verb* **qu'est-ce que**	*what?*
after a preposition	*prep.* + **qui** + *inverted subject and verb* *prep.* + **qui est-ce que**	*whom?*	*prep.* + **quoi** + *inverted subject and verb* *prep.* + **quoi est-ce que**	*what?*

Exercices

2. Le bon réflexe. Analysez les questions suivantes et choisissez la réponse logique parmi les possibilités données.

1. Qu'est-ce qui est arrivé?
   a. Marie.
   b. Un accident très grave.
   c. Les enfants et leurs amis.
2. Avec quoi mange-t-il?
   a. Une fourchette, bien sûr.
   b. Avec ma famille.
   c. Un steak et des frites.
3. Qui voulez-vous?
   a. Le directeur, s'il vous plaît.
   b. Deux baguettes et une tarte aux fraises.
   c. Rien du tout, merci.
4. Qu'est-ce que vous désirez, madame?
   a. Avec du lait et du sucre.
   b. Mon mari et ses amis.
   c. Un coca, s'il vous plaît.
5. Qui est-ce que vous cherchez?
   a. Un pull comme celui-ci, mais en rouge.
   b. Quelqu'un qui puisse traduire ceci.
   c. Pour vous, cela devrait être simple.
6. Sur quoi est-ce que vous comptez?
   a. Sur mon assistante. Elle est très responsable.
   b. Les comptes sont déjà réglés. C'est bon comme ça.
   c. Sur les notes que vous m'avez données. Merci.
7. Que préférez-vous?
   a. Madame Denis. Elle est toujours patiente.
   b. Aller au cinéma maintenant et manger après.
   c. Les jeunes filles qui nous ont aidés la dernière fois, si ça ne vous gêne pas.
8. Chez qui allez-vous dormir?
   a. Chez nos anciens voisins.
   b. Chez le dentiste — j'ai rendez-vous dans dix minutes.
   c. Vers 10 heures — je suis vraiment fatiguée.
9. Qu'est-ce qui sent *(smells)* si bon?
   a. Oh, j'ai fait un gâteau au chocolat tout à l'heure. Tu en veux un morceau?
   b. Je me sens très bien.
   c. Oui, je suis tout à fait d'accord.
10. Qui est-ce que vous avez vu?
   a. Une ville médiévale.
   b. Un ancien ami de lycée — c'était très sympa.
   c. Une nouvelle idée — il nous l'expliquera demain.

3. Test de mémoire. Étudiez l'histoire suivante pendant deux minutes. Ensuite, fermez votre livre et répondez aux questions que votre partenaire va vous lire. (Vous allez peut-être donner la même réponse plus d'une fois.) Avez-vous une bonne mémoire? (Si vous n'avez pas de partenaire, cachez *[hide]* le texte et répondez aux questions sans le regarder.)

Pierre est très ambitieux. Après avoir considéré pendant longtemps une carrière d'ingénieur, il sait maintenant qu'il veut devenir neurologue et se spécialiser dans les maladies dégénératives comme les maladies de Parkinson, d'Alzheimer et la sclérose en plaques *(multiple sclerosis)*. Il a réussi son bac scientifique il y a trois ans, il a fini sa première année de médecine et il va bientôt terminer sa deuxième. Après cela, il lui restera cinq années d'études avant de commencer sa spécialisation. Pierre s'intéresse à la chimie, mais il aime encore plus la biologie. En fait, c'est son ancien professeur de biologie, Monsieur Maupas, qui a suggéré pendant leurs discussions sur la recherche effectuée au CNRS (Centre national de la recherche scientifique) de Bordeaux-Talence qu'il fasse des études de médecine.

Pierre fait actuellement ses études à Montpellier, où il vit avec deux colocataires, Alain et Marc. Marc étudie la médecine comme Pierre, mais Alain fait du droit. Les trois amis sont très studieux et ils essaient de vivre simplement pour ne pas être obligés de travailler. Leur mode de vie, ainsi qu'une bourse de l'État et de petits chèques de la part de son grand-père maternel, permettent à Pierre de se concentrer sur ses études.

1. Avec qui Pierre vit-il?

____

2. Qu'est-ce qui permet à Pierre de se concentrer sur ses études?

____

3. Qui est-ce qui a recommandé que Pierre fasse des études de médecine?

____

4. Que veut faire Pierre comme spécialisation médicale? Cardiologue? Pédiatre?

____

5. Qui étudie la médecine comme Pierre?

____

6. Au lieu de quoi est-ce que Pierre a décidé de devenir médecin?

____

7. Qu'est-ce qui intéresse Pierre le plus — la chimie ou la biologie?

____

8. Que fait le CNRS?

____

9. De quoi Pierre parlait-il avec son prof de biologie?

____

10. Sur quoi est-ce que Pierre veut se concentrer en matière de maladies?

____

11. Qu'étudie Alain?

____

12. Qui envoie des chèques à Pierre?

____

13. Qu'est-ce que Pierre a déjà obtenu comme diplôme?

____

14. En quelle année est-il maintenant?

____

4. Pardon? Je n'ai pas entendu. Vous êtes à une fête où la musique est très forte, et vous êtes obligé(e) de répéter toutes les questions que vous posez à vos amis. Chaque fois que vous répétez une question, utilisez une autre forme, si c'est possible.

Modèle: — Qu'avez-vous fait hier?
— Pardon?
— J'ai dit, «Qu'est-ce que vous avez fait hier?»

1. — Oh là là! Qui a pris cette photo?

— ______________________________

2. — Avec quoi est-ce que tu vas mettre ton nouveau pantalon?

— ______________________________

3. — Que voulez-vous faire cet après-midi?

— ______________________________

4. — À côté de qui préférez-vous vous asseoir? A côté de ces garçons?

— ______________________________

5. — Qui est-ce qui veut aller chercher les pizzas?

— ______________________________

6. — Qu'est-ce que Carla veut boire? Du coca?

— ______________________________

7. — Près de quoi vais-je trouver les clés de ta voiture?

— ______________________________

5. Un remplaçant sympathique. Madame Martin a été absente hier. Monsieur Paré l'a remplacée dans sa classe, mais les élèves n'ont pas été très sages *(good)*. Les commentaires de Monsieur Paré sont assez vagues, mais Madame Martin est stricte, et elle veut savoir *exactement* ce qui s'est passé. Jouez les deux rôles.

Modèle: — Euh… *certains élèves* n'ont pas fini leur travail.
— Ah bon? Qui ne l'a pas fini?
(ou) **— Qui est-ce qui ne l'a pas fini?**

1. — Emma a cassé *quelque chose.*

— ______________________________

2. — *Quelqu'un* a bavardé pendant tout le cours.

— ______________________________

3. — Chloé a été taquinée *(teased)* par *quelqu'un.*

— ______________________________

4. — Ethan a dessiné *des choses inacceptables.*

— ______________________________

5. — *Quelque chose* a mouillé *(got wet)* les papiers sur votre bureau.

— ______________________________

6. — J'ai vu *une personne* tricher *(cheat)* au petit contrôle *(quiz)* que vous m'avez laissé.

   — ______________________________

7. — Nous n'avons pas fini tout le travail *à cause d'un petit incident.*

   — ______________________________

8. — *Des malentendus (misunderstandings)* ont causé une petite dispute.

   — ______________________________

9. — J'ai puni *une élève.*

   — ______________________________

6. Quelle chance! Vous travaillez pour le journal de votre université et vous avez la possibilité d'interviewer un personnage «célèbre» qui visite votre campus (à vous de choisir de qui il s'agit!). Terminez les questions ci-dessous pour demander tout ce que vous avez toujours voulu savoir sur la célébrité de votre choix.

Modèle: Le Père Noël Sans quoi...
Sans quoi ne pouvez-vous pas vivre?

Célébrité que vous allez interviewer: ______________________________

1. Qu'est-ce que ______________________________?
2. Avec qui ______________________________?
3. De quoi est-ce que ______________________________?
4. Qui est-ce qui ______________________________?
5. Que ______________________________?
6. Qu'est-ce qui ______________________________?
7. Qui ______________________________?
8. De quoi ______________________________?

Si vous voulez, jouez votre interview avec un(e) camarade de classe. Il/Elle va jouer le rôle de «votre» célébrité et vous allez ensuite jouer le rôle de la sienne. Amusez-vous bien!

7. Des questions. Avec d'autres étudiants, vous allez faire une enquête *(study, survey)* sur les expériences et les attitudes de professeurs dans différents pays francophones. Après avoir formulé vos questions en anglais, vous devez maintenant les traduire.

1. *(Why did you become a teacher?)* (devenir enseignant[e]/professeur)

____

2. *(Who encouraged you to become a teacher?)* (encourager quelqu'un à devenir professeur)

____

3. *(Where and when did you get your degrees [diplomas]?)* (obtenir vos diplômes)

____

4. *(What did you major in?)* (se spécialiser en)

____

5. *(How did you find the job you have now?)* ([le poste; actuellement])

____

6. *(How many students are there in a typical class at your university?)*

____

7. *(Do you like your classes?)*

____

8. *(What makes you happy about [en ce qui concerne] your teaching career?)* (rendre heureux [-euse]) (carrière d'enseignant[e])

____

9. *(What don't you like about your job?)*

____

10. *(Whom do you talk to when you have a pedagogical* [d'ordre pédagogique] *problem?)*

____

III. *Quel* et *lequel*

Grammar Podcasts, Grammar Modules

You no doubt learned about **quel** and **lequel** rather early on in your career as a student of French, and we've used them frequently in *Controverses*, but here's a quick reminder of how they are used.

Quel

Quel is an interrogative *adjective* that means *what* or *which.* If you linger over the word "adjective" for a moment, you should realize:

1. that adjectives accompany nouns, so **quel** will always accompany a noun.
2. that adjectives agree with the nouns they accompany (or "modify"); **quel** has masculine, feminine, singular, and plural forms.

Here, as you'll recognize, are the forms of **quel:**

	masculine	feminine	meaning
singular	**quel**	**quelle**	*which? what?* (as in *What book[s] do you want?*)
plural	**quels**	**quelles**	

There are several different ways of translating *what,* as you will see below. When you use **quel,** you are saying: Out of a group of possible [books], *what/which* [book(s)] is/are being referred to? And, remember, the word [book] appears in the sentence.

Quel almost always immediately precedes the noun it modifies.

De **quelle couleur** est ta voiture? — ***What color*** *is your car?*
Quels CD a-t-il achetés? — ***Which CDs*** *did he buy?*

The one exception involves sentences containing the verb **être,** which follow the same pattern as English sentences containing ***which*** or ***what*** and the verb *to be.*

Quelle est votre **nationalité?** — ***What*** *is your* ***nationality?***
Quels sont tes **films** préférés? — ***What*** *are your favorite* ***movies?***

Lequel

Although it is related to the interrogative adjective **quel, lequel** is an interrogative pronoun. That means it takes the place of a noun. Instead of meaning *which,* it means *which* ***one?*** **Lequel** has four forms, and you will choose the one that reflects the gender and the number of the noun it refers to. (In Chapter 8 you will learn that **lequel** can also be a relative pronoun.)

	masculine	feminine	meaning
singular	**lequel**	**laquelle**	*Which one(s)?*
plural	**lesquels**	**lesquelles**	

Je vois que tu as deux vélos. **Lequel** est-ce que tu préfères?
Lesquels de ces blue jeans est-ce que tu portes le plus?
Tu as les qualités requises pour ces deux carrières. **Laquelle** vas-tu entreprendre?

Remember that when **à** or **de** is used before a form of **lequel,** the usual contraction occurs.

	masculine	feminine
singular	**auquel** **duquel**	**à laquelle** **de laquelle**
plural	**auxquels** **desquels**	**auxquelles** **desquelles**

Il aime parler de ses classes. — *He likes to talk about his classes.*
De laquelle parle-t-il le plus? — ***About which one*** *does he talk the most?*
Auxquels de tes amis vas-tu écrire? — *To which (ones) of your friends are you going to write?*

Exercices

8. Oui, mais quoi, exactement? Votre cousine vient vous rendre visite la semaine prochaine. Elle n'a pas d'idée précise de ce qu'elle veut faire pendant sa visite. Préparez des questions pour savoir exactement ce qu'elle veut. Utilisez la forme appropriée de **quel** dans chaque question.

Modèle: Pendant ma visite, je voudrais aller au *restaurant*.
D'accord, mais à *quel* restaurant veux-tu aller?

1. J'aimerais manger *de la cuisine internationale*.

____

2. On peut voir *deux ou trois films*?

____

3. Je voudrais rencontrer *ton amie*.

____

4. Je dois faire *quelques courses*.

____

5. Ce serait bien d'aller dans *quelques grands magasins*.

____

6. On aura le temps de parler du *problème* du cousin Hugo?

____

7. J'arrive à l'aéroport *demain soir*.

____

8. Si on ne se retrouve pas, appelle mon portable.

____

9. **Ça fait longtemps!** Vous assistez à une réunion de votre promotion de lycée *(high school graduating class)*. Une ancienne amie vous parle de sa vie depuis ces années-là, mais vous êtes souvent obligé(e) de lui demander des précisions. Utilisez chaque fois une forme de **lequel.**

Modèle: — Après le lycée, je suis allée à *l'université*.
— Ah bon? À laquelle?

1. — Ensuite, j'ai travaillé pour *une grande compagnie de logiciels (software).*

   — ______________________________

2. — Je me suis mariée avec *un de nos anciens camarades de classe.*

   — ______________________________

3. — Il joue dans *un groupe de rock.*

   — ______________________________

4. — Nous avons acheté une maison dans *une ville en Californie.*

   — ______________________________

5. — Je participe à *beaucoup d'activités bénévoles.*

   — ______________________________

6. — De temps en temps, je vois *des filles de notre classe.*

   — ______________________________

7. — Tu te souviens de *notre cours d'anglais?*

   — ______________________________

8. — Savais-tu qu'un *de nos professeurs* est mort?

   — ______________________________

9. — Maintenant que les enfants sont à l'école, je cherche *un travail qui me plaît.*

   — ______________________________

IV. Les traductions de *What?*

There are several different ways to translate *What?* in French. A quick review will make sure you've got them sorted out.

- **Hein?, Quoi?, Comment?,** and **Pardon?** (from *least* polite to *most* polite) are ways of saying *What?* when you mean *I'm sorry, I didn't hear/understand. Could you repeat that?*
- **Quoi?!, Comment?!,** and **Pardon?!** can also be exclamations of surprise: *What?! I'm shocked/ surprised!*
- **Qu'est-ce que… ?** and **Qu'est-ce que c'est que… ?** both mean *What is . . . ?,* in the sense of *What is a(n). . . ? Can you explain it, or give me a definition?* **Qu'est-ce que** alone is used in more formal language.

  — **Qu'est-ce que c'est qu**'un pansement?

  — C'est ce qu'on met autour d'une blessure pour la protéger ou l'empêcher de saigner *(to bleed).*
- **Quel(le)** means *What?* in the sense of *What (or which) person or thing, among several possibilities?* Since **quel** is an adjective, the word it refers to is present in the sentence.

Quelle heure est-il?	*What time is it?*
Quelle est la réponse correcte?	*What is the right answer?*
- **Qu'est-ce qui, Que (Qu'est-ce que)** and ***preposition*** **+ quoi (quoi est-ce que)** all mean *What?* as well. They're all asking about a *thing or an idea,* and they tell your listener or reader whether that thing is the subject, direct object, or object of the preposition in your sentence.

Qu'est-ce qui ne va pas?	*What's wrong?*
Qu'est-ce que tu veux?	*What do you want?*
De quoi parlez-vous?	*What are you talking about?*
- **Ce qui, ce que,** and **ce dont** also mean *what.* These are relative pronouns that either have no stated antecedent, or else their antecedent is an entire phrase or idea.

Dis-moi **ce qui** ne va pas.	*Tell me what's wrong. (no stated antecedent)*
Il est toujours en retard, **ce qui** me rend furieuse!	*He's always late, which makes me furious! (antecedent is an entire clause)*
- At other times, however, they are simply linking two sentences together to avoid repetition and are translated as *what* or *that which.* They do not introduce questions.

  Il fait ça. Il veut faire ça. ⟶ Il fait **ce qu**'il veut. *(He does what he likes.)*

Exercices

10. ***What?*** Pour vous assurer que vous comprenez toutes les différentes traductions de *what?*, traduisez en français les phrases suivantes. Et, bravo! Votre compréhension des structures du français devient de plus en plus sophistiquée.

Mots et expressions utiles: **adresse** (f.), **arriver (se passer)**, **bruit** (m.), **satirique**

1. What's happening? ______________________________?
2. What? Sorry, there's too much noise here! ______________________________.
3. What's your address? ______________________________?
4. What do you need? ______________________________?
5. What's a **canif?** ______________________________?
6. What? That's impossible! ______________________________!
7. What are you watching? ______________________________?
8. I don't understand what he's saying. ______________________________.
9. That's what I'm afraid of. ______________________________?
10. I want to do what seems to me to be fair. *(sembler juste)* ______________________________.

11. **Qu'est-ce qu'il est curieux!** ***(He's really curious!)*** Vous assistez à une fête où il y a un petit garçon qui est très curieux. Il fait beaucoup de commentaires, et il vous pose beaucoup de questions. Complétez ses questions.

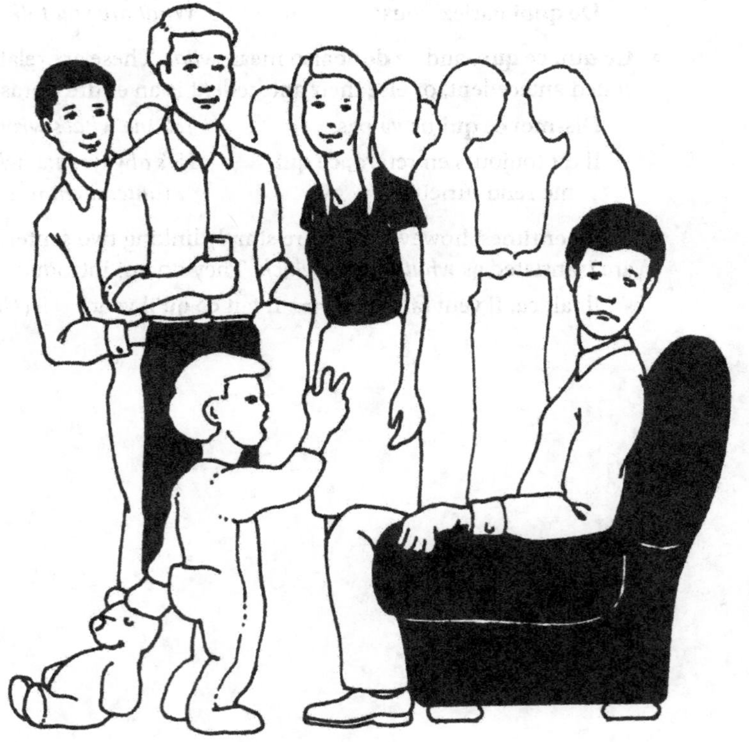

1. Qu'est-ce qui ______________________________?
2. Quels ______________________________?

3. Voici mes deux livres préférés. Lequel ______________________________?
4. Avec qui ______________________________?
5. Je peux te montrer ce qu(e) ______________________________?
6. Qu'est-ce ______________________ *un échiquier?* Tu peux m'expliquer?
7. Qui ______________________________?
8. De quoi ______________________________?

12. Des renseignements importants. Vous pensez peut-être faire des études en France l'année prochaine, mais vous avez beaucoup de questions! On vous a dit que le CROUS (vous ne savez pas exactement ce que c'est) peut vous aider. Écrivez dix questions qu'il serait utile de poser à cet organisme. Utilisez au moins une fois chacun des mots ou expressions suivants: **qu'est-ce que c'est que, quel(le)(s), qui, qu'est-ce qui, que, à qui, lequel (laquelle, lesquels, lesquelles), de quoi**

1. ______________________________
2. ______________________________
3. ______________________________
4. ______________________________
5. ______________________________
6. ______________________________
7. ______________________________
8. ______________________________
9. ______________________________
10. ______________________________

13. Un entretien *(An interview).* Vous travaillez depuis deux ans sur votre campus dans le bureau qui renseigne les étudiants qui voudraient étudier à l'étranger *(to study abroad).* Il y a un poste à pourvoir *(position available)* dans ce bureau et l'un des candidats est français. On vous a demandé de l'interviewer sur ses études, sur son expérience dans ce domaine en France et sur ses qualités et ses intérêts personnels. Écrivez trois ou quatre phrases pour expliquer quels atouts *(assets, advantages)* un(e) Français(e) pourrait offrir à votre équipe. Ensuite, écrivez huit à dix questions qui vous aideraient à déterminer si c'est le bon candidat pour le poste.

V. La négation

In French, there are two elements in every negation: **ne** and an additional word, the most common of which is **pas**. The most common negations are:

Negation	Meaning	What it negates
ne… pas Vous **ne** parlez **pas** français?	*not* *You **don't** speak French?*	Negates a verb
ne… pas encore Elle **n'**a **pas encore** 21 ans.	*not yet* *She's **not yet** 21.*	Negates a verb (often negates the element **déjà** [*already*])

(Continued)

Negation	**Meaning**	**What it negates**
ne… aucun(e) Tu **n'**as **aucune** idée de ce que tu veux faire?	*not a single, no, not one* *You have* ***no*** *idea what you want to do?*	Negates a noun that might have a qualifier like **quelques** (some) or **tous/toutes** (*all*). Always used in the singular, but it has a masculine (**aucun**) and feminine form (**aucune**), according to the gender of the noun it negates.
ne… guère Je **ne** peux **guère** le comprendre.	*hardly* *I can* ***hardly*** *understand him/it.*	Negates/limits a verb
ne… jamais Tu ne **m'apportes jamais** de fleurs.	*never* *You* ***never*** *bring me flowers.*	Negates a verb, often accompanied by **toujours** (*always*), **souvent, quelquefois,** or **parfois**
ne… ni… ni Le pauvre. Il **n'a ni** famille, **ni** amis.	*neither . . . nor* *Poor guy. He has* ***neither*** *family* ***nor*** *friends.*	Negates *two* elements that may be joined by **et… et** (*and*), **soit… soit** or **ou… ou** (*either . . . or*)
ne… nulle part Où sont tes sœurs? Je **ne** les ai vues **nulle part.**	*nowhere; not anywhere* *Where are your sisters? I* ***haven't*** *seen them* ***anywhere.***	Negates adverbial expressions like **quelque part** (*somewhere*), **partout** (*everywhere*), etc.
ne… personne / Personne… ne Je **ne** comprends **personne** et **personne ne** me comprend.	*no one, not anyone; nobody* *I* ***don't*** *understand* ***anyone****, and* ***no one*** *understands me.*	Negates expressions like **tout le monde** and **quelqu'un. Personne** can be the subject of the sentence, in which case it precedes the verb.
ne… rien / Rien ne… Je **ne** veux **rien** faire, et **rien ne** m'intéresse.	*nothing, not anything* *I* ***don't*** *want to do* ***anything,*** *and* ***nothing*** *interests me.*	Negates expressions like **tout** or **quelque chose. Rien,** like **personne,** can be the subject of the verb
ne… plus Il **ne** sont **plus** malades.	*no longer, not anymore* *They* ***aren't*** *sick* ***anymore.***	Negates verbs that may be accompanied by expressions like **toujours** and **encore** (*always* or *still*)
(ne… pas) non plus Tu n'aimes pas les maths ? **Moi non plus!** (Je **n'**aime **pas** les maths **non plus.**)	*(n)either* *You don't like math?* ***Neither do I!*** *(I* ***don't*** *like math* ***either.****)*	Indicates agreement with a previously-stated negative. **Non plus** can follow a noun or pronoun in a sentence fragment and omit the **ne… pas.**

Changes to the article in a negative sentence

- After most negations, the indefinite articles (**un, une, des**) and the partitive articles (**du, de l', de la**) change to **de.** Definite articles (**le, la, les**) remain unchanged.

J'ai **des** difficultés. → Je n'ai **pas de** difficultés.
Il a **du** temps. → Il n'a jamais **de** temps.
J'ai **le** livre du professeur. → Je n'ai pas **le** livre du professeur.

- There are two exceptions to this rule:
  1. With the verb **être,** the indefinite and partitive articles are retained, even in negative sentences (as are definite articles).

     C'est **une** pipe. → Ce n'est pas **une** pipe.

     C'est **de la** viande. → Ce n'est pas **de la** viande.
  2. With **ne… ni… ni…,** indefinite and partitive articles disappear altogether. Definite articles (**le, la, les**) remain unchanged.

     Il a **du** charme et **du** talent. → Il n'a **ni** charme **ni** talent.

     Tu as **le** temps et **l'**argent pour faire ce projet. → Tu n'as ni **le** temps, ni **l'**argent pour faire ce projet.

You will practice the negation of articles further in Chapter 7.

Exercices

14. Quelle transformation! L'année dernière, Clément était un très mauvais élève, mais cette année c'est un élève modèle. Suivant le modèle, décrivez sa transformation positive. (Il y a parfois plus d'une réponse possible.)

Modèle: *L'année dernière…* *Mais cette année…*

Rien n'était facile pour lui. **Tout est facile pour lui. / Certaines choses sont faciles pour lui.**

L'année dernière… *Mais cette année…*

1. Il ne parlait guère en classe. ______
2. Il ne s'entendait avec personne. ______
3. Il n'était jamais à l'heure. ______
4. Il ne préparait jamais ses cours. ______
5. Personne ne voulait travailler avec lui. ______
6. Il ne faisait aucun effort. ______
7. Il avait encore des difficultés. ______
8. Il ne comprenait rien. ______
9. Il n'avait ni énergie ni enthousiasme. ______
10. Aucune matière n'était facile pour lui. ______

Placement of elements in negative sentences

- **Ne** always goes before the verb, although there may be object pronouns between it and the verb.

  Je **ne fais** pas le travail.

  Je **ne** ***le*** **fais** pas.
- The other element in the negation normally comes just after the verb in a simple (one-word) verb tense. In the case of compound tenses, like the **passé composé,** the negating element normally comes after the auxiliary (**avoir** or **être**) and before the past participle.

  Je ne **parle pas** japonais.

  Je n'**ai jamais** étudié le japonais.
- Words that negate nouns come directly before the nouns they negate.

  Je n'ai **aucun** problème.

  Il n'a **ni** argent **ni** amis.

- **Nulle part** and **non plus** are placed at the end of a phrase.
  Je n'ai trouvé ce livre **nulle part.**
  Je n'aime pas ce livre **non plus.**
- When **personne** and **rien** are the subject of a sentence, they precede **ne.**
  Personne n'est parfait.
  Rien n'est facile.
- When they are not subjects, **rien** appears in its expected place in the sentence.
  Je ne comprends **rien.**
  Je n'ai **rien** vu.

Personne appears just after the verb in simple tenses, *after the past participle* in compound tenses, and after infinitives or prepositions of which it is the object.

Je n'admire **personne.**
Je n'ai vu **personne.**
Je ne veux voir **personne.**
Je ne veux parler avec **personne.**

Personne and **rien** are are always singular.

Il y a des gâteaux, des tartes, de la glace… mais **rien** ne l'intéresse.
Tu as vu Léa et Aaron? — Je n'ai vu **personne.**

15. Interro surprise (*pop quiz*). Vous avez aujourd'hui une petite interrogation sur la géographie du monde. Trouvez une réponse à toutes les questions!

Modèle: un pays qui n'est plus une colonie portugaise
Le Brésil n'est plus une colonie portugaise.

1. un endroit (*place*) où il n'y a aucun serpent

   ____

2. une région où il ne pleut presque jamais

   ____

3. un continent ou un pays où presque personne n'habite

   ____

4. un pays ou un état des USA où les montagnes ne se trouvent nulle part

   ____

5. un pays ou un état où il ne fait ni très froid, ni très chaud

   ____

6. un pays où il n'y a guère de forêts

   ____

7. un pays où aucune frontière (*border*) ne touche l'océan

   ____

8. un pays qui n'est plus une colonie britannique

   ____

9. un pays qui, comme les États-Unis, n'a ni roi ni reine

____

10. un pays qui n'est pas encore un pays démocratique

____

16. Des témoins inutiles (*Worthless witnesses*). Un crime a été commis, et malheureusement les témoins ne peuvent pas beaucoup aider la police. Imaginez les réponses qu'ils donnent aux agents.

a. Utilisez la forme correcte de **rien** dans chaque réponse.

1. *Qu'est-ce que* vous savez sur ce crime?

   Mais, je _______________!

2. *Qu'est-ce que* vous avez vu?

   Je _______________

3. *Qu'est-ce que* vous avez entendu?

   Je _______________

4. *Qu'est-ce qui* indique qui a commis le crime?

   Eh bien, pour moi, _______________ qui a commis le crime!

b. Utilisez la forme correcte de **personne** dans chaque réponse.

5. *Qui* peut identifier les criminels?

   _______________ identifier les criminels.

6. *Qui est-ce que* les criminels ont blessé (*harmed*)?

   Ils n'ont blessé

7. Parmi les criminels, *qui* avez-vous reconnu?

   Je _______________

8. *Avec qui* avez-vous déjà discuté de votre témoignage (*testimony*)?

   Je _______________

c. Utilisez la forme correcte d'**aucun** dans chaque réponse.

9. Avez-vous entendu un *bruit*?

   Non, je n'ai entendu aucune bruit

10. Avez-vous *une idée* de qui a commis le crime?

    Non, je n'ai aucune idée

11. *Quelques agents de police* vous ont déjà interrogé(e)?

    Non, je n'ai aucune agent n'ont déjà interrogée

12. Voulez-vous regarder *des photos* (*f.*) de suspects possibles?

    Non! Je ne veux ~~aucune~~ regarder aucun photos

Ne… que

Ne… que resembles a negation, since it includes **ne.** It is called a "limiting" element, and is the equivalent to **seulement** in French, or *only* in English. The **que** is placed before the element of the sentence that is being limited.

Je **n'**ai **que** dix euros.	*I **only** have ten euros.*
Il **ne** raconte ses secrets **qu'**à son meilleur ami.	*He **only** tells his secrets to his best friend.*

Articles do not change to **de** after **ne… que.**

Tu n'as qu'**une** sœur.	*You only have one sister.*
Je ne veux que **la** liberté.	*I only want freedom.*
Je ne prends que **du** pain et **de l'**eau.	*I'm only eating bread and water.*

17. Ce n'est pas pareil en France! Le système universitaire est peut-être différent en France que dans votre pays. Reformulez les phrases suivantes en utilisant **ne… que** pour décrire ce système.

Modèle: Au moyen âge (*In the Middle Ages*), on parlait seulement le latin à l'université en France.
Au moyen âge, on *ne* parlait *que* le latin à l'université en France.

1. Il y a seulement une vingtaine (*about 20*) d'universités privées en France.

____

2. Dans les universités publiques, les étudiants paient seulement une petite somme pour y étudier (moins de $1 000 par an, par exemple).

____

3. En France, il faut seulement trois ans pour préparer le premier diplôme universitaire.

____

4. Souvent on a des examens seulement à la fin de l'année scolaire.

____

5. Les examens sont difficiles, mais il faut seulement une note de 10/20 pour réussir.

____

18. La maison hantée *(haunted)*: **Scénario de film.** Faites la négation de chacune des phrases suivantes.

1. Il fait nuit; **toutes** les fenêtres de la vieille maison hantée sont éclairées (*lighted*).

N'aucune

2. Quand le garçon sonne à la porte, **quelqu'un** vient l'ouvrir.

Ne personne

3. La porte **est** fermée à clé (*locked*).

Ne fermée pa

4. Il entre dans la maison; il y a **quelqu'un** là-dedans (*inside*).

ne personne

5. Il entend un bruit dans un placard (*closet*) et quand il y regarde, il voit **quelque chose**.

Il ne v aucune

6. Il se sent en sécurité (*feels safe*) **partout** dans la maison.

ne nulle part

7. Il a très peur! Il peut **bouger** (*move*) et **crier** (*scream*).

ne ni

8. Il quitte la maison. Il y retourne **souvent**.

ne jamais

9. **Quelque chose** peut le convaincre (*convince him*) d'y retourner.

ne rein

19. Jeu *(Game)*: **Je n'ai jamais…** Écrivez cinq phrases négatives qui vous décrivent avec précision. Variez les négations que vous utilisez. Ensuite, lisez vos phrases à un(e) ou à plusieurs camarade(s) de classe. Si votre phrase est exacte uniquement pour vous, vous marquez un point. Si la phrase est exacte pour une autre personne dans votre groupe, personne ne marque de point. Le/la gagnant(e) est la personne qui a le plus de points à la fin du jeu.

Modèle: (*Vous écrivez*) **Je n'ai jamais fait de ski nautique.**
Si toutes les autres personnes dans votre groupe ont fait du ski nautique, vous marquez un point. (+1)
(*Vous écrivez*) **Je n'aime pas le yaourt.**
S'il y a une autre personne qui n'aime pas le yaourt non plus, vous ne marquez pas de point. (+0)

1. ______
2. ______
3. ______
4. ______
5. ______

20. Il exagère! Votre ami a tendance à dramatiser sa vie et à en voir toujours le côté négatif. Traduisez en français ce qu'il dit pour décrire ses problèmes.

1. I only have one problem—I'm depressed (*déprimé*).

2. Nothing seems interesting to me.

3. I can never get up in the morning (*se lever le matin*).

4. I don't do anything during the day (*pendant la journée*).

5. I don't love anybody and nobody loves me.

6. I hardly have any fun (*s'amuser*).

7. I don't want to go anywhere.

____

8. I don't want to do a single sport.

____

9. I have neither plans (*projets*) nor dreams (*rêves*).

____

10. I'll never be happy.

____

21. Un sketch *(A skit)*. Écrivez ou improvisez un dialogue entre deux personnes. Une personne rentre à maison, l'autre la questionne, et la première ne veut révéler ni où elle a été ni ce qu'elle a fait. Utilisez des costumes simples ou même des accessoires (*props*), si cela vous amuse!

Personnages possibles: **un chat ou un chien et son maître/sa maîtresse; les deux membres d'un couple; un(e) adolescent(e) et un parent; deux colocataires** (*roommates*)

Modèle: **— Où est-ce que tu es allé(e)?**
— Euh… nulle part.
— Et qu'est-ce que tu as fait?
— Rien! Je n'ai rien fait! *(etc.)*

22. Une «nouvelle» planète». Des scientifiques viennent de découvrir une nouvelle planète qui ne ressemble pas du tout à la Terre. Écrivez une description de cette planète, en utilisant beaucoup de constructions négatives.

Modèles: **Il n'y a aucune végétation, et les habitants ne sont ni mâles ni femelles, par rapport à notre conception de ces termes!**

Multiple negatives

In English, double negatives cancel one another out, or are considered grammatically incorrect. In French, multiple negatives are completely acceptable and retain their negative meanings.

Il ne dit plus jamais rien à personne. — *He never says anything to anybody anymore.*

Pas *without* ne; *ne* without *pas*

- In informal speech, you will often hear **pas** without **ne.** This is still a negation, and the **pas** is so audible that you will generally correctly process these statements as the negations they are.

  J'aime **pas** les maths. — *I don't like math.*

  J' sais **pas**. — *I dunno.*

  The omission of **pas** is too casual or "ungrammatical" to be used in written French or in higher level speech.

- In earlier centuries, and even today in written or very careful language, you will sometimes see a **ne** without a **pas.** The **ne** still functions as a negative, The **ne** alone occurs with the verbs **cesser, oser, pouvoir,** and **savoir.** In a formal setting, if your instincts are telling you that the statement is negative, you're probably right.

  Je **ne** saurais vous dire pourquoi. — *I wouldn't be able to / couldn't tell you why.*

  Je **n'**ose avouer mon amour pour lui. — *I don't dare admit my love for him.*

À l'écoute!

Les universités et les Grandes Écoles françaises. Christopher, un étudiant américain qui suit des cours d'été à Strasbourg pose des questions à son professeur sur un aspect unique de l'éducation en France — les Grandes Écoles. Écoutez leur conversation et ensuite, répondez aux questions.

Première écoute

Juste ou faux?

1. Il y a une sélection plus rigoureuse dans les Grandes Écoles que dans les universités. J F
2. Si vous avez un diplôme universitaire en sciences économiques, vous avez suivi plus ou moins les mêmes cours, que vous ayez étudié *(whether you studied)* à Paris, à Grenoble ou à Bordeaux. J F
3. En général, on peut dire que les Grandes Écoles préparent leurs étudiants à des carrières spécifiques. Même aujourd'hui, c'est moins vrai pour les universités. J F
4. En général, les Grandes Écoles disposent de plus d'argent par étudiant que les universités et leurs locaux (bâtiments, campus, etc.) sont plus beaux, mieux équipés, etc. J F

Deuxième écoute

1. Selon le professeur Boucq, en quoi est-ce que les universités françaises sont en train de changer?

   ____

2. On entend parfois un(e) étudiant(e) français(e) dire: «J'ai fait une prépa à Dijon» (par exemple). «Prépa», c'est une abréviation pour quoi? Combien de temps un(e) jeune Français(e) y passe-t-il/elle, normalement?

   ____

3. Selon le professeur Boucq, quels aspects des Grandes Écoles sont peut-être supérieurs à leurs équivalents dans les universités françaises?

   ____

4. Pourquoi, à votre avis, le professeur Boucq estime-t-il que les Grandes Écoles représentent une forme d'élitisme?

   ____

Troisième écoute

1. Selon certaines analyses, dans les Grandes Ecoles, il y a plus d'enfants de cadres, d'avocats, de médecins, etc., que d'enfants d'ouvriers. Ce n'est sûrement pas parce que les enfants de la classe ouvrière *(working class)* sont moins intelligents. Quelles autres explications pouvez-vous trouver pour expliquer ce phénomène?

____

____

2. À votre avis, pourquoi est-ce que les universités françaises délivrent de plus en plus de diplômes professionnels et techniques?

____

____

Atelier d'écriture

I. **Le but:** Interviewez en personne, par téléphone, par courrier électronique ou par Skype—un résident d'un pays étranger, de préférence francophone, sur le système d'éducation de son pays. Résumez votre interview en utilisant le format questions–réponses.

II. **Le sujet:** Que peut-on savoir sur le système éducatif du pays d'où vient la personne que vous avez interviewée?

III. **Quelques clarifications:**

- Vous pouvez concentrer votre interview sur les études supérieures ou l'élargir à tous les niveaux d'éducation.
- Longueur: à peu près 400 mots.
- Nombre de questions: 10 à 15 questions seraient raisonnables.
- Durée de l'interview: entre 20 et 30 minutes.
- Modèle de la rédaction d'une interview:

  (Une étudiante interviewe une Sénégalaise sur l'école primaire.)

  Question: Y a-t-il des psychologues ou des conseillers qui travaillent dans les établissements scolaires au Sénégal?

  Réponse: Au Sénégal, à part les enseignants, il y a peu de personnes qui travaillent dans les établissements scolaires, et surtout dans les écoles primaires. On trouve normalement un directeur, une secrétaire et une infirmière. Parfois, on peut trouver un/une bibliothécaire.

IV. **Quelques conseils:**

- Préparez-vous à prendre des notes rapidement.
- Utilisez des abréviations (un code), par exemple: «quelqu'un» pourrait s'écrire «qqn.», «quelque chose», «qqch».
- Notez la date, l'endroit et l'heure de l'interview.
- Il ne s'agit pas de transcrire l'interview mot pour mot *(verbatim)*, mais de résumer l'essentiel en un texte de 400 mots tout en préservant les idées principales. Examinez ce modèle de «conversion» de l'oral à l'écrit:

  Question: Est-ce que les parents participent aux activités des écoles?

  Réponse mot pour mot: Ben, je dirais… enfin là encore… En résumé, voilà ce que je vois ou plutôt ce que je pense… La participation des parents est un point faible de notre système d'éducation. À mon avis, elle est totalement inexistante.

  Réponse «nettoyée»: La participation des parents est un point faible de notre système d'éducation. À mon avis, elle est totalement inexistante.

V. Comment écrire la rédaction d'une interview:
Dans ce chapitre, nous allons apprendre à résumer une interview dont le contenu est essentiellement un jeu de questions et de réponses.

A. Première étape: La préparation

1. **Recherches.** Pour préparer une interview, il est nécessaire de bien se préparer, de trouver des renseignements sur le sujet sur lequel on veut écrire et de consulter des sources variées (documents officiels, sites Web, articles de presse, livres de la bibliothèque, etc.).

2. **Préparation des questions.** Avant de préparer une liste de questions, considérez ces conseils:
   - Variez les pronoms interrogatifs. Il serait intéressant d'inclure des pronoms interrogatifs courts et longs.
   - Préparez des questions ouvertes et non des questions fermées. (On répond généralement aux questions fermées par un simple «oui» ou «non».) Posez des questions qui commencent plutôt par **qui, quoi, où, quand, comment** et **pourquoi.**
   - Au cours de l'interview, vous pouvez ajouter d'autres questions.

1. ______________________________
2. ______________________________
3. ______________________________
4. ______________________________
5. ______________________________
6. ______________________________
7. ______________________________
8. ______________________________
9. ______________________________
10. ______________________________
11. ______________________________
12. ______________________________
13. ______________________________
14. ______________________________
15. ______________________________

B. Deuxième étape: L'interview
Avant d'interviewer une personne, vous devez connaître certains aspects de sa vie. Écrivez ci-dessous une courte biographie de la personne que vous allez interviewer. Cette biographie peut vous donner des pistes *(paths)* à suivre dans votre interview.

____

____

____

____

____

C. Troisième étape: La rédaction de l'interview

Après l'interview:

- Relisez l'ensemble de vos notes et sélectionnez ce que vous allez garder.
- Arrangez les questions dans un ordre qui produit une interview cohérente et organisée, mais restez fidèle aux opinions et au caractère du langage de la personne interviewée.
- Éliminez les répétitions, les mots qui marquent l'hésitation ou l'incertitude (**Euh… voyons, c'était en 1980 ou en 1985?,** etc.), mais ne changez pas le contenu essentiel de ce que la personne interviewée a dit.
- Écrivez une introduction à votre rédaction.
- Terminez la rédaction avec une conclusion dans laquelle vous pourrez comparer, brièvement, les systèmes éducatifs de votre pays et de celui de la personne que vous avez interviewée.

VI. Au travail!

2 Les temps du passé

Sommaire

GRAMMAIRE

www.cengagebrain.com

The French language uses several tenses to express past actions. In this chapter we examine four of them: **le passé composé, l'imparfait, le plus-que-parfait,** and **le passé simple.**

I. Le passé composé

Grammar Podcasts, Grammar Tutorials

The **passé composé,** which is used to recount the main events when telling a story in the past, is so called because it is composed of two elements. (In English, we call this a *compound tense.*) The two elements are (1) an *auxiliary verb* (**avoir** or **être**), conjugated in the present tense, and (2) a *past participle.* (In the English sentence "She has gone to Paris," for example, "has" is the auxiliary verb, and "gone" is the past participle.)

Passé composé = auxiliaire [**avoir** ou **être**] au présent + participe passé

A. Choix de l'auxiliaire

Barring a few archaic exceptions (e.g., "Joy to the world, the Lord *is* come."), *to have* is the only auxiliary verb used in English compound tenses. But, as you know, French uses both *to have* (**avoir**) and *to be* (**être**). So how do you know whether to use **avoir** or **être**?

- The vast majority of verbs are conjugated with **avoir** in compound tenses.
  Nous **avons** souvent entendu les opinions des Français au sujet de l'amitié.
  Kristin **a** commencé à apprécier l'amitié française.
- All reflexive verbs such as **se confier à** *(to confide in),* **se sentir** *(to feel),* and **se plaindre** *(to complain)* use **être** as the auxiliary.
  Quand elle a eu des ennuis avec ses amis français, Kristin s'**est** confiée à son professeur américain.
  Sandrine s'**est** sentie exclue parce que ses collègues américains ne l'ont pas invitée chez eux.
  Chantal s'**est** plainte du comportement de ses amis américains.
- A small number of other verbs also use **être** when they are conjugated in the **passé composé.** Here is the list of these so-called "**être** verbs."

infinitive *(meaning)*	**conjugated verb**
aller *(to go)*	je suis allé(e)
arriver *(to arrive)*	je suis arrivé(e)
***descendre** *(to go down)*	je suis descendu(e)
devenir *(to become)*	je suis devenu(e)
entrer *(to come in)*	je suis entré(e)
***monter** *(to go up)*	je suis monté(e)
mourir *(to die)*	je suis mort(e)
naître *(to be born)*	je suis né(e)
partir *(to leave)*	je suis parti(e)
***passer** *(to pass by; to stop by)*	je suis passé(e)
***rentrer** *(to go back; to go home)*	je suis rentré(e)
rester *(to stay)*	je suis resté(e)

(continued)

***retourner** *(to return)*	je suis retourné(e)
revenir *(to come back)*	je suis revenu(e)
***sortir** *(to go out)*	je suis sorti(e)
tomber *(to fall)*	je suis tombé(e)
venir *(to come)*	je suis venu(e)

Remarque: Some **être** verbs (like those marked with an asterisk in the list above) are conjugated with **avoir** in the passé composé when they have a direct object. In the following examples, the direct objects have been underlined to highlight their presence, which triggers the use of the auxiliary **avoir.**

> Je **suis sortie** hier soir. Je **suis passée** voir mon ami Yannick, qui est breton. Il **a sorti** une bonne bouteille de cidre et puis il m'**a passé** un petit bol. J'ai passé une excellente soirée avec lui! Est-ce que tu savais qu'on boit le cidre dans un bol en Bretagne?

As you have probably inferred, when the **être** verbs are conjugated with **avoir,** they have different meanings.

	used with être	***used with avoir + direct object***
descendre	*to go down*	*to bring or take (something) down*
monter	*to go up*	*to bring or take (something) up*
passer	*to pass by; to stop by*	*to pass (a thing or a period of time)*
rentrer	*to go back; to go home*	*to bring (something) in*
retourner	*to return*	*to turn (something) around or over*
sortir	*to go out*	*to bring or take (something) out*

B. Formation du participe passé

- You will remember that the past participle of regular verbs is formed as follows:

infinitive ends in:	***past participle ends in:***	***examples (infinitive):***	***examples (past participle):***
-er	**-é**	donn**er**	donn**é**
-ir	**-i**	fin**ir**	fin**i**
-re	**-u**	descend**re**	descend**u**

- Some verbs have irregular past participles. A partial list includes:

apprendre	*to learn*	j'ai **appris**
avoir	*to have*	j'ai **eu**
boire	*to drink*	j'ai **bu**
conduire	*to drive*	j'ai **conduit**
connaître	*to know*	j'ai **connu**
courir	*to run*	j'ai **couru**
découvrir	*to discover*	j'ai **découvert**

(continued)

détruire	*to destroy*	j'ai **détruit**
devoir	*to have to*	j'ai **dû**
dire	*to say*	j'ai **dit**
écrire	*to write*	j'ai **écrit**
être	*to be*	j'ai **été**
faire	*to do; to make*	j'ai **fait**
lire	*to read*	j'ai **lu**
mettre	*to put; to put on; to turn on*	j'ai **mis**
ouvrir	*to open*	j'ai **ouvert**
pouvoir	*to be able to*	j'ai **pu**
prendre	*to take*	j'ai **pris**
recevoir	*to receive*	j'ai **reçu**
savoir	*to know*	j'ai **su**
suivre	*to follow*	j'ai **suivi**
vivre	*to live*	j'ai **vécu**
voir	*to see*	j'ai **vu**
vouloir	*to want*	j'ai **voulu**

C. L'ordre des mots au passé composé

- In negation, the particles (**ne... pas, ne... plus, ne... rien,** etc.) are placed around the auxiliary.
  — Monique, est-ce que tu es allée au cinéma hier soir?
  — Moi? Non, je **ne** suis **pas** allée au cinéma. En fait, je **n'ai rien** fait ce week-end.
- In the case of **ne... personne,** the word order is different.
  Je **n'ai** vu **personne.**
- In interrogative sentences formed by subject-verb inversion, the auxiliary verb and the subject pronoun are inverted.
  N'**êtes-vous** pas sortie avec Julien?
  Quel film **avez-vous** vu? L'**avez-vous** aimé?

D. Accord du participe passé

- When a verb is conjugated with **être** in a compound tense like the **passé composé,** its past participle agrees in gender (masculine / feminine) and in number (singular / plural) with the subject of the verb, the same way an adjective would.
  Marc est américain, mais sa femme, Valérie, est française. **Elle** est restée près de deux heures chez moi hier soir. (***Elle:*** *feminine, singular*)
  Isabelle et Christopher sont devenus amis parce que chacun appréciait la culture de l'autre. (***Isabelle et Christopher:*** *plural*)
- When a verb is conjugated with **avoir,** however, the past participle is *usually* used in its neutral form, without any sort of agreement.
  Valérie a **passé** une semaine chez moi.
  Nous avons beaucoup **parlé** de l'amitié à l'américaine.

However, when a verb conjugated with **avoir** has a direct object that is placed before the verb, the past participle will change to agree in gender and in number with that direct object. (If you wish to read more about direct objects, consult pages 7–77.)

There are several instances when the direct object is placed before the verb.

(a) When the direct object is a pronoun that designates a feminine, a plural, or a feminine plural object. This includes **la** and **l'**(f.), and **me** and **te,** when they refer to females or feminine objects. **Nous, vous, les** are always plural, and *can* be feminine as well.

Elle ne **nous** a jamais invités à dîner.

Remember in these cases, the past participle is agreeing with the preceding direct object pronoun **(nous),** not with the subject **(elle).** Remember, also, that **me, te, nous,** and **vous** can also replace an *indirect* object, in which case there is no agreement of the past participle. (If you would like to refresh your memory about indirect objects, see pages 7–77.)

(b) When the relative pronoun **que** precedes the subject-verb clause, and **que** represents a female or plural antecedent.

1. When the relative pronoun **que** represents a female or plural antecedent:

   Les amies qu'elle a vues en Suisse vont lui manquer.

   Bien des gens que j'ai connus à la Martinique habitent au Canada.

2. After an interrogative such as the adverb **combien (de)**, the adjectives **quelle/quels/quelles,** or the pronouns **laquelle/lesquels/lesquelles.**

   Combien d'amies as-tu vues à l'exposition?

   Quels livres as-tu achetés à Francfort?

   Lesquels as-tu envoyés à ta mère?

- ***Le cas particulier des verbes réfléchis***

1. When it comes to figuring out past participle agreement, reflexive verbs are a special case. Do not look at the subject of a reflexive verb, but rather, look at the reflexive pronoun **(me, te, se, nous, vous)** in order to decide whether to make the past participle agree. Most of the time, a reflexive pronoun functions like a direct object that precedes the verb. If it is feminine and/or plural, you must make the past participle agree.

   Elles **se** sont rencontré**es** en France. (*They met **each other**,* so **se** = feminine plural direct object.)

   Quelle surprise! Traci **s'**est fiancé**e** à un Français. (*She* (literally) *engaged **herself*** to someone. So, so **s'** = feminine singular direct object.)

2. Sometimes the reflexive pronoun **(me, te, se, nous, vous)** functions as an *indirect* object, in which case the past participle remains invariable. This happens often with verbs involving the transferring objects or information, such as **se dire** *(to say to oneself, to say to each other),* **se donner** *(to give to oneself, to give to each other),* **s'écrire** *(to write to each other),* **se parler** *(to speak to each other),* and **se téléphoner** *(to telephone [to] each other).*

   Jacques et moi, nous **nous** sommes téléphon**é** hier. (In French, we say **téléphoner *à* quelqu'un,** so the reflexive pronoun **nous** is an indirect object and there's no past participle agreement.)

3. In some cases, the reflexive verb has both a direct object and an indirect object.

   Elle s'est brossé les dents. (In this sentence**, les dents** is the direct object. Since it comes after the verb, the past participle is not changed.)

   Elle se **les** est brossées. *(She brushed them.* Since **dents** is a feminine plural noun, when it is replaced by **les,** and is placed before the verb, you must add both an **-e** and an **-s** to the past participle.)

Synthèse		
auxiliary	**agreement**	**no agreement**
AVOIR	• with a **preceding** direct object: **La pomme?** Adam l'a mangée. Voici **les dessins que** votre fils a faits.	• when the direct object **does not precede** the verb: Adam a mangé **la pomme.** Votre fils a fait **les dessins.** • when the preceding object pronoun is not a **direct** object (**me, te, se, lui / leur, y, en...**): • Je n'ai pas vu Hélène. Je **lui** ai téléphoné. (téléphoner **à quelqu'un**)
ÊTRE	• when the subject of an "**être** verb" is female or plural: Sandrine est sortie. • with reflexive verbs, when the reflexive pronoun is functioning as a direct object: Murielle s'est lavée. • with reflexive verbs when the reflexive pronoun is functioning as an indirect object and when the sentence contains a feminine or plural **direct object pronoun:** Les cheveux? Elle se **les** est lavés.	• with reflexive verbs, when the reflexive pronoun (**se**, etc.) is functioning as an indirect object: Sandrine et Aline se sont parlé. (i.e., Sandrine a parlé **à** Aline et Aline a parlé **à** Sandrine.) • with reflexive verbs, when the sentence contains a **noun direct object** that comes after the verb: Elle s'est lavé **les cheveux.**

Exercices

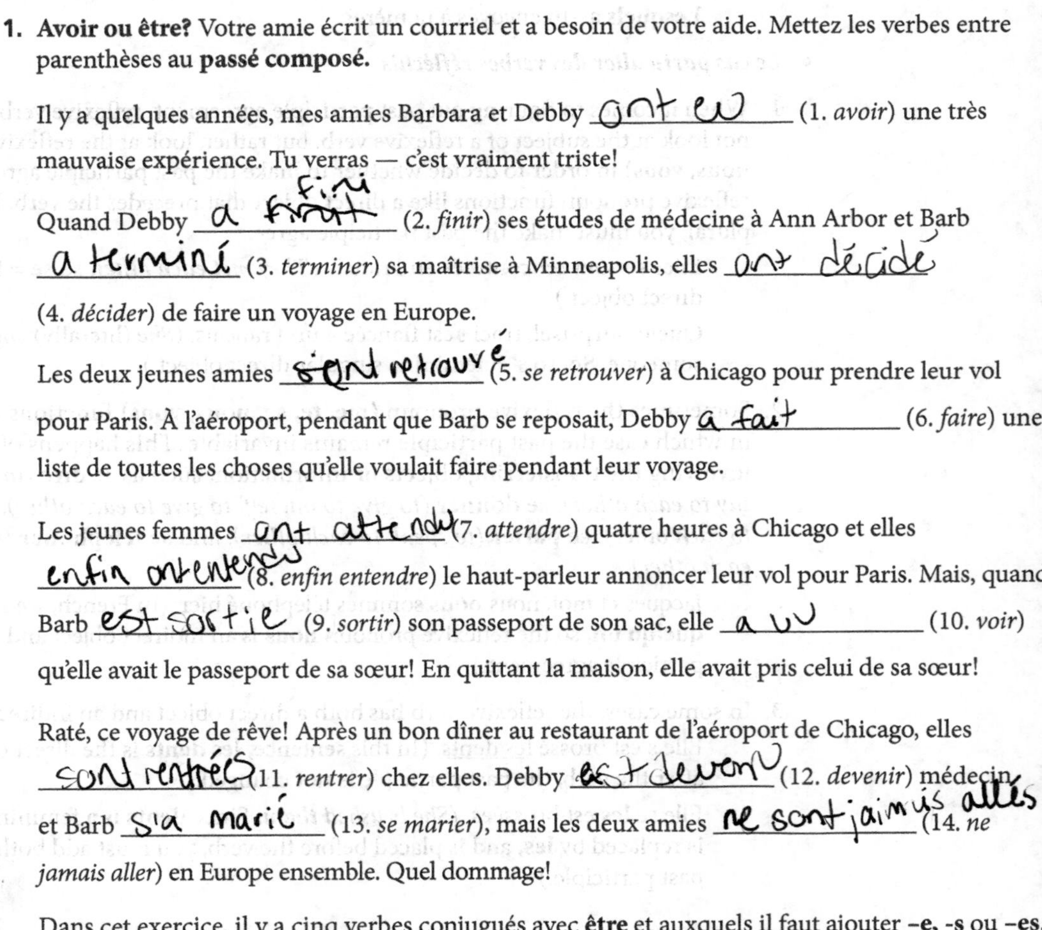

1. **Avoir ou être?** Votre amie écrit un courriel et a besoin de votre aide. Mettez les verbes entre parenthèses au **passé composé.**

Il y a quelques années, mes amies Barbara et Debby ________ (1. *avoir*) une très mauvaise expérience. Tu verras — c'est vraiment triste!

Quand Debby ________ (2. *finir*) ses études de médecine à Ann Arbor et Barb ________ (3. *terminer*) sa maîtrise à Minneapolis, elles ________ (4. *décider*) de faire un voyage en Europe.

Les deux jeunes amies ________ (5. *se retrouver*) à Chicago pour prendre leur vol pour Paris. À l'aéroport, pendant que Barb se reposait, Debby ________ (6. *faire*) une liste de toutes les choses qu'elle voulait faire pendant leur voyage.

Les jeunes femmes ________ (7. *attendre*) quatre heures à Chicago et elles ________ (8. *enfin entendre*) le haut-parleur annoncer leur vol pour Paris. Mais, quand Barb ________ (9. *sortir*) son passeport de son sac, elle ________ (10. *voir*) qu'elle avait le passeport de sa sœur! En quittant la maison, elle avait pris celui de sa sœur!

Raté, ce voyage de rêve! Après un bon dîner au restaurant de l'aéroport de Chicago, elles ________ (11. *rentrer*) chez elles. Debby ________ (12. *devenir*) médecin et Barb ________ (13. *se marier*), mais les deux amies ________ (14. *ne jamais aller*) en Europe ensemble. Quel dommage!

Dans cet exercice, il y a cinq verbes conjugués avec **être** et auxquels il faut ajouter **–e, -s** ou **–es.** Les avez-vous tous trouvés?

 **2. Test de compatibilité.** Vous voulez faire un beau voyage l'été prochain, mais vous voulez trouver quelqu'un de compatible avec qui voyager.

- Premièrement, insérez les verbes dans les questions au passé composé.
- Deuxièmement, écrivez une réponse personnelle à chaque question.
- Ensuite, posez les questions à un(e) camarade de classe, et répondez-lui quand il/elle vous les pose à son tour.
- Finalement, comparez vos réponses à celles de votre camarade, et décidez si vous êtes compatibles pour voyager ensemble.

Première partie

 **Modèle:** — En quelle saison est-ce que tu **<u>as voyagé</u>** (*voyager*)?
— **<u>J'ai voyagé *en/au [saison]*.</u>**

1. — Où est-ce que tu _______________ (*aller*)? Pourquoi est-ce que tu _______________ (*choisir*) cette destination?

   — Je (J') ____

2. — Avec qui est-ce que tu _______________(*faire*) ce voyage? (Un[e] camarade? Un groupe? Votre famille?)

   — Je (J') ____

3. — Comment est-ce que vous _______________(*voyager*)? (en voiture, en avion, etc.) Pourquoi?

   — Nous ____

4. — Où est-ce que vous _______________ (*dormir*)? Est-ce que vous _______________ (*descendre*) à l'hôtel? Vous _______________ (*faire*) du camping? Vous _______________ (*rester*) chez des amis?

   — Nous ____

   ____

5. — Est-ce que tu es matinal(e) *(a morning person)?* Combien de fois est-ce que tu _______________ (*se lever*) avant 8 heures du matin? Combien de fois est-ce que tu _______________ (*quitter*) l'hôtel (le camping, etc.) avant 9 heures du matin? Est-ce que ton camarade ou ta camarade _______________ (*se lever*) à la même heure que toi?

   — Il/Elle ____

   ____

   — Je (J') ____

6. — Combien de musées et de sites touristiques est-ce que tu _______________ (*visiter*)? Est-ce que les billets pour les visiter _______________ (*coûter cher*)?

   — Je (J') ____

   Les billets ____

7. — Est-ce que tu _______________ (*faire*) du sport pendant les vacances?

   — Je (J') ____

8. — Est-ce que tu _______________ (*faire*) du shopping? Tu _______________ (*s'acheter*) beaucoup de choses? Qu'est-ce que tu _______________ (*acheter*)? (des souvenirs, des vêtements, etc.)?

   — Je (J') ____

   ____

9. — Pour vous déplacer, vous _______________ (*se servir; invers.*) des transports en commun *(public transportation)*, _______________ (*prendre; invers.*) des taxis ou _______________ (*se déplacer; invers.*) à pied? Tu as un bon sens de l'orientation? Combien de fois est-ce que tu _______________ (*se perdre*) pendant ce voyage?

   — Nous ____

   Je (J') ____

10. — Combien de fois par jour est-ce que vous _______________ (*manger*) au restaurant? Est-ce que tu _______________ (*maigrir*) ou est-ce que tu _______________ (*grossir*) pendant les vacances? Pourquoi?

    — Nous ____

    Je (J') ____

    ____

11. — Qu'est-ce que vous _______________ (*faire*) le soir? Combien de fois est-ce que tu _______________ (*se coucher*) après minuit?

— Nous ____

Je ____

12. — Ton compagnon et toi, est-ce que vous _______________ (*bien s'amuser*)? Est-ce que vous _______________ (*se disputer*) de temps en temps? Pour quelles raisons?

— Nous ____

Deuxième partie

Writing Activity

Êtes-vous compatibles?

Maintenant analysez vos réponses et celles de votre partenaire. À votre avis, êtes-vous compatibles et pouvez-vous voyager ensemble? Expliquez votre réponse.

____

____

____

____

____

____

3. Un album de photos. Violaine met à jour *(is updating)* son album de photos après ses dernières vacances passées à la montagne avec un groupe d'amis. Elle a écrit des légendes pour les photos, mais elle n'a pas fait très attention à l'accord du participe passé. Aidez-la, en faisant l'accord chaque fois qu'il est nécessaire.

1. Voici le chalet que nous avons loué_____. Paul y est arrivé_____ avant les autres. C'est lui qui a préparé_____ le dîner vendredi soir.
2. Claire a monté_____ toutes ses valises elle-même! Regardez ses beaux muscles!
3. Samedi matin, nous sommes tous allé_____ faire du ski. Mireille est tombé_____ et elle s'est cassé_____ la jambe!
4. Les garçons se sont bien amusé_____, sur les pistes de ski comme dans les boutiques. Voici les belles lunettes de soleil que Thierry a acheté_____ pour Mathieu.
5. Nous avons commandé_____ une fondue savoyarde au restaurant samedi soir. Je l'ai adoré_____!
6. Tout le monde s'est reposé_____ dimanche après-midi. Après le ski, la sieste!
7. Yannick a laissé_____ pousser sa barbe pendant tout le week-end. Il se l'est enfin rasé_____ dimanche soir, juste avant le départ.
8. Nous nous sommes dit_____ au revoir là, devant le chalet. C'était triste, la fin des vacances, mais nous avons déjà réservé_____ le même chalet pour l'année prochaine!

II. L'imparfait

A. Formation

Grammar Podcasts, Grammar Tutorials

The tense called **imparfait** is also used to describe past actions. Unlike the **passé composé,** which has two elements (an *auxiliary* verb and a *past participle*), the **imparfait** is a single word composed of a *stem* and an *ending*. The *stem* is formed by removing the **-ons** ending from the **nous** form of the present tense. The *endings* of the **imparfait** are shown below.

aimer = nous aim *ons* ⟶ stem: **aim-**
finir = nous finiss *ons* ⟶ stem: **finiss-**
attendre = nous attend *ons* ⟶ stem: **attend-**

aimer	**(aim-)**
j'	aim**ais**
tu	aim**ais**
il/elle/on	aim**ait**
nous	aim**ions**
vous	aim**iez**
ils/elles	aim**aient**

finir	**(finiss-)**
je	finiss**ais**
tu	finiss**ais**
il/elle/on	finiss**ait**
nous	finiss**ions**
vous	finiss**iez**
ils/elles	finiss**aient**

attendre	**(attend-)**
j'	attend**ais**
tu	attend**ais**
il/elle/on	attend**ait**
nous	attend**ions**
vous	attend**iez**
ils/elles	attend**aient**

Imparfait = stem [nous form of present – ons] + **ais, ais, ait, ions, iez, aient**

Remarques:

- Only the verb **être** has an irregular stem in the **imparfait.**
  j'**étais**, tu **étais**, il/elle/on **était**, nous **étions**, vous **étiez**, ils/elles **étaient**
- Verbs ending in **-ger** or in **-cer** use respectively an extra **e** or the letter **ç** in the **je, tu, il/elle/on,** and **ils/elles** forms. This spelling change is necessary in order to maintain the pronunciation of the soft **g** and the soft **c** throughout the conjugation. The **i** of the imparfait ending in the **nous (-ions)** and **vous (-iez)** forms performs the same function. Therefore, no **e** or **ç** is necessary in these forms.
  je nag**e**ais, tu nag**e**ais, il/elle nag**e**ait, nous nagions, vous nagiez, ils/elles nag**e**aient
  je commen**ç**ais, nous commencions, ils/elles commen**ç**aient
- Verbs whose infinitives end in **-ier** will have a double **i** in the **nous** and **vous** forms of the **imparfait** (nous étudiions, vous remerciiez).
- In negative and interrogative sentences, the word order is the same as it is in the present tense.

	La première fois que tu t'es disputé(e) avec ton meilleur ami, …	
interrogative	… est-ce que tu étais triste après?	… étais-tu triste après?
negative	… tu **ne** pensais **pas** avoir tort.	… tu **ne** voulais **plus** le voir.

B. Usage

The **imparfait** is used to complement the **passé composé.** It is used:

- to describe the way things *used to be,* or what a person *used to do* (ongoing states and repeated, habitual actions).
  Quand j'**étais** jeune, je **jouais** souvent au baseball avec mes copains et j'adorais ça!
  When I ***was*** *young, I often* ***played (used to play)*** *baseball with my friends and I loved it!*

- to designate an action that was in progress when it was interrupted by the next event in a story.
  Mon amie m'a téléphoné pendant que je **dormais.**
  *My friend called while I **was sleeping.***
- to add descriptive background information that "sets the stage" for the main events.
  Hier soir, je **faisais** un gâteau, mon frère **regardait** la télé et le chat **dormait**. Soudain, quelqu'un **a frappé** à la porte.
  *Last night, I **was making** a cake, my brother **was watching** TV, and the cat **was sleeping.** Suddenly, someone **knocked** on the door.*

Exercices

4. **Quand j'étais jeune…** Vous avez trouvé une vieille lettre que votre tante Louise a écrite à quelques cousines en France il y a plusieurs années. Tante Louise est née dans le Minnesota en 1891. Elle parle de ses propres expériences avec l'amitié pendant les années 1900 et 1910 aux États-Unis. Lisez le texte et écrivez la forme correcte à l'**imparfait** de chacun des verbes entre parenthèses.

Jusqu'à l'âge de 16 ans, j'ai vécu dans une ferme *(farm)* dans le sud-ouest du Minnesota et mes expériences avec l'amitié ont été très marquées par ce fait. Notre ferme se trouvait (1. *se trouver*) à 35 km du village et les voisins les plus proches habitaient (2. *habiter*) à 30 minutes de marche de chez nous. Pour cette raison, j' avais (3. *avoir*) très peu d'amis. Mon meilleur ami, c' était (4. *être*) mon frère, Johnny. Je me disputais (5. *se disputer*) très rarement avec lui et nous nous entendions (6. *s'entendre*) très bien. Nous avions (7. *avoir*) très peu de jouets *(toys)* — moi, une poupée *(doll)*, lui une luge *(sled)*, mais pas de patins *(skates)*, ni de vélos *(bikes)*. Pour la plupart de nos jeux, nous utilisions (8. *utiliser*) notre imagination et nous inventions (9. *inventer*) des jouets faits de morceaux de bois ou de tissu, etc.

Bien sûr, j' allais (10. *aller*) à l'école, mais c' était (11. *être*) une très petite école — quinze élèves en tout, dont seulement deux de mon âge. La journée commençait (12. *commencer*) à 9 heures du matin et finissait (13. *finir*) à 16 heures. Les élèves jouaient (14. *jouer*) ensemble à midi et pendant la récréation (30 minutes par jour). À midi, chacun apportait (15. *apporter*) son déjeuner et on partagait (16. *partager*) sa nourriture les uns avec les autres. Pendant la récré, on jouait (17. *jouer*) à cache-cache *(hide and seek)*, au chat perché *(tag)* et au baseball, selon la saison.

Mes camarades de classe et moi, nous ne nous voyions pas (18. *ne pas se voir*) en dehors de l'école. Tout le monde devions (19. *devoir*) rentrer immédiatement après l'école.

En fait, notre «vie sociale» dépendait (20. *dépendre*) beaucoup de celle de nos parents. Ils ne pouvions pas (21. *ne pas pouvoir*) nous laisser avec une baby-sitter et donc, quand ils sortaient (22. *sortir*), nous les accompagnions (23. *accompagner*). Leurs activités sociales étaient (24. *être*) peu variées, mais très agréables. Ils faisaient (25. *faire*) souvent des parties de cartes chez des amis ou ils allaient (26. *aller*) à des bals dans la grange *(barn)* d'une de leurs connaissances, durant lesquels les enfants s'endormaient (27. *s'endormir*) souvent dans le foin *(hay)*. Il leur arrivait (28. *arriver*) aussi d'aller au village le samedi pour faire des courses. Tous les agriculteurs s'y retrouvaient (29. *s'y retrouver*) le samedi soir. Ils achetaient (30. *acheter*) les provisions nécessaires et se promenaient (31. *se promener*) dans la grande rue.

J' adorais (32. *adorer*) mes parents, mais des amis de mon âge, ça me manquais (33. *manquer*). Quand j' étais (34. *être*) adolescente, nous avons déménagé dans le centre du village et je me suis enfin fait quelques bonnes amies.

5. Pour moi, ce n'était pas pareil. *(For me, it wasn't the same.)* Avec un(e) partenaire, comparez vos propres expériences avec celles de tante Louise (voir exercice 4). En quoi est-ce que son enfance et ses expériences de l'amitié sont différentes des vôtres? En quoi est-ce qu'elles se ressemblent?

Modèle: Jusqu'à 16 ans, Louise vivait dans une ferme, mais moi, je vivais en ville. Louise habitait dans le Minnesota et moi aussi, j'habitais dans le Minnesota.

III. Le plus-que-parfait

Grammar Podcasts, Grammar Tutorials

The **plus-que-parfait** is the equivalent of the English past perfect tense: *I had done, We had gone,* etc.

Je **n'avais pas encore préparé** le dîner quand mes invités sont arrivés.
***I had not yet made** dinner when my guests arrived.*

A. Formation

Like the **passé composé**, the **plus-que-parfait** is a compound (two-part) verb tense. To form it, you use the **imparfait** of the auxiliary verb (**avoir** or **être**) and a past participle.

Je n'**avais** pas encore **préparé** le dîner.	*I **had** not yet **prepared** dinner.*
Ils **étaient** déjà **arrivés**.	*They **had** already **arrived**.*
Nous ne nous **étions** pas **téléphoné** pour confirmer l'heure.	*We **hadn't called** each other to confirm the time.*

11. Quand on a signé la *Déclaration de l'indépendance* américaine,... (La Révolution française a éclaté *[broken out]*.)

12. Quand le mur de Berlin est tombé (l'Union soviétique s'est dissoute *[dissolved]*.)

8. Un peu de contexte! Donnez un peu de contexte aux différentes époques de votre vie — complétez chaque phrase en mentionnant un autre **événement** qui avait déjà eu lieu. Suivez le modèle et utilisez le **plus-que-parfait.** *(Note: This exercise requires you to mention an* **event,** *and not a condition or state of being.)*

Modèle: À l'âge de 4 ans,...
À l'âge de 4 ans, *j'avais* déjà *appris* à lire. (... I had *already* learned ...)

1. Quand Barack Obama est devenu président...
2. Quand j'ai commencé à suivre ce cours...
3. Quand j'ai fini mes études au lycée...
4. Quand j'ai eu mon permis de conduire...
5. En 2012, quand on a annoncé la mort de Whitney Houston...
6. À l'âge de 10 ans...
7. À 11 heures ce matin...
8. La première fois que j'ai vu notre université...

IV. La narration au passé

The choice of the **passé composé,** the **imparfait,** or the **plus-que-parfait** to tell about past events is intensely "visual." Your choice of verb tenses helps readers or listeners "see" the story you are telling, transmitting a three-dimensional "play" or "film" of its events from your mind's eye to that of your reader or listener.

Let's look at some basic principles of verb-tense choice. We will then see how these play out in the context of a well-known story.

The **passé composé** is the skeleton of the story (the "bare bones"), the chronologically ordered presentation of its events. If you were to reduce a story to a brief plot summary, most of the items appearing in that summary would be expressed in the **passé composé.** (For example, in *West Side Story*, an American-born boy and a Puerto Rican girl met in New York and fell in love. Their family "gangs" opposed their love. Both boy and girl died tragically.) In fact, if you were to skim a story and read only the sentences containing verbs in the **passé composé,** you'd get the gist. If you are telling a story, the **passé composé** sentences are the answer to your listener's question, "And what happened next?"

The **imparfait** is the "flesh" on the skeleton. It is used to express all of the background details we need to visualize the story's setting and characters. In theatrical terms, the **imparfait** is the set, the lighting, the costumes, the makeup—everything that "sets the stage." When the curtain goes up on a Broadway musical, for example, before anything really happens, we get a sense of the historical period, of what time of day it is, what the weather is like, where the characters live, what they look like and how they're dressed, what their relationship is to one another, etc. The characters may even be doing something, but their actions are simply another element in creating the atmosphere—helping us see what typically went on in the lower west side of New York in the mid-twentieth century, or on the Serengeti plain teeming with African animals, or in an American high school putting on a musical in 2015. The **imparfait** makes us feel as though "we were there." It tells us what we need to know in order to understand and appreciate the events of the story (which will be expressed in the **passé composé**).

The **plus-que-parfait** is used with lesser frequency than the **passé composé** and the **imparfait,** but it has an important role to play as well. Again, think of yourself at the theater. Once the play begins and the plot begins to unfold, the **plus-que-parfait** will also be used to "back up" and tell us (or remind us) about actions that happened earlier in the play or before the play began, but that weren't mentioned at the time they happened. In cinematic terms, the **plus-que-parfait** expresses flashbacks.

So, with a judicious use of foreground actions **(passé composé),** background actions and flashbacks (**imparfait** and **plus-que-parfait**), and background details **(imparfait),** you can create a multi-dimensional story that helps your listeners put its various elements in perspective—*your* perspective—and creates the impression of a play or movie unfolding before their very eyes. Here is how one of our authors explains how she chose her verb tenses to tell the story of Cinderella:

> Let me take parts of a familiar story and decide which verb tenses I would use to tell it in French. I will make my choices based on which aspects of the various actions I want to emphasize, and on which actions I want to have in the foreground and which in the background. Remember that I say "I" here because other storytellers might make slightly different choices, depending on what they wished to emphasize.

Once upon a time, there *was* a young girl named Cinderella, who *lived* in a house with her step-mother and her three horrible stepsisters.	*I'll use the **imparfait** here, because I'm giving background information. These details don't advance the story; they just tell what the status-quo is when the story begins.*
Cinderella's mother *had died* when Cinderella *was* very young, and her father *had married* a young widow with three daughters.	*"Had died" and "had married" are both events that occurred, but they happened offstage before the curtain went up on my story, so I must use the **plus-que-parfait** to show this. "When Cinderella was very young" merely establishes a background for the other two actions, so I'll use the **imparfait** for that.*
Cinderella's stepmother *hated* Cinderella, and always *favored* her own daughters. Cinderella *had* only ragged clothes to wear. Every day, she *cleaned* the house, *did* the cooking, and *washed* the dishes. Her bedroom *was* so cold that she often *slept* near the fireplace in the kitchen. Everyone *called* her "Cinderella" because of the ashes on her face and clothing.	*All of these verbs will be expressed in the **imparfait,** because they give background information and help to establish the atmosphere of the story. Whether they describe states of mind ("hated"), ongoing possession ("had"), physical states ("was cold"), or repeated, habitual actions ("cleaned," "did," "washed," "slept," "called"), they all help to create the backdrop against which the events of the story will take place.*

Have you noticed that no events have taken place on stage as of yet? This is fairly common in a traditional story. Storytellers often give us an idea of who people are, how things look, and what is humming along in the background before beginning to narrate the events of the story.

One day, the household *received* an invitation to a ball being held for the purpose of finding a bride for the king's oldest son. The stepsisters *jumped* for joy, and immediately *decided* to attend.	*These are the first on-stage actions in my story, and I'll use the **passé composé** to foreground them. The action of receiving the letter sets off reactions in the stepsisters, be they physical (jumping for joy) or mental (deciding). In all cases, though, something has happened—there's been a change in the status quo.*
Just as quickly, Cinderella *realized* that she *couldn't* attend the ball. She *had* no dress to wear.	*Because I want to emphasize Cinderella's sudden stab of regret, I'll put "realized" in the **passé composé.** "Couldn't" and "had" are less dramatic. They describe ongoing states of inability and possession, so I'll relegate them to the background by using the **imparfait.***

Because you probably know this story, we can now skip much of it, and simply offer a sentence here and there that illustrates important aspects of past tense usage.

When the prince first *caught sight* of Cinderella at the ball, he *loved* her.	*I'll use the* ***passé composé*** *for both of these. "Caught sight of" is fairly obvious—something happened there. But the same thing is true for the second verb, "loved." Statements about feelings and emotions are often expressed in the* ***imparfait*** *in French, because they often give background information about ongoing states of mind. Here, though, a major change has taken place (conveying the idea that the prince "fell in love" with her).*
As the prince and Cinderella *danced,* everyone *wondered* about the identity of the beautiful young woman.	*Although there are other ways of doing this, I want to emphasize the duration of these two activities, and give them equal importance (like a "split screen" in a movie)—it's as if I were saying, "While they were dancing, everyone was wondering." For this reason, I'll use the* ***imparfait*** *for both verbs.*
When the clock *began* to strike midnight, Cinderella *panicked.* She *had forgotten* the promise she *had made* to her fairy godmother.	*"Began" =* ***passé composé.*** *I want you to focus on the beginning of the action. "Panicked" =* ***passé composé.*** *This is Cinderella's reaction to the clock's striking. "Had forgotten" and "had made" both need to be expressed in the* ***plus-que-parfait;*** *I am backing up in time, flashing back to things that happened earlier in the story, before the clock struck.*
As Cinderella *ran* from the castle, she *lost* one of her beautiful glass slippers. As the last stroke of midnight *was sounding,* Cinderella's beautiful dress *was transformed* back into her customary rags.	*Both of these sentences have the same structure (first verb [ran, was sounding] =* ***imparfait;*** *second verb [lost, was transformed] =* ***passé composé****). Each one describes one background action that is still in progress, and sets the stage for a second action on which you need to focus, and which is to be perceived as being completed.*
When the prince's emissary *arrived* at their house, each sister *tried,* but *failed,* to put on the glass slipper. When Cinderella *put it on,* it *fit* her perfectly.	*"Arrived" =* ***passé composé*** *(something happened). Even though some repetition is implied by three sisters trying and failing, I will use the* ***passé composé*** *in order to emphasize the successive nature and the finality of the actions.* *"Cinderella put it on" =* ***passé composé****. I want you to see her as having completed this action. How about "it fit her perfectly"? Is this the next action in the story? Did the shoe suddenly shrink to fit her foot? No, probably not. Its ongoing state was that of being a perfect size for Cinderella, so the* ***imparfait*** *is perfectly sufficient to describe that state.*
Cinderella and her prince *were married,* and they *lived* happily ever after.	*What do I mean by "were married"? Was that their pre-existing, ongoing state? No—I really mean that they "got married"—that's the next event in the story, and must thus be expressed by the* ***passé composé.*** *Finally, what to do with "they lived happily ever after"? Doesn't that describe duration? Yes, but this is the end of the story. Using the* ***imparfait*** *here would imply that this sentence is a background detail against which further actions will be brought to the foreground. Here, I want to show that the story is ended, that there's nothing more to say about Cinderella. The* ***passé composé*** *(or the* ***passé simple****) lends such an air of closure and finality to the end of a story that it's as though the words "The End" were embedded within that final sentence.*

Narration in the past is one of the most fascinating aspects of the French language. Keep practicing it and you'll feel very proud of yourself when you begin to make correct choices instinctively. One great way to practice is to tell yourself fairy tales or movie plots, and then simply to think about which verb tenses you would use if you were going to tell the same story in French.

Exercices

9. Justifications. Lisez l'histoire de Cendrillon et expliquez à un(e) partenaire (en anglais) pourquoi le conteur *(storyteller)* a choisi tel ou tel temps *(such or such tense)* pour chaque verbe.

Modèle: 1. **Il était: describes an ongoing, existing condition when the curtain goes up**

Il *était* (1) une fois une jeune fille qui *vivait* (2) dans une maison avec sa marâtre et ses trois méchantes belles-sœurs. Sa mère *était morte* (3) quand elle *était* (4) très jeune, et son père *s'était remarié* (5) avec une jeune veuve. La marâtre *détestait* (6) Cendrillon et *favorisait* (7) toujours ses propres filles. Cendrillon ne *portait* (8) que des haillons *(rags)*. Tous les jours, elle *nettoyait* (9) la maison et *faisait* (10) la cuisine et la vaisselle. Sa chambre *était* (11) si froide qu'elle *dormait* (12) souvent près de la cheminée dans la cuisine. Tout le monde l'*appelait* (13) «Cendrillon» à cause des cendres sur son visage et ses vêtements.

Un jour, la maisonnée *(household) a reçu* (14) une invitation à un bal, donné par le roi pour trouver une épouse *(wife)* pour son fils, le prince. Les belles-sœurs *ont* vite *décidé* (15) d'y assister. Mais la pauvre Cendrillon *s'est rendu compte* (16) aussi vite qu'elle ne *pouvait* (17) pas assister au bal parce qu'elle n'*avait* (18) pas de robe à porter.

Le jour du bal, Cendrillon *a aidé* (19) ses sœurs à s'habiller et à se maquiller pour le bal. Les sœurs *sont parties* (20), laissant Cendrillon toute seule à la maison.

La pauvre jeune fille *pleurait* (21) dans la cuisine quand sa marraine (*godmother*) *est apparue* (22). Elle *a dit* (23) à Cendrillon d'aller chercher une citrouille et des souris *(a pumpkin and some mice)* dans le jardin. D'un coup de sa baguette magique, elle les *a transformées* (24) en un carrosse et des chevaux et elle *a habillé* (25) Cendrillon en une ravissante robe du soir et de petites chaussures de verre. Avant de partir au bal, Cendrillon *a promis* (26) à sa marraine de rentrer avant minuit.

En arrivant au palais, elle *a été* (27) éblouie *(overwhelmed)* par sa splendeur. Quand le prince l'*a vue* (28) pour la première fois, il l'*a* tout de suite *aimée* (29) Pendant que Cendrillon et le prince *dansaient* (30), tout le monde *se demandait* (31) qui *était* (32) cette belle jeune fille. Quand l'horloge du palais *a commencé* (33) à sonner minuit, Cendrillon *s'est affolée (panicked)* (34). Elle *avait oublié* (35) la promesse qu'elle *avait faite* (36) à sa marraine!

Quittant le palais en courant, Cendrillon *a perdu* (37) un de ses beaux souliers de verre, que le prince *a* ensuite *ramassé* (38). Comme le dernier coup de minuit *sonnait* (39), la belle robe de Cendrillon *a disparu* (40), pour être remplacée par ses haillons habituels.

Triste, le prince *a envoyé* (41) un émissaire partout dans le royaume pour chercher la belle jeune fille qui *avait disparu* (42) si mystérieusement le soir du bal. Un jour, il *est arrivé* (43) chez la famille de Cendrillon, demandant à chaque fille de la maison d'essayer le soulier de verre. Chacune des belles-sœurs de Cendrillon *a essayé* (44) le soulier, mais aucune n'*a pu* (45) le mettre. Enfin, Cendrillon l'*a mis* (46). Il lui *allait* (47) parfaitement!

Cendrillon et le prince *se sont mariés* (48). Ils *ont vécu* (49) heureux et ils *ont eu* (50) beaucoup d'enfants.

10. Quel temps faut-il? *Le Petit Chaperon Rouge.* Lisez l'histoire suivante. Ne la traduisez pas, mais décidez quel temps il faudrait choisir si vous alliez la traduire en français. Choisissez le **passé composé,** l'**imparfait** ou le **plus-que-parfait,** et justifiez votre choix.

There once (1) was a young person named Red Riding Hood who (2) lived with her mother on the edge of a large wood. One day her mother (3) asked her to take a basket of fresh fruit and mineral water to her grandmother's house—not because this was womyn's [sic] work, mind you, but because the deed (4) was generous and (5) helped engender a feeling of community. Furthermore, her grandmother (6) was *not* sick, but rather (7) was in full physical and mental health and (8) was fully capable of taking care of herself as a mature adult.

So Red Riding Hood (9) set off with her basket through the woods. Many people (10) believed that the forest (11) was a foreboding and dangerous place and never (12) set foot in it. Red Riding Hood, however, (13) was confident enough in her own budding sexuality that such obvious Freudian imagery (14) did not intimidate her.

On the way to Grandma's house, Red Riding Hood (15) was accosted by a wolf, who (16) asked her what (17) was in her basket. She (18) replied, "Some healthful snacks for my grandmother, who is certainly capable of taking care of herself as a mature adult."

The wolf (19) said, "You know, my dear, it isn't safe for a little girl to walk through these woods alone."

Red Riding Hood (20) said, "I find your sexist remark offensive in the extreme, but I will ignore it because of your traditional status as an outcast from society, the stress of which has caused you to develop your own, entirely valid, world view. Now, if you'll excuse me, I must be on my way."

Red Riding Hood (21) walked on along the main path. But because his status outside society (22) had freed him from slavish adherence to linear, Western-style thought, the wolf (23) knew a quicker route to Grandma's house. He (24) burst into the house and (25) ate Grandma, an entirely valid course of action for a carnivore such as himself. Then, unhampered by rigid, traditionalist notions of what was masculine or feminine, he (26) put on Grandma's nightclothes and (27) crawled into bed.

Red Riding Hood (28) entered the cottage and (29) said, "Grandma, I (30) have brought you some fat-free, sodium-free snacks to salute you in your role of a wise and nurturing matriarch."

From the bed, the wolf (31) said softly, "Come closer, child, so that I might see you."

Red Riding Hood said, "Oh, I (32) forgot you are as optically challenged as a bat. Grandma, what big eyes you have!"

"They (33) have seen much, and forgiven much, my dear."

"Grandma, what a big nose you have—only relatively, of course, and certainly attractive in its own way."

"It (34) has smelled much, and forgiven much, my dear."

"Grandma, what big teeth you have!"

The wolf (35) said, "I am happy with *who* I am and *what* I am," and (36) leaped out of bed. He (37) grabbed Red Riding Hood in his claws, intent on devouring her. Red Riding Hood (38) screamed, not out of alarm at the wolf's apparent tendency toward cross-dressing, but because of his willful invasion of her personal space.

Her screams (39) were heard by a passing woodchopper-person (or log-fuel technician, as he (40) preferred to be called). When he (41) burst into the cottage, he (42) saw the melee and (43) tried to intervene. But as he (44) raised his ax, Red Riding Hood and the wolf both (45) stopped.

"And just what do you think you're doing?" (46) asked Red Riding Hood.

The woodchopper-person (47) blinked and (48) tried to answer, but no words (49) came to him.

"Bursting in here like a Neanderthal, trusting your weapon to do your thinking for you!" she (50) exclaimed. "Sexist! Speciesist! How dare you assume that women and wolves can't solve their own problems without a man's help!"

When she (51) heard Red Riding Hood's impassioned speech, Grandma (52) jumped out of the wolf's mouth, (53) seized the woodchopper-person's ax, and (54) cut his head off. After this ordeal, Red Riding Hood, Grandma, and the wolf (55) felt a certain commonality of purpose. They (56) decided to set up an alternative household based on mutual respect and cooperation, and they (57) lived together in the woods happily ever after.

Source: James Finn Garner, *Politically Correct Bedtime Stories* (New York: Macmillan, 1994) pp. 1–4.

11. Une affaire commerciale (*A Business Venture.*). Voici l'histoire de mon amie Karen et son sens des affaires. Mettez les verbes aux temps appropriés du passé **(passé composé, imparfait, plus-que-parfait)**. Attention! Est-ce que le verbe est conjugué avec **avoir** ou **être**? Est-ce qu'il faut faire l'accord du participe passé?

Mon amie Karen est très sensible et très créative. Elle est aussi très idéaliste — l'argent ne l'intéresse pas du tout. Pourtant un jour, Karen ______ (1. décider) de se lancer dans le commerce.

Tout le monde ______ (2. adorer) les gâteaux de Karen. Ils ______ (3. être) non seulement très beaux, mais aussi super délicieux. Alors, une idée lui ______ (4. passer) par la tête: Vendre ses gâteaux à Noël à tous ses amis qui ______ (5. ne jamais / avoir) le temps d'en faire eux-mêmes. Elle ______ (6. demander) à son amie Debra de l'aider. L'année précédente, Debra ______ (7. suivre) un cours sur «l'entrepreneurship», et le seul principe de ce cours dont elle ______ (8. se souvenir), c' ______ (9. être) qu'il faut toujours calculer le prix de *chaque élément* du produit qu'on va vendre — sinon, on risque de ne pas faire de bénéfice (*make a profit*). Alors, Debra et elle ______ (10. aller) au supermarché pour faire les courses, et elles ______ (11. calculer) le prix de chaque ingrédient. Elles ______ (12. même / téléphoner) à la compagnie de gaz et d'électricité pour savoir le prix exact de l'électricité pour faire cuire les gâteaux. Ensuite, elles ______ (13. écrire) de belles brochures et les ______ (14. distribuer) à leurs amis. Elles ______ (15. avoir) un succès fou, et *beaucoup* de commandes (*orders*). Elles ______ (16. aller) être obligées de travailler deux week-ends entiers pour faire tous les gâteaux que leurs amis ______ (17. commander)!

Le premier samedi, elles ______ (18. se lever) tôt. Tout ______ (19. être) prêt. Bientôt, la cuisine ______ (20. sentir) bon, et elles ______ (21. être) entourées de gâteaux qui ______ (22. refroidir – *to cool*). Pendant qu'elles ______ (23. travailler), elles ______ (24. imaginer) comment elles ______ (25. aller) dépenser (*spend*) tout l'argent qu'elles ______ (26. aller) gagner. C' ______ (27. *être*) chouette, ça!

Après une très longue journée, elles ______ (28. commencer) à mettre les beaux gâteaux dans les belles petites boîtes qu'elles ______ (29. faire) elles-mêmes. Pendant qu'elles ______ (30. faire) cela, l'une des deux ______ (31. réaliser) quelque chose d'horrible — alors qu'elles avaient calculé le prix de chaque ingrédient, elles ______ (32. oublier) de calculer le prix de leur travail. Donc, elles ______ (33. faire) les gâteaux pour le prix des ingrédients!

Comme vous pouvez l'imaginer, c(e) était (34. être) décourageant de travailler encore trois jours pour faire tous les gâteaux, sachant qu'elles n(e) allaient (35. aller) rien gagner. De plus, parce qu'elles ont promis (36. promettre) les gâteaux à leurs amis, elles devaient (37. devoir) les finir. Tous les amis étaient (38. être) ravis par l'apparence et le goût des gâteaux, et Karen et Debra acceptaient (39. accepter) les compliments avec des sourires un peu forcés. L'année suivante, les mêmes amis ont demandé (40. demander), «Vous allez faire des gâteaux cette année?», mais elles ont répondu (41. répondre), «Euh, non, désolées, mais nous n'avons pas le temps…»

Karen représente beaucoup de choses pour moi — c'est ma meilleure amie. Mais en affaires, elle est l'antithèse du capitaliste américain — ça, c'est sûr!

12. Comment la souris et le lion sont devenus amis. Regardez les images suivantes et créez une histoire à partir des éléments donnés. Utilisez le **passé composé**, **l'imparfait** et **le plus-que-parfait.**

Vocabulaire utile

la souris	*mouse*	la patte	*paw*
une plaine	*plain*	supplier	*to plead*
capturer	*to capture*	se prosterner (devant)	*to bow (down)*
marcher sur la pointe des pieds	*to tiptoe*	laisser partir	*to let go*
		un filet	*net*
		se débattre	*to struggle*
		rugir	*to roar*
		ronger	*to gnaw*

13. Histoire enchaînée. Inventez et racontez l'histoire de l'amitié improbable *(unlikely)* entre deux animaux. Règles du jeu:

1. Choisissez un(e) partenaire.
2. Chaque partenaire choisit un animal, en silence. L'un(e) des étudiant(e)s commence à raconter l'histoire: «Il était une fois un hippocampe *(Once upon a time there was a sea horse)* qui était très curieux. Un jour, il nageait dans la mer quand il a rencontré... » *(L'autre étudiant(e) doit continuer l'histoire.)* «… un koala, qui se promenait seul en radeau (*on a raft*) sur la mer. Le koala avait été sur un grand bateau, mais il lui est arrivé un accident, et maintenant le koala était tout seul sur le radeau. Il était très... » *(Maintenant, on change encore de narrateur/ narratrice.)* [«... triste.», etc.].
3. Continuez à tour de rôle. Chaque partenaire crée deux phrases.
4. Essayez de faire un récit *(narrative)* cohérent.
5. Vous pouvez choisir parmi les animaux suivants:

le pingouin	le koala	le papillon *(butterfly)*
l'ours blanc	la loutre *(otter)*	le tigre
le raton laveur *(racoon)*	le saumon	le kangourou
le serpent à sonnettes *(rattlesnake)*	le putois *(skunk)*	le dauphin *(dolphin)*
la baleine *(whale)*	l'hippocampe *(sea horse)*	le crocodile
la tortue	la chenille *(caterpillar)*	le chimpanzé

V. Le passé simple

Grammar Podcasts, Grammar Tutorials

The **passé simple** is another past tense, often called the "literary past" because it is used almost exclusively in writing. It has essentially the same meaning as the **passé composé.** When students first encounter the **passé simple,** they are generally asked only to recognize and understand it, not to produce it.

A. Formation

Like some other French tenses, the **passé simple** is formed by adding a set of endings to a stem.

- **Regular verbs**. For regular verbs, the stem is formed by removing the **-er**, **-ir**, or **-re** ending from the infinitive and adding these endings:

infinitive ending in:	endings:	examples:
-er	**-ai, -as, -a, -âmes, -âtes, -èrent**	Victor Hugo **publia** *Les Misérables* en 1862.
-ir and –re	**-is, -is, -it, -îmes, -îtes, -irent**	Les étudiants **choisirent** de lire *Les Misérables* au lieu de *Candide*. La France **vendit** la Louisiane en 1803.

- **Irregular verbs**. There are three groups of verbs whose stems in the **passé simple** are irregular.

1. Some of these verbs take the endings **-is, -is, -it, -îmes, -îtes, -irent.**

acquérir	**acqu-**	il acquit	ils acquirent
s'asseoir	**ass-**	il s'assit	ils s'assirent
convaincre	**convainqu-**	il convainquit	ils convainquirent
faire	**f-**	il fit	ils firent
mettre	**m-**	il mit	ils mirent
naître	**naqu-**	il naquit	ils naquirent
prendre	**pr-**	il prit	ils prirent
rire	**r-**	il rit	ils rirent
voir	**v-**	il vit	ils virent

2. Others take the endings **-us, -us,-ut, -ûmes, -ûtes, -urent.**

avoir	**e-**	il eut	ils eurent
boire	**b-**	il but	ils burent
conclure	**concl-**	il conclut	ils conclurent
connaître	**conn-**	il connut	ils connurent
croire	**cr-**	il crut	ils crurent
devoir	**d-**	il dut	ils durent
être	**f-**	il fut	ils furent
falloir	**fall-**	il fallut	
lire	**l-**	il lut	ils lurent
mourir	**mour-**	il mourut	ils moururent
plaire	**pl-**	il plut	ils plurent
pleuvoir	**pl-**	il plut	
pouvoir	**p-**	il put	ils purent
savoir	**s-**	il sut	ils surent
vivre	**véc-**	il vécut	ils vécurent
vouloir	**voul-**	il voulut	ils voulurent

3. The verbs **venir** and **tenir** present a special case in the **passé simple.** They are conjugated in the following manner:

je vins	je tins
tu vins	tu tins
il/elle/on vint	il/elle/on tint
nous vînmes	nous tînmes
vous vîntes	vous tîntes
ils/elles vinrent	ils/elles tinrent

Remarques:

- Although the **passé simple** may be unfamiliar to you, you will probably still recognize most of its forms quite easily, because they resemble the infinitive or past participle.

  Antoine de Saint-Exupéry **écrivit** *Le Petit Prince* en 1943.

  Le petit prince **parla** du manque *(lack)* d'imagination des adultes. (**parla** looks like **parler**)

  Les premiers lecteurs **lurent** ce petit livre avec grand plaisir. (**lurent** looks like **lu**)

- A few forms are so strange as to be truly memorable.

  Saint-Exupéry **naquit** en 1900 et **mourut** en 1944.

- Pay special attention to three high-frequency verbs whose identity may be less obvious to you when you first begin to read texts in the **passé simple**. These are the verbs **faire, voir**, and **être**.

  L'aviateur **fit** un dessin pour le petit prince. Le petit prince le **vit**, et il **fut** très content.

  *(The aviator **made** a drawing for the Little Prince. The Little Prince **saw** it, and he **was** very happy.)*

B. Usage

We remarked earlier that the **passé simple** has essentially the same meaning as the **passé composé.** However, you will occasionally see both past tenses used in the same written text. In that case, a subtle distinction is being expressed. The **passé simple** is being used when the action is completed and has no connection to the present, whereas the **passé composé** is used to describe actions that still "resonate" in the present. To see an example of this distinction, compare the two tenses in this excerpt from Marcel Pagnol's *Le Château de ma mère*:

> Dans l'après-midi du jeudi, je **composai** longuement le brouillon de ma réponse. Je n'en sais plus les termes exacts, j'en **ai retenu** le sens général.
>
> *(The writing is long since finished, but the writer still retains the gist of what was written.)*
>
> Source: Marcel Pagnol, *Le Château de ma mère*

Exercices

14. Commencer par la fin. Voici un mélange de phrases qui ont l'air vaguement «littéraires». Regardez les terminaisons de chaque verbe et indiquez son sujet. Attention! De temps en temps, il y a plus d'une réponse correcte.

Modèle: <u>Je (*ou*) Tu</u> fis très attention.

1. ____________ vins voir le conseiller du roi.
2. ____________ vîmes le portrait au château.
3. ____________ chantai un air de Mozart.
4. ____________ ne purent pas vaincre l'ennemi.
5. ____________ fit un geste élégant.
6. ____________ conclut son discours avec une citation de Shakespeare.
7. ____________ voyageâtes par bateau vers le Nouveau Monde.
8. ____________ voulûmes dénoncer le criminel.
9. ____________ marchas très lentement vers la cathédrale.
10. ____________ se marièrent et eurent beaucoup d'enfants.

15. Au passé composé, s'il vous plaît! Teresa écrit son journal intime au **passé simple,** mais c'est un peu ridicule, parce qu'elle utilise un vocabulaire et un style très familier. Reformulez ces phrases extraites de son journal en mettant tous les verbes au **passé composé.** Attention au choix de l'auxiliaire et à l'accord du participe passé.

Modèle: Ils ne prirent pas le petit déj'.
Ils n'ont pas pris le petit déj'.

1. Il fut super cool!

____

2. Ils eurent plein de problèmes.

____

3. Je lui ai dit, «vous sûtes le nom de son copain?»

____

4. Je vis le nouveau clip de Mya à la télé.

____

5. Nous nous retrouvâmes au MacDo pour manger des hamburgers.

____

6. J'allai chercher le baby-sitter.

____

7. Elle mit son iPod sur la chaise.

____

8. Nous ne comprîmes pas ce truc.

____

9. Elles ne dirent pas «ciao» avant de partir.

____

10. Ils ne reçurent pas de courriel *(e-mail).*

____

11. Ils voulurent aller au ciné avec nous.

____

12. Ils achetèrent des albums de *Tintin* et d'*Astérix.*

____

13. Elles firent des «milkshakes» américains.

____

14. Nous fûmes très sympas avec lui.

____

15. Il plut à verse le jour de la fête de papy.

____

16. Ils burent deux bouteilles de coca.

____

À l'écoute!

Qu'est-ce que l'amitié? Une jeune Française qui s'appelle Mimi publie sur Internet ses propres réflexions sur l'amitié. Écoutez ce qu'elle dit et répondez aux questions qui suivent.

Première écoute

Juste ou faux?

1. Dans ce texte, on entend deux définitions de l'amitié — la première, c'est la définition de Mimi, et la deuxième, c'est celle qu'on trouve dans le dictionnaire. J F
2. Mimi dit que c'est pendant les moments les plus difficiles de la vie qu'on peut voir qui sont les vrais amis et qui sont seulement des copains. J F
3. Selon Mimi, vos vrais amis montrent leur loyauté en étant toujours d'accord avec vous. J F
4. À la fin de ses remarques, Mimi fait une liste qui résume les qualités des bons copains. J F

Deuxième écoute

1. Les expressions suivantes décrivent des problèmes qu'on peut avoir. Lesquelles sont mentionnées dans ce texte? *(Check the ones you hear.)*

   On est en bas de l'échelle *(ladder)*. ______

   On a de graves ennuis (*problems*). ______

   On est souffrant *(ill)*. ______

   On est au bout du rouleau *(end of one's rope)*. ______

   On n'en peut plus *(can't go on)*. ______

   On a besoin d'amour. ______

   On a besoin d'amis pour nous aider. ______

   On en a marre *(have had enough)*. ______

   On est au bord de la falaise *(at the edge of the cliff)*. ______

   On a subi des coups durs *(hard blows)*. ______

2. Quand on a un problème et qu'on téléphone à une personne qui n'est pas une vraie amie, qu'est-ce qui va probablement se passer, selon Mimi?

   ____

3. Selon Mimi, un(e) vrai(e) ami(e) va nous critiquer quand il/elle trouve que nous avons tort. Elle dit aussi: «C'est une personne qui te remet dans le droit chemin *(puts you back on the right path)*, qui...»

   ____

4. Pour Mimi, les copains jouent quand même un rôle dans sa vie. Quel est ce rôle?

   ____

Troisième écoute

1. Essayez de résumer ou d'écrire exactement *(verbatim)* les deux définitions de l'amitié que Mimi donne au début de ce texte.

   la définition de l'amitié qu'on trouve dans le dictionnaire:

   ____

   la définition de Mimi:

   ____

   ____

2. Mimi ne rejette pas exactement la définition du dictionnaire, mais pour elle, qu'est-ce que cette définition signifie?

   ____

   ____

3. Comment (et quand) est-ce que Mimi arrive vraiment à distinguer entre les amis et les copains? Êtes-vous d'accord avec elle? À votre avis, est-ce qu'il y a d'autres moyens de distinguer entre les deux? Lesquels?

4. Comment Mimi expliquerait-elle le fait que nous avons probablement plus de copains que d'amis, selon sa définition?

Atelier d'écriture

I. Le but: Rédiger un texte d'à peu près 300 mots.

II. Le sujet: L'amitié autrefois et maintenant *(then and now).* Pensez à un(e) de vos ami(e)s d'enfance. Expliquez comment vous vous êtes connu(e)s, ce que vous faisiez ensemble et ce que cette amitié représentait pour vous à cette époque-là. Ensuite, discutez de vos sentiments sur l'amitié aujourd'hui. Comment choisissez-vous vos amis maintenant? Quelles sont les qualités que vous appréciez le plus chez eux? Est-ce que la conception que vous avez de l'amitié aujourd'hui est pareille à *(the same as)* celle que vous aviez quand vous étiez enfant?

III. Activités préparatoires. Avant d'écrire le texte, répondez aux questions suivantes avec des phrases précises et cohérentes.

A. Événements importants

1. Quand et où est-ce que vous avez rencontré pour la première fois l'ami(e) que vous avez choisi(e) dans la partie II ci-dessus?

2. Quelles qualités est-ce que vous avez appréciées chez elle/lui?

3. Est-ce que vous vous entendiez bien avec cette personne dès le début?

4. Qu'est-ce que vous avez dit ou fait pour mieux vous connaître?

5. Combien de temps est-ce qu'il a fallu pour que vous la considériez comme un(e) véritable ami(e)?

6. Nommez deux ou trois choses extraordinaires que vous avez faites ensemble, ou deux ou trois expériences importantes que vous avez connues ensemble.

B. Détails descriptifs

1. Quel âge aviez-vous quand vous vous êtes connu(e)s?

   ____

2. Comment était-il/elle physiquement? Décrivez-le/la. (couleur des yeux, des cheveux, sa taille *(size)*, les vêtements qu'il/elle portait, etc.)

   ____

3. Avait-il/elle un caractère facile *(easy-going)* (charmant, sociable, etc.)?

   ____

4. Était-il/elle timide (amusant[e]., sérieux[-euse], etc.)?

   ____

5. Est-ce qu'il/elle était très différent(e) de vous ou est-ce que vous vous ressembliez beaucoup?

   ____

6. Qu'est-ce que vous faisiez souvent ensemble, votre ami(e) et vous? (Quelles étaient vos activités préférées?)

   ____

IV. Une narration au passé. Inspirez-vous des phrases que vous avez écrites dans la section précédente et racontez l'histoire de votre amitié dans un brouillon *(draft)* d'à peu près 200 mots. Faites attention aux temps du passé *(past tenses)*.

Modèle: Quand j'ai vu mon amie Karen pour la première fois, nous avions sept ans toutes les deux. C'était le premier jour de l'école et nous portions toutes les deux une petite robe écossaise *(plaid)*...

V. L'amitié: De l'anecdote à l'analyse. Après avoir écrit ce premier brouillon, examinez votre texte en pensant aux suggestions suivantes.

1. Soulignez *(Underline)* tous les verbes au **passé composé** et à l'**imparfait** dans la composition et étudiez-les sérieusement. Est-ce que vous pouvez justifier dans chaque cas votre choix du temps du verbe *(verb tense)*? Est-ce que les formes des verbes sont correctes?
2. Inspirez-vous de ces questions pour conclure votre rédaction: Fréquentez-vous toujours cet(te) ami(e)? Sinon, pourquoi pas ? Si oui, avez-vous toujours le même rapport avec lui/elle *(the same kind of relationship)*? Sinon, pourquoi pas? Est-ce que vous vous faites des amis aussi vite/lentement aujourd'hui qu'autrefois? Choisissez-vous des amis qui ressemblent à cet(te) ami(e) d'enfance? Pourquoi (pas)? Qu'est-ce que tout ceci révèle sur votre conception de l'amitié? Quelle est la place, l'importance, de l'amitié dans votre vie?
3. Variez les adverbes de temps qui situent la période dont vous parlez et utilisez des expressions qui s'accordent bien avec votre choix du **passé composé** ou de l'**imparfait.**

   Expressions que l'on rencontre souvent avec le passé composé:
   soudain *(suddenly);* **tout d'un coup** *(all of a sudden);* **pendant X heures/mois/ans...** *(for X hours/months/years...);* **X fois** *(X times);* **en 2005,** etc.

   Expressions que l'on rencontre souvent avec l'imparfait:
   souvent *(often);* **à cette époque-là** *(at that time);* **autrefois** *(formerly, in the past);* **tous les samedis/jours/étés,...** *(every Saturday/every day/every summer,...);* **toujours** *(always);* **pendant des heures** *(for hours);* **constamment** *(constantly)*, etc.

   Expressions pour situer un événement dans le temps:
   quand j'avais X ans, à l'âge de X ans, pendant l'été 2002, etc.

Modèle: Elle était plus grande que moi.
À l'âge de 15 ans, elle était plus grande que moi.

CHAPITRE

3 *Les pronoms*

Sommaire

GRAMMAIRE

À L'ÉCOUTE!

ATELIER D'ÉCRITURE

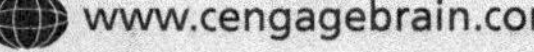

I. Les pronoms personnels

Grammar Podcasts, Grammar Tutorials

A pronoun is a word used in the place of a noun or a noun phrase to avoid unnecessary repetition.

Mathis a peur de la technologie. *Mathis is afraid of technology.*
Il la trouve effrayante. *He finds **it** scary.*

A pronoun's form usually reflects the *number* (singular or plural), *gender* (masculine or feminine), *person* (first, second, or third), and *function* (subject, object, etc.) of the noun it replaces. In this chapter, we review the category of pronouns referred to as **les pronoms personnels** *(personal pronouns)*. They are:

- **les pronoms sujets** *(subject pronouns)*
- **les pronoms compléments d'objet direct** *(direct object pronouns)*
- **les pronoms compléments d'objet indirect** *(indirect object pronouns)*
- **les pronoms réfléchis** *(reflexive pronouns)*
- **les pronoms toniques** *(stressed pronouns)*

A. Les pronoms sujets

The French language has nine different subject pronouns. They are:

les pronoms sujets			
singular		**plural**	
je (j')	*I*	**nous**	*we*
tu	*you* (familiar)	**vous**	*you* (formal [singular and plural]; familiar [plural])
il	*he, it*	**ils**	*they* (masculine, or mixed masculine and feminine)
elle	*she, it*	**elles**	*they* (feminine)
on	*one, you, we, they*		

Remarques:

- A subject pronoun can *never* be used without a verb. A stressed pronoun is usually used instead.
  Personne ne comprend *1984* de George Orwell mieux que **moi.**
  Nobody understands 1984 *by George Orwell better than **I**.*
- Subject pronouns generally precede the verb in declarative statements. In inverted questions, they follow the verb.
  En France, **on** regarde normalement les infos à 8 heures.
  Regardez-**vous** souvent les infos chez vous?
- Subject pronouns may also follow the verb to create a more elevated literary style.
  «Comme je vous aime», a-t-il dit, avec une voix pleine de tendresse.
  "How I love you," said he, in a voice full of tenderness.
- In commands (the *imperative mood*), the subject pronouns (**tu**, **nous,** and **vous**) are omitted.
  Ne regarde pas la télévision!
  Chantons un peu ensemble!
  Allez à l'école!

  Remember, though, that sentences with reflexive verbs have *two* pronouns: the subject pronoun and the reflexive pronoun. Although you omit the subject pronoun to form a command, you will retain the reflexive pronoun.

Infinitif	Présent de l'indicatif	Impératif
(s'asseoir)	Vous vous asseyez.	Asseyez-vous.
(s'amuser)	Nous nous amusons bien!	Amusons-nous bien!

- As you know, there are two pronouns for the singular form of *you* in French: **tu** and **vous.** **Tu** is generally used to address a friend, a relative, a child, or a pet; however, young people (children, adolescents, young adults) often use **tu** with one another, even when they are meeting for the first time. **Vous** is used to address a person whom you don't know well or a person to whom one wishes to show respect (such as an older person or a person you are meeting in a professional capacity). In some social circles and families, even people who are very close may say **vous** to one another for their entire lives. When in doubt about which form of *you* to use, use **vous,** and wait for signals from the other person that you may switch to **tu.** Further, when an older person says **tu** to you, you should probably continue to use **vous** unless you are explicitly invited to change to **tu.**
- There is only one plural form of *you* in French: **vous.**
- The pronoun **on** conveys two distinct ideas:

1. It is used in a very *general* sense, in the way English uses the words *one, someone, you, they,* or *people.*

   Si **on** fait quelque chose de stupide en public, on devient célèbre pendant 15 minutes.
   If one (you, people) do(es) something stupid in public, one (you, people) become(s) famous for 15 minutes.

   On dit que les jeunes regardent trop la télévision.
   They say young people watch too much television.

2. **On** can also be used to talk about a *specific* group of people. In this case, **on** is often used to mean *we.*

On y va?	*Shall we go?*
On a regardé la télé tout le week-end.	*We watched TV all weekend.*

In order to use **on** in this sense, you yourself must be a part of the group designated by **on.**

Exercices

1. ***Tu ou vous?*** Ce n'est pas facile de choisir entre **tu** et **vous** — même pour les Français de temps en temps. Mais à votre avis, est-ce qu'il faut utiliser **tu** ou **vous** dans les situations suivantes? Quand vous parlez . . .

1. tu vous à un ami d'enfance?
2. tu vous à un professeur?
3. tu vous à un chat ou un chien français?
4. tu vous à un enfant?
5. tu vous à une vendeuse de votre âge qui travaille dans un grand magasin?
6. tu vous à un groupe d'amis?
7. tu vous à vous-même (si vous parlez tout[e] seul[e] *[if you're talking to yourself]*)?
8. tu vous à une nouvelle collègue de travail?
9. tu vous à une famille francophone à qui vous faites visiter *(are showing around)* votre campus?
10. tu vous à une personne d'un certain âge *(a middle-aged person)* que vous rencontrez pour la première fois?

2. **Un petit paragraphe.** Il n'y a qu'un seul mot en anglais pour exprimer le **tu** ou le **vous**. Comment est-ce qu'on montre en anglais qu'on a des rapports plus intimes ou plus familiers avec certaines personnes plutôt qu'avec d'autres? Expliquez.

3. **C'est en forgeant qu'on devient forgeron.** ***(Practice makes perfect. [literally, "It's by forging that one becomes a blacksmith."])*** Considérez chacune des phrases suivantes. Si vous voulez les traduire en français, est-ce que vous pouvez utiliser le pronom personnel **on?**

   1. oui non *They* do bizarre things on cable TV shows.
   2. oui non *One* shouldn't judge people by their appearance.
   3. oui non When *you*'re under pressure, sometimes *you* make bad decisions.
   4. oui non When my family sees that music video, *they*'re going to criticize it.
   5. oui non When *people* get used to being filmed, *they* often lose their inhibitions.
   6. oui non Shall *we* turn off the Xbox?
   7. oui non Do *you* want to choose another game?
   8. oui non *We*'ve all seen this one already!

B. Les pronoms compléments d'objet direct et indirect

You will remember that a direct object is so called because it receives the action of the verb *directly* without any intervening preposition.

Paul parle *français* à Marie. (Paul parle *quoi? [français]*) In this sentence, *français* is the direct object

The personal pronouns used to replace nouns or noun phrases functioning as direct objects, are called les **pronoms compléments d'objet direct.** (These pronouns can refer to people, to things, or even to an idea expressed in several words.

— Paul étudie *le français?*
— Oui, il **l'**étudie.

— Comment choisit-on *les contestants pour les jeux télévisés?*
— On **les** choisit d'après leur personnalité et leur apparence physique.

— Est-ce qu'Anne pense *qu'on ne respecte pas suffisamment la vie privée des autres aujourd'hui?*
— Oui, elle **le** pense.

les pronoms compléments d'objet direct	
me (m')	*me*
te (t')	*you* (familiar)
le (l')	*him, it* (masculine)
la (l')	*her, it* (feminine)
nous	*us*
vous	*you* (plural/formal)
les	*them*

An indirect object receives the action of the verb *indirectly,* preceded by the preposition **à** when expressed as a noun.

Paul parle français *à Marie.* (Paul parle français *à qui?* [À *Marie.*]) In this sentence, *Marie* is the indirect object.

The personal pronouns used to replace nouns or noun phrases functioning as indirect objects are called les **pronoms compléments d'objet indirect.** These pronouns refer only to people.

les pronoms compléments d'objet indirect	
me (m')	*(to) me*
te (t')	*(to) you* (familiar)
lui	*(to) him*
lui	*(to) her*
nous	*(to) us*
vous	*(to) you* (plural/formal)
leur	*(to) them*

— Quand est-ce que vous **me** téléphonerez si je suis sélectionnée pour le poste?
— On **vous** téléphonera la semaine prochaine, mademoiselle.

— Vous allez expliquer à vos enfants que le clonage est dangereux?
— Oui, nous **leur** expliquerons qu'il est dangereux.

C. La position des pronoms compléments d'objet direct ou indirect

Direct and indirect object pronouns precede the verb of which they are the object in one-word tenses.

On verra **Loana.**	*We will see Loana.*
On **la** verra.	*We will see her.*
Je parle **à mon frère.**	*I am speaking to my brother.*
Je **lui** parle.	*I am speaking to him.*

In compound tenses, such as the **passé composé,** direct and indirect object pronouns precede the auxiliary (**avoir** or **être**). Remember that the past participle agrees in gender and number with a preceding *direct object,* but not with an **indirect object.**

— Avez-vous regardé **cette émission?**	*Did you watch that program?*
— Oui, je **l'**ai regardé**e** avec mes amis.	*Yes, I watched it with my friends.*
— As-tu déjà téléphoné **à Pauline?**	*Did you already phone Pauline?*
— Oui, je **lui** ai téléphoné hier.	*Yes, I phoned her yesterday.*

When a sentence has a verb plus an infinitive, pronouns generally precede the verb of which they are the object. This usually means they will precede the infinitive. Consider the following sentences:

J'ai beaucoup de devoirs et je vais **les** finir avant de me coucher. (You wouldn't say, "I ***am going*** *them,*" but rather, "I am going ***to finish*** *them.*")

Ta mère veut **te** parler. (You wouldn't mean, "*Your mother wants* **to you,**" but instead, "Your mother wants ***to speak*** *to you.*")

La télé? Notre mère ne **nous** laisse pas **la** regarder après 21 heures. *(She doesn't let* ***us*** *watch* ***it*** *after 9:00 p.m.)*

In negative sentences, the word order involving direct and indirect object pronouns is as follows:

with a one-word conjugated verb	Subject + **ne** + object pronoun(s) + verb + **pas**	Je **ne le** doute pas. *I don't doubt* ***it.***
with a compound verb (such as in the ***passé composé****)*	Subject + **ne** + object pronoun(s) + auxiliary (**avoir** or **être**) + **pas** + past participle	Nous **ne l'**avons **pas** vue. *We didn't see* ***her.***
In an inverted question with a one-word conjugated verb	**ne** + object pronoun(s) + verb + subject pronoun + **pas**	**Ne les** aimez-vous **pas?** *Don't you like* ***them?***
In an inverted question with a one-word conjugated verb	**ne** + object pronoun(s) + auxiliary (**avoir** or **être**) + subject pronoun + **pas** + past participle	**Ne les** avez-vous **pas** vus? *Didn't you see* ***them?***

D. Pronoms compléments d'objet direct ou indirect?

Direct object pronouns and indirect object pronouns are the same in the first and second persons. For instance, the pronoun **me** means both *me* (direct object) and *to me* (indirect object). The third person direct and indirect object pronouns are different, however (**le** or **la** vs. **lui; les** vs. **leur**). In order to use these pronouns correctly, you need to understand the difference between direct and indirect objects. If you're not sure whether to choose **le** or **lui,** when you want to say *I hate him,* for instance, here's how to figure it out. Think of a French sentence using the name of a person instead of *him:* **Je déteste *Pierre*.** The fact that ***Pierre*** is not preceded by the preposition **à** in your French sentence is your tip-off that it is a direct object, and you will say **Je *le* déteste.** On the other hand, if you want to say *I'll phone him,* think *I'll phone Pierre.* In that sentence, the noun ***Pierre*** will be preceded by the preposition **à** in French **(Je téléphonerai à *Pierre*)**, so you will select the indirect object, **lui,** and you will say: **Je *lui* téléphonerai.**

Be careful, though. You need to think **in French** in order to come up with the right pronoun. Some verbs take a direct object in French, but an indirect object in English, and vice versa. For instance, in English, we say *I listen **to** my friends,* but in French, we say **J'écoute mes amis.** Since the French sentence contains no **à,** you'll say **Je *les* écoute** when you want to say *I listen to them.*

Here are two lists of verbs to watch out for when choosing the correct object pronoun referring to a person:

Some verbs that use a preposition in French, but not in English	
French	**English**
demander (quelque chose) à quelqu'un	*to ask someone (something / for something)*
(dés)obéir à quelqu'un	*to (dis)obey someone*
dire (quelque chose) à quelqu'un	*to tell someone (something)*
répondre à quelqu'un	*to answer someone*
téléphoner à quelqu'un	*to phone someone*

Since the name of a person will be preceded by the preposition **à** in a sentence with **demander,** the English sentence *I'll ask them* will be translated as **Je *leur* demanderai.**

Some verbs that use a preposition in English but not in French	
French	**English**
attendre quelqu'un	*to wait for someone*
chercher quelqu'un	*to look for someone*
écouter quelqu'un	*to listen to someone*
regarder quelqu'un	*to look at someone*

Since the name of a person will *not* be preceded by the preposition **à** in a French sentence with **écouter,** the sentence *I listened **to** him carefully* will be translated as **Je *l'*ai écouté attentivement.**

The two lists above are only partial. You can find out which pronoun to use for any verb in the French language by consulting a dictionary, however. Let's say you want to know how to use pronouns with the word **expliquer.** Look it up in the dictionary. Somewhere in the "fine print," you'll see the words **"expliquer qch à qqn"** (short for **"expliquer quelque chose à quelqu'un"**). This tells you that if you want to say, for instance, *I explained the problem to my boss, my boss* will be an indirect object, and you'll say:

J'ai expliqué le problème *à ma patronne.*

Then, if you want to replace **à ma patronne** by a pronoun (*I explained the problem to her.*), you'll say:

Je **lui** ai expliqué le problème.

Exercices

4. Entretien. Vous passez un entretien pour être animateur/animatrice (*host*) d'un talk-show. Jouez l'entretien avec un(e) partenaire. Dans vos réponses, remplacez les mots ou phrases en italique par le **pronom complément d'objet direct** approprié.

Modèle: vous / comprendre / *que l'apparence physique compte pour beaucoup?*
— Comprenez-vous que l'apparence physique compte pour beaucoup?
— Oui, je le comprends.

1. vous / regarder / régulièrement / *les talk shows*?

— ______________________________

— ______________________________

2. vous / respecter /*Jimmy Fallon?*

— ______________________________

— ______________________________

3. vous / aimer bien /*Stephen Colbert*?

— ______________________________

— ______________________________

4. vous / croire / *que le comportement de Stephen Colbert est extrême?*

— ______________________________

— ______________________________

5. si / nous / *vous* / choisir, est-ce que les téléspectateurs / *vous* / trouver [futur] / intéressant(e)?

— ______________________________

— ______________________________

6. vous / aimer / *les gens?*

— ______________________________

— ______________________________

7. les gens / *vous* / admirer?

— ______________________________

— ______________________________

8. vous / craindre / *les disputes?*

— ______________________________

— ______________________________

9. vous / avoir tendance à éviter / *le conflit?*

— ______________________________

— ______________________________

10. vous / toujours dire / *la vérité?*

—

—

Suggestion: One student reads the question to the other, who does not see it. Vary the order of the questions. After three minutes, exchange roles.

5. **Communications.** Un(e) ami(e) qui étudie la psychologie veut analyser la nature et la qualité de vos communications avec les autres. Répondez à chaque question en utilisant un pronom complément d'objet indirect.

Modèle: — Fais-tu beaucoup de compliments *à tes amis?*
— Oui, je leur fais beaucoup de compliments. / Non, je ne leur fais pas beaucoup de compliments.

1. — Est-ce qu'on envoie beaucoup de courrier électronique et de textos *à tes amis et à toi?*

—

2. — Quand tes amis voyagent, *t'*envoient-ils des cartes postales?

—

3. — Téléphones-tu tous les jours *à ton (ta) meilleur(e) ami(e)?*

—

4. — Est-ce que tes amis *te* laissent beaucoup de messages sur ta messagerie?

—

5. — En général, quand c'est leur anniversaire, préfères-tu envoyer une carte ou offrir un cadeau *à tes amis?*

—

6. — Dis-tu toujours la vérité *à tes amis?*

—

7. — Si un(e) ami(e) te pose une question indiscrète, réponds-tu *à cet(te) ami(e)?*

—

8. — Combien de fois par semaine/mois téléphones-tu *à tes parents?*

—

9. — As-tu déjà menti *à tes parents? / À des amis?*

—

10. — Quand c'est l'anniversaire d'un membre de ta famille, préfères-tu envoyer une carte électronique ou une carte «normale» *à cette personne?*

—

11. — Si tu rencontres une personne intéressante, *lui* demandes-tu son numéro de téléphone?

—

12. — Est-ce que tu me donnes ton numéro de téléphone?

—

6. **Complément d'objet direct ou indirect?** Choisissez le complément d'objet qui convient. Il s'agit toujours d'une ou plusieurs personne(s). Attention! Il faut penser en français pour faire l'exercice correctement!

Modèle: Je ________ (l' / lui) obéirai, mais je ne veux pas le faire!
(*Vous pensez*, «J'obéis à quelqu'un».) Vous choisissez **lui.**

1. Tu (le / lui) détestes, n'est-ce pas?
2. En général, je (l' / lui) écoute respectueusement.
3. Vous devriez (le / lui) donner votre opinion!
4. Nous (la / lui) écrivons toutes les semaines.
5. Elle (le / lui) regarde directement!
6. Ils (l' / lui) attendent là-bas.
7. Elle (les / leur) connaît très bien.
8. Nous (la / lui) demanderons de venir demain.
9. Je (les / leur) cherche partout.
10. Ils (le / lui) répondent promptement.
11. Il (les / leur) téléphonera pour (les / leur) donner ces renseignements.
12. Il ne (les / leur) désobéit jamais.

7. **Jeu intellectuel.** Les Français adorent analyser! Voici comment Michel Field (producteur de télévision et philosophe) analyse la signification d'une des premières émissions de télé-réalité en France. Complétez le texte en ajoutant le pronom approprié. S'agit-il d'un objet direct ou indirect?

Bonsoir, messieurs, mesdames, mesdemoiselles. Les téléspectateurs aiment la télé-réalité pour son drame interpersonnel, mais Michel Field ________________ (1) aime pour ses implications philosophiques. Quand je ________________ (2) ai parlé récemment, je ________________ (3) ai demandé de ________________ (4) expliquer son interprétation de *Loft Story.* Il a tout de suite évoqué Hobbes, Spinoza, Locke et Rousseau, car ces philosophes ont tous essayé d'imaginer les origines de la civilisation. Field pense que les émissions comme *Loft Story* ________________ (5) auraient permis d'observer les débuts d'une mini-civilisation qui s'organise et qui développe des structures pour se gouverner. Le seul problème avec cette comparaison, c'est que les premières personnes «civilisées» considéraient les autres membres de leur groupe comme des concitoyens, tandis que les lofteurs ________________ (6) voient comme des ennemis, et ils cherchent à ________________ (7) expulser de leur groupe.

Les idées de Michel Field sont influencées par les philosophes et je ________________ (8) trouve intéressantes, mais je ne suis pas sûre d'y croire. Field, c'est un intellectuel, et je ________________ (9) respecte, mais je trouve qu'il attache trop d'importance à un phénomène social assez trivial.

Source: Extrait de Michel Field, Courrier des lecteurs, Le Monde

Suggestion: One student reads the question to the other, who does not see it. Vary the order of the questions. After three minutes, exchange roles.

8. Un apéritif. Vous prenez un petit verre avec un groupe de Français que vous ne connaissez pas. Puisque vous êtes le seul étranger (la seule étrangère), on vous pose beaucoup de questions. Répondez-y en utilisant un pronom approprié (complément d'objet direct ou complément d'objet indirect) et ajoutez d'autres commentaires pour bien participer à la conversation.

Modèle: — Est-ce que vos amis *vous* manquent?
— **Oui, bien sûr qu'ils *me* manquent. Mais je *m'*amuse beaucoup ici. J'adore la France.**

1. — Écrivez-vous souvent *à vos amis et à votre famille?*

— ____________________

____

2. — Vous parlez très bien. Où avez-vous appris *le français?*

— ____________________

____

3. — Est-ce que vous parlez en anglais ou en français *à vos amis américains qui vivent en France?*

— ____________________

____

4. — En général, est-ce que les Américains aiment étudier *les langues étrangères?*

— ____________________

____

5. — Pensez-vous *que l'étude de la langue française soit importante aujourd'hui?*

— ____________________

____

6. — Connaissez-vous *l'équipe (f.) de France de football?*

— ____________________

____

7. — En général, les Américains aiment-ils *le football?*

— ____________________

____

8. — Avez-vous parlé *à votre professeur de civilisation française* de l'importance du sport en France?

— ____________________

____

E. Les pronoms réfléchis

Another set of personal pronouns is used with reflexive verbs. These pronouns, which are placed before the verb, are called **les pronoms réfléchis** *(reflexive pronouns)* and have the meaning of *myself, to myself, each other, to each other,* etc.

les pronoms réfléchis		
(je)	**me (m')**	*(to) myself*
(tu)	**te (t')**	*(to) yourself* (familiar)
(il/elle/on)	**se (s')**	*(to) himself, herself, itself*
(nous)	**nous**	*(to) ourselves, (to) each other*
(vous)	**vous**	*(to) yourself* (formal), *yourselves, (to) each other*
(ils/elles)	**se (s')**	*(to) themselves, (to) each other*

There are three reasons for using reflexive pronouns.

1. When the action of the verb is reflected back onto the subject.

   Je **me** lave tous les matins. (I wash *myself*; the reflexive pronoun is needed.)

   Mon frère aîné **se** prend trop au sérieux. (He takes *himself* seriously; the reflexive pronoun is necessary.)

   Compare these sentences to the following sentences in which the reflexive pronoun is **not** used.

   Il lave sa voiture tous les week-ends. (In this case, he's washing *the car, not himself.*)

   Aïsha prend le métro tous les jours. (She takes *the subway, not herself.*)

2. When the action is reciprocal. In this case, the reflexive pronoun has the meaning of *(to) each other* or *(to) one another,* and the verb is always plural.

   Nguyen et Dominique **s'**aiment beaucoup. *(They love each other very much.)*

   Nous **nous** envoyons souvent des textos. *(We often send texts to each other.)*

   Ton frère et toi, vous **vous** entendez bien, n'est-ce pas? *(You and your brother get along well with each other don't you?)*

3. There are a few idiomatic expressions where the reflexive pronoun is present for less obvious reasons. Here is a list of a few such verbs:

French	***English***
s'en aller	*to go away*
s'attendre à	*to expect*
se fier à	*to trust*
se dire	*to think, to tell oneself*
se rappeler	*to remember*
se servir de	*to use*
se souvenir de	*to remember*
se tromper de (numéro, réponse, etc.)	*to get the wrong (number, answer, etc.)*

Je **m'**en vais. — *I am leaving.*

Ils **s'**attendent à gagner le jeu. — *They are expecting to win the game.*

Remarque: Remember that some reflexive pronouns function as direct objects and others function as indirect objects. In the **passé composé**, when a reflexive pronoun is functioning as a *direct* object and it refers to a female or more than one male or female, the past participle will agree with it (it will end in -e, -s, or -es). When they function as *indirect* objects, there will be *no* agreement of the past participle (see Chapter 2, page 47).

Les deux hommes se sont regardés pendant des heures. *(regarder quelqu'un)*
But: Ils ne se sont pas parlé. *(parler à quelqu'un)*

Exercices

9. Recherchons colocataire! On cherche un(e) colocataire *(housemate)* pour habiter avec un groupe de jeunes dans une grande maison. Vous téléphonez à la personne qui a écrit l'annonce. Répondez sincèrement aux questions que votre colocataire potentiel(le) vous pose. Attention! Tous les verbes ne sont pas réfléchis!

Modèle: — Qu'est-ce que tu fais pour te détendre?
— Pour me détendre, j'écoute de la musique. J'adore la musique techno!
— Zut! Moi, je la déteste.

1. On se connaît déjà? Tu connais les autres habitants de la maison?

— ____

— ____

2. À quoi est-ce que tu t'intéresses? Qu'est-ce que tu fais pour t'amuser?

— ____

— ____

3. Tu t'entends bien avec les gens *(people)*, en général? Tu t'es bien entendu(e) avec tes derniers colocataires? Tu n'énerves pas les autres?

— ____

— ____

4. Est-ce que tu te vexes *(get upset)* facilement? Tu ne te plains pas tout le temps, j'espère?

— ____

— ____

5. Tu ne réveilles pas les voisins en faisant trop de bruit? Est-ce que nous pouvons te faire confiance?

— ____

— ____

6. Tu acceptes de t'occuper de ta propre chambre, n'est-ce pas? Pourrais-tu te charger *(take responsibility for)* de la cuisine une fois par semaine?

— ____

— ____

7. Quand est-ce que qu'on va se voir? On se donne rendez-vous maintenant ou on se téléphone demain pour se fixer rendez-vous?

— ____

— ____

10. De la glace à volonté! *(All the ice cream you can eat!)* Le moniteur d'une colonie de vacances *(summer camp counselor)* pose des questions à des équipes de deux enfants. L'équipe qui a le meilleur comportement *(behavior)* mangera de la glace à volonté. Jouez la conversation entre un enfant et son moniteur. Bien sûr, l'enfant essaie toujours de dire que Tarik, son camarade de chambre, et lui, se comportent très bien; alors que les autres enfants ne se comportent pas bien.

Modèle: tu / se coucher à une heure raisonnable. Et Fred?
— **Est-ce que tu te couches à une heure raisonnable?**
— **Oui, je me couche toujours (à une heure raisonnable / vers 21 heures, etc.).**
— **Et Fred?**
— **Fred se couche (très tard / à des heures impossibles / à 3 heures du matin, etc.).**

1. ton ami Tarik et toi / se lever de bonne heure? Et Fred et Paul?

— ____

— ____

— ____

— ____

2. vous / se laver souvent les cheveux? Et Paul?

— ____

— ____

— ____

— ____

3. Tarik et toi / s'habiller bien? Et Fred?

— ____

— ____

— ____

— ____

4. Tarik / se brosser les cheveux souvent? Et Fred?

— ______________________________

— ______________________________

— ______________________________

— ______________________________

5. Tarik et toi / se brosser les dents régulièrement? Et Fred et Paul?

— ______________________________

— ______________________________

— ______________________________

— ______________________________

6. Tarik / se fâcher souvent? Et Fred et Paul?

— ______________________________

— ______________________________

— ______________________________

— ______________________________

11. Rapport confidentiel ***(Confidential report).*** Vous êtes détective, et vous surveillez depuis un mois le comportement d'une certaine femme. Hier, il y a eu des «développements», et aujourd'hui, vous allez faire votre rapport. Récrivez les notes ci-dessous au passé composé.

Modèle: (elle) faire sa toilette (*Vous écrivez*): **Elle a fait sa toilette.**

1. (elle) se maquiller et s'habiller soigneusement

____

2. (elle) quitter la maison

____

3. (elle) se diriger vers le centre-ville

____

4. (elle) retrouver un bel homme à l'air sinistre

____

5. (ils) s'asseoir ensemble dans un café

____

6. (je) s'installer à une autre table pour les observer

____

7. (je) téléphoner à une collègue

____

8. au bout de quelques minutes, (l'homme) s'énerver

____

9. (les deux) se disputer, tout en chuchotant *(whispering)*

____

10. (l'homme) se calmer

____

11. (la femme) lui passer une enveloppe

____

12. (ma collègue) arriver et (nous) parler de ce que j'avais vu

____

13. deux minutes plus tard, (l'homme) s'en aller

____

14. ma collègue et moi, (nous) se séparer

____

15. (elle) suivre l'homme, et moi, (je) suivre la femme

____

16. (l'homme) s'apercevoir que ma collègue le suivait, et (elle) se sauver

____

Mes conclusions: Il faut continuer la surveillance. Il est bien possible que cette femme soit une espionne *(spy)*.

F. Les pronoms toniques

One additional set of personal pronouns sometimes used to refer to people is called collectively **les pronoms toniques** (*stressed, or disjunctive pronouns*).

les pronoms toniques					
singular			***plural***		
(je)	**moi**	*I, me*	*(nous)*	**nous**	*we, us*
(tu)	**toi**	*you (familiar)*	*(vous)*	**vous**	*you (plural, formal)*
(il)	**lui**	*he, him*	*(ils)*	**eux**	*they, them*
(elle)	**elle**	*she, her*	*(elles)*	**elles**	*they, them*
(on)	**soi**	*oneself*			

Stressed pronouns may occur in the following situations:

- After prepositions.

  Il travaille **pour elle.** — *He works for her.*
  Elle part **sans nous.** — *She is leaving without us.*
  Nous étudierons **chez moi.** — *We will study at my place.*

- In the case of **penser à** *(to think about)*, **parler de** *(to talk about)*, **se fier à** *(to trust)*, and **être à** *(to belong to)*, a stressed pronoun is used rather than an indirect object pronoun.

  Éric? Je pense **à lui** tous les jours!
  Nous parlons **d'eux** de temps en temps.
  Ce DVD est **à moi!**

- After the construction **ce + être.**

— Qui a oublié d'éteindre la télé?	— *Who forgot to turn off the TV?*
— Désolé, c'est **moi!**	— *Sorry, it's me!*

- When the pronoun is used without a verb.

— Qui veut une pomme?	— *Who wants an apple?*
— **Moi!**	— *Me! / I do!*
— Qui a cassé le vase?	— *Who broke the vase?*
— Pas **nous.**	— *Not us.*

- When there is a need to clarify or to add emphasis.

Elle, elle a fait ses devoirs, mais **lui,** il ne les a pas encore faits.	***She** has done her homework, but **he** hasn't done his yet.*
— Tu as téléphoné à Marc et à Hélène?	— *Did you call Mark and Helen?*
— Je lui ai téléphoné à **elle,** mais pas **à lui.**	— *I called **her** but not **him.***

- When there are multiple subjects or objects (e.g., *My friend and I, We and our parents,* etc.). Notice that when a noun and a stressed pronoun are used together, the stressed pronoun comes after the noun.

Son frère et *lui* vont aller en Floride.	*He and his brother are going to go to Florida.*
Nous allons offrir un beau cadeau **à Marc et à *lui.***	*We are going to give a very nice gift to Mark and him.*
Ma copine et *moi,* nous pensons nous marier cette année.	*My girlfriend and I are thinking of getting married this year.*
Lui et *toi,* vous formez un beau couple.	*You and he make a beautiful couple.*

Exercices

12. J'accuse! Vous vivez dans une maison avec cinq autres personnes. Un de vos amis vous demande comment ça va, et vous profitez de cette occasion pour vous plaindre *(complain)* de vos colocataires.

A. Réponses

Répondez aux questions en utilisant des pronoms toniques.

Modèle: Est-ce que tous les colocataires font la cuisine? (je / Caroline)
Eh bien, moi, je fais la cuisine, mais Caroline ne fait jamais la cuisine, elle!

1. Est-ce que tout le monde range *(cleans)* sa chambre? (je / Nicolas)

____

2. Est-ce que vous faites la vaisselle? (je + Inès/ Paul + Caroline)

____

3. Est-ce que vous sortez la poubelle *(garbage can)*? (je / Paul)

____

4. Est-ce que certains colocataires font trop de bruit? (je + Sylvie / Paul + Nicolas)

____

5. Vous partagez votre nourriture avec les autres? (je / Caroline)

____

B. Reproches

Après cette conversation, vous êtes énervé(e) et vous faites des reproches à certains de vos colocataires. Utilisez un pronom tonique dans chaque phrase. Basez vos réponses sur la partie A ci-dessus.

Modèle: (à Caroline) *Vous dites*: **Toi, tu ne fais jamais la cuisine!**

6. (à Nicolas) *Vous dites*: ______________________
7. (à Paul et Caroline) *Vous dites*: ______________________
8. (à Paul) *Vous dites*: ______________________
9. (à Paul et Nicolas) *Vous dites*: ______________________
10. (à Caroline) *Vous dites*: ______________________

13. Oui, maman! Maman est terrible! Elle surveille vos activités, elle vous demande des services et elle a tout le temps besoin d'être rassurée. Donnez-lui les réponses qu'elle veut entendre. Utilisez un pronom tonique dans chaque phrase.

Modèle: Tu peux faire des courses *pour moi?*
Bien sûr, maman. Je peux faire des courses *pour toi.*

1. Tu vas passer chez *tes grands-parents?*

   ____
2. Tu as acheté un cadeau pour *ta grand-mère?*

   ____
3. Tu ne t'es pas disputé(e) avec *ton frère,* j'espère.

   ____
4. Je peux toujours compter sur *toi?*

   ____
5. Il n'y a pas de problèmes entre *ta sœur et toi?*

   ____
6. Tu n'es pas fâché(e) contre *ton père et moi?*

   ____
7. Nous pouvons avoir confiance en *toi?*

   ____
8. Tu ne vas pas prendre une décision importante sans *moi,* n'est-ce pas?

   ____

14. Le match de foot. Alain vient d'assister à un match de la Coupe du Monde de foot avec ses amis, et il raconte l'expérience à son colocataire qui n'a pas pu assister au match. Complétez chaque phrase avec le pronom qui convient (pronom sujet ou pronom tonique.)

Les joueurs de l'équipe de France se sont présentés sur le terrain. _______________ (1) portaient des maillots *(shirts)* bleus et des shorts blancs. L'autre équipe, _______________ (2), portait le rouge et le blanc. Le gardien *(goalkeeper)* est entré le dernier. _______________ (3) avait des gants aux mains. La foule *(crowd)* s'est animée tout de suite. _______________ (4) voulait voir les tricolores gagner. _______________ (5), _______________ (6) ai eu la chance d'avoir une bonne place au deuxième rang. Tu vois, ce billet est à _______________ (7). Lucienne, Marc et Jacques, _______________ (8), étaient assis tout en haut du stade, les pauvres.

Au moment où Olivier Giroud a marqué le premier but, les supporters de l'équipe de France se sont levés. _______________ (9) ont fait beaucoup de bruit. _______________ aussi, (10), nous avons crié comme des fous! _______________ (11) a dû évacuer deux pauvres femmes que le bruit rendait malades. _______________ (12) pleuraient.

Quand l'équipe de France a marqué le deuxième but, l'ambiance est devenue folle. Même Marc, qui n'aime pas le foot, a crié de toutes ses forces. C'est _______________ (13) qui a perdu sa voix. Lucienne et _______________ (14), nous avons aussi mal à la gorge aujourd'hui. _______________ (15) nous sommes bien amusés. C'était un match formidable!

Et _______________ (16)? Qu'est-ce que _______________ (17) as fait cet après-midi? Tu nous as manqué, tu sais. C'était dommage d'y aller sans _______________ (18). Voici un cadeau de la part de Lucienne. C'est _______________ (19) qui l'a acheté pour _______________ (20).

II. Les pronoms adverbiaux

Grammar Podcasts, Grammar Tutorials

The French language has two pronouns, **y** and **en,** that are called **pronoms adverbiaux** *(adverbial pronouns)* because they replace, respectively, adverbs of location and adverbs of quantity. These two pronouns are often grouped and studied with personal pronouns because they share similar structural properties. But unlike personal pronouns, which have separate forms for first-, second-, and third- person singular and plural, the pronouns **y** and **en** have only one form.

A. Le pronom *y*

The pronoun **y** is used to replace the name of a location preceded by any preposition (**à, en, dans, sur, chez,** etc.) except **de,** or to replace inanimate objects or concepts preceded by the preposition **à.** Like the personal pronouns, the pronoun **y** is placed before a one-word verb, an auxiliary verb, or an infinitive.

— Vous pensez **aux vacances?**

— Oui, j'**y** pense!

— Ali est allé **chez le boucher?**

— Non, il n'**y** est pas encore allé.

— Est-ce que ta copine va répondre **à ta lettre?**

— Non, elle ne va pas **y** répondre.

B. Le pronom *en*

The pronoun **en** is used to replace a noun in two situations:

1. When the noun is preceded by the preposition de.
   — Elle vient **de Paris?**
   — Oui, elle **en** vient.
2. When the noun is introduced by an indefinite article, a partitive article, a number, or any other expression of quantity. In this case, think of **en** as meaning *of it* or *of them.*
   — Tu as de l'argent sur toi?
   — Oui, oui. J'**en** ai. *(Yes, I've got some [of it].)*
   — Combien de petits-enfants avez-vous, madame?
   — J'en ai quinze *(I have 15 [of them]).*
   Voici de beaux fromages. Il en a acheté beaucoup. *(He bought a lot [of them].)*

Note that when the expression of quantity **quelques** *(a few)* is used with **en,** it becomes **quelques-uns** or **quelques-unes.**

— Tu as **quelques** euros à me prêter?
— Oui, je peux t'**en** passer **quelques-uns.**

Exercices

15. Le nouveau / La nouvelle. Vous êtes nouveau (nouvelle) dans votre immeuble *(apartment building)* et les voisins vous aident à vous y installer. Répondez à leurs questions en utilisant **y**, **en** ou un **pronom d'objet indirect**.

Modèle: les déménageurs ***(the movers)*** / être / *devant l'immeuble?*
— Est-ce que les déménageurs sont devant l'immeuble?
— Oui, ils y sont. / Non, ils n'y sont pas.

1. vous / aller habiter / *au* quatrième *étage?*

— ______

— ______

2. vous / avoir / *beaucoup de meubles (furniture)?*

— ______

— ______

3. vous / avoir besoin / *de peinture (paint)?*

— ______

— ______

4. vous / avoir / *un chat?*

— ______

— ______

5. vous / aller dormir / *dans cette chambre-ci?*

— ______

— ______

6. votre batterie de cuisine *(kitchen equipment)* / être / *dans ce carton?*

— ______

— ______

7. vous / aller parler / *au concierge?*

— ______

— ______

8. vous / avoir / *assez de cintres* (hangers)?

— ______

— ______

9. vous / aller donner un chèque / *aux déménageurs?*

— ______

— ______

10. vous / vouloir (Use **voudriez/voudrais**) /dîner / *au restaurant* / avec nous ce soir?

— ______

— ______

16. La vie sociale. Demandez à votre partenaire de décrire ses relations sociales. Suivez le modèle, mais n'hésitez pas à poser d'autres questions aussi. Utilisez des pronoms appropriés, quand c'est possible.

Modèle: **— Tu as un frère?**
— Oui, j'*en* ai *un*.
— Tu *lui* parles souvent?
— Oui, je *lui* parle tous les jours.
— Tu *lui* offres un cadeau à Noël?
— Oui, bien sûr! Je *lui* offre toujours un cadeau à Noël.

qui?	***quoi?***	***quand? (si c'est approprié)***
un frère / une sœur	être lié(e)s *(to be close)*	souvent
un(e) très bon(ne) ami(e)	parler / se parler	toujours
un(e) voisin(e) sympathique	voir / se voir	rarement
un(e) cousin(e) de ton âge	rencontrer dans un café	(ne) jamais
des amis plus âgés que toi	inviter à sortir avec toi	de temps en temps
des collègues / des colocataires intéressants	aller voir	tous les jours
	(s')envoyer des messages électroniques (à)	
	offrir un cadeau d'anniversaire/ s'offrir des cadeaux	
	demander des conseils (à)	
	aller au cinéma ensemble	
	parler de tes problèmes personnels	

17. Angoissé(e)? Est-ce que vous êtes trop angoissé(e)? Répondez sincèrement aux questions suivantes et lisez ensuite l'interprétation de vos réponses. Utilisez le pronom **y** ou le pronom **en** dans chacune de vos réponses.

Remarque: Si vous utilisez deux pronoms dans la même phrase, **y** précède **en.** Tous les autres pronoms précèdent **y** et **en.**

Modèle: Avez-vous trop *de travail?*
Vous écrivez: **Oui, j'en ai trop.** *(ou)* **Non, je n'en ai pas trop.**

1. Avez-vous beaucoup *de problèmes?*

   Vous écrivez: ____________________

2. Rêvez-vous tout le temps *de vacances?*

   Vous écrivez: ____________________

3. Pensez-vous constamment *à toutes vos obligations?*

   Vous écrivez: ____________________

4. Êtes-vous souvent *en retard à vos rendez-vous importants?*

   Vous écrivez: ____________________

5. Avez-vous peur *d'oublier quelque chose d'important ou d'être en retard?*
   Vous écrivez: ________________

6. Avez-vous beaucoup *de montres, de réveils et d'horloges (clocks)?* Combien? (Comptez-les!)
   Vous écrivez: ________________

7. Mangez-vous souvent *dans votre voiture ou dans le bus* pour gagner du temps?
   Vous écrivez: ________________

8. Vous installez-vous souvent *devant la télé* au lieu de faire de l'exercice?
   Vous écrivez: ________________

9. Avez-vous souvent le temps d'aller *au musée, au théâtre, au cinéma* etc.?
   Vous écrivez: ________________

10. Vous habituez-vous difficilement *au changement? (Do you adjust to change with difficulty?)*
    Vous écrivez: ________________

11. Vous souciez-vous *(to worry about)* assez souvent *de l'avenir (the future)?*
    Vous écrivez: ________________

Interprétation des résultats: Si vous avez donné une réponse affirmative à plus de quatre de ces questions, vous êtes probablement un peu trop angoissé(e). Si vous avez obtenu entre huit et douze réponses « oui » c'est très grave! Vous devriez peut-être essayer la méditation ou le yoga. Ils marchent très bien contre le stress!

18. Qui a peur de Facebook? Complétez cette histoire sur les périls de Facebook en ajoutant les pronoms qui manquent: **elle, elles, en, eux, il, ils, je, la, le, les, leur, lui, me, moi, nous, on, se, te, toi, tu, vous, y.**

Mercredi 30 octobre, le jeune employé de la banque, Kevin Colvin, est allé voir ses supérieurs. Il ________________ (1) a dit: «Je serai absent demain pour des raisons familiales». Ensuite, il est parti pour New York. Il ________________ (2) est allé pour assister à une fête d'Halloween, où on ________________ (3) a photographié, déguisé en fée *(fairy)*. Les photos étaient si amusantes qu'il ________________ (4) a postées sur son site Facebook. Le 1er novembre, son patron ________________ (5) a envoyé un message bref: «Merci de ________________ (6) avoir prévenus de votre absence pour des «raisons familiales». Et j'espère que vous ________________ (7) êtes amusé à New York. (Et cette robe! Où est-ce que vous ________________ (8) avez trouvée?)». Jointe à ce message, il ________________ (9) avait une photo de Kevin, prise à la soirée. Son patron ________________ (10) avait trouvée quelques heures après la soirée sur le site communautaire Facebook.

En ce qui concerne les adhérents, Facebook ________________ (11) offre très peu d'intimité. Tous les détails de leur vie, les adhérents veulent ________________ (12) partager avec leurs amis. Le problème, c'est qu' ________________ (13) ________________ (14) révèlent en même temps à beaucoup d'autres gens.

Autrefois, ________________ (15) était nécessaire pour les gens curieux de collecter des détails sur beaucoup de sites Internet différents. Maintenant, Facebook ________________ (16) a collectés pour ________________ (17) mettre sur son site, et ________________

(18) peuvent ________________ (19) trouver, tous dans un seul endroit *(place)*. En ce qui concerne ces détails, Facebook ________________ (20) utilise pour envoyer des publicités à différents publics spécifiques. Il ________________ (21) vend aussi à ses clients/entreprises.

Que Facebook peut vendre à n'importe qui les détails sur leur vie privée, les membres devraient ________________ (22) savoir, parce que c'est clairement indiqué dans la charte de Facebook. Mais quand ________________ (23) reçoit une longue liste de détails juridiques, ________________ (24) ne ________________ (25) lit pas toujours.

En effet, quand ________________ (26) entrez quelque chose sur Facebook, ________________ (27) ________________ (28) lui donnez! Vos photos, vos messages, les détails de votre profil, Facebook a le droit de ________________ (29) utiliser, de ________________ (30) vendre, et de ________________ (31) conserver aussi longtemps qu' ________________ (32) veut. Et, qui plus est, les entreprises consultent Facebook™ pour surveiller leurs employés, pour savoir ce qu' ________________ (33) font dans leur temps libre. Si ________________ (34) ne faites pas attention, vos employeurs peuvent décider que ________________ (35) ne méritez plus de travailler pour ________________ (36). Et, un recruteur peut aussi consulter Facebook — les détails qu' ________________ (37) ________________ (38) trouve sur ________________ (39) peuvent déterminer si ________________ (40) serez engagé(e) *(hired)* ou non.

Source: Le Figaro

III. La position et l'ordre des pronoms multiples

Grammar Podcasts, Grammar Tutorials

You might occasionally want to place two personal pronouns and/or adverbial pronouns (**y** and **en**)together in a sentence. In these instances, the sequence of pronouns varies according to whether the main verb of the sentence is an imperative (a command) or a non-imperative.

A. Position et ordre dans les phrases déclaratives

- When a combination of pronouns occurs in the same sentence, a particular sequence of pronouns must be followed: The subject pronoun will appear first, except in questions where the subject and the verb are inverted. Second, the other pronouns are placed in the following order:

ne	*first*	*before*	*before*	*before*	*last*	*VERB*	pas
	me						
	te	**le**	**lui**				
	se	**la**	**leur**	**y**	**en**		
	nous	**les**					
	vous						

Here are examples of various kinds of non-imperative sentences showing the placement of multiple pronouns:

- Sentences with a one-word conjugated verb:

  Ce DVD? Je **me le** réserve! — *That DVD? I am keeping it for myself!*

- Sentences in the **passé composé** or another compound tense:

  — Quel jour est-ce que ce film passe à la télé? — *When is that movie on TV?*
  — Je **te l'**ai déjà dit! — *I already told you (that)!* (literally *I already told it to you.*)

- Sentences with verb + infinitive:

  Ce club privé? Jean-Luc **m'y** a fait entrer.
  *This private club? Jean-Luc made **me** enter **it**.*

- Inverted questions:

  Ne **les y** avez-vous pas vus? — *Didn't you see them there?*

B. Le cas particulier des phrases à l'impératif

- In *negative* commands, the word order is exactly the same as shown above for non-imperative statements except that the subject pronoun is omitted.

  N'**y** allez pas! — *Don't go there!*
  N'**en** parlons plus! — *Let's not talk about it any more!*

- The form of the *affirmative* command is a bit more complicated. In this case, object and adverbial pronouns are always located after the verb and attached to it with hyphens.

  La télé? Regardez-**la** si vous voulez, mais pas tous les soirs.
  Vas-**y**!
  Prenons-**en**!

- When **me** and **te** follow an imperative verb, they are replaced by **moi** and **toi**.

  Tu **me** prêtes ton stylo? → Prête-**moi** ton stylo!

  Tu **te** lèves? → Lève-**toi!**

- When two pronouns occur in the same affirmative command sentence, the verb comes first, followed by the pronouns in the following order:

	first	*before*	*before*	*last*
		-moi (m')		
	-le	**-toi (t')**		
verb	**-la**	**-lui**	**-y**	**-en**
	-les	**-nous**		
		-vous		
		-leur		

Remember that this is not the same order as for non-imperative sentences or negative commands.

You normally say: Tu **me la** donnes? *or* Ne **me la** donne pas.
The affirmative command is: Donne-**la-moi!**

Exercices

19. Oui, Monsieur le Comte / Oui, Madame la Comtesse! Vous êtes le Comte / la Comtesse de Cocagne, et ce week-end le roi et sa cour *(court)* vous rendent visite. Il y a beaucoup de détails à arranger et vous parlez avec votre domestique *(servant)* pour vérifier qu'il/elle a fait toutes les choses nécessaires. Certaines choses ont déjà été faites et d'autres vont bientôt être faites. Avec un(e) partenaire, jouez les deux rôles en suivant les modèles donnés. Utilisez deux pronoms dans chacune de vos phrases.

Modèles: *C'est* déjà fait. (Vous allez répondre en utilisant le **passé composé**).
mettre les nappes (tablecloths) blanches sur les tables (cet après-midi)
— **Il faut mettre <u>les nappes</u> <u>sur les tables</u>.**
— **Mais, Monsieur le Comte / Madame la Comtesse, je les y ai mises cet après-midi.**

Ce *sera* bientôt fait. (Vous allez répondre en utilisant le futur proche [aller + infinitif].)
me trouver *des musiciens* (dix)
— **Il faut <u>me</u> trouver <u>des musiciens</u>.**
— **Très bien, Monsieur le Comte / Madame la Comtesse, je vais vous en trouver dix.**

C'est déjà fait.

1. donner *<u>du foin</u> (hay) <u>aux chevaux du roi</u>* (il y a deux heures *[two hours ago]*)

   — ______________________________

   — ______________________________

2. mettre *<u>des fleurs dans les chambres des invités</u>* (ce matin)

   — ______________________________

   — ______________________________

3. installer <u>le roi</u> <u>dans la plus belle chambre</u> (dès son arrivée *[right after his arrival]*)

— ______________________________

— ______________________________

4. <u>me</u> décrire <u>le menu</u> pour le grand dîner (hier)

— ______________________________

— ______________________________

5. <u>me</u> faire <u>des bouquets</u> à offrir <u>aux dames</u> (cinq)

— ______________________________

— ______________________________

Ce sera bientôt fait.

6. monter <u>les bagages des invités dans leurs chambres</u> (tout à l'heure [here: *very soon*])

— ______________________________

— ______________________________

7. <u>me</u> trouver <u>d'autres domestiques</u> pour servir au banquet (vingt)

— ______________________________

— ______________________________

8. servir <u>du champagne au roi</u> (tout de suite)

— ______________________________

— ______________________________

9. <u>me</u> conduire <u>jusqu'à la chambre de la jeune princesse</u> (bientôt)

— ______________________________

— ______________________________

10. apporter <u>son chien à la reine</u> (dans cinq minutes)

— ______________________________

— ______________________________

20. Excuse-moi de te déranger… Une étudiante francophone veut étudier dans votre université l'année prochaine, mais elle a quelques questions sur les cours et sur les rapports entre les professeurs et les étudiants. Répondez à ses questions, en utilisant deux pronoms dans chacune de vos réponses. Ajoutez un petit commentaire pour expliquer vos réponses.

Modèle: Est-ce qu'il y a *des cours très difficiles à votre université?*
Oui, il y en a. En fait, tous nos cours sont difficiles, surtout les cours de maths.

1. Est-ce qu'il y a *quelques cours faciles* aussi?

____

2. On peut étudier *la philosophie à ton université?*

____

3. Est-ce que les professeurs expliquent bien *aux étudiants les aspects difficiles de leur matière (subject)*?

____

4. Si on a un problème, est-ce qu'on peut aller voir *le prof dans son bureau?*

____

5. On peut parler *aux profs de ses problèmes personnels* aussi?

____

6. Les profs *vous* donnent beaucoup *de devoirs?*

____

7. On peut remettre *les devoirs aux profs* par courrier électronique?

____

8. Les profs *vous* rendent assez vite *vos devoirs corrigés (corrected homework)?*

____

9. Je peux *te* téléphoner *à l'université* si j'ai d'autres questions?

____

21. Conversation. Guillaume et Germain parlent du sujet de mémoire de maîtrise *(Master's thesis)* de Germain. Récrivez quelques-unes de leurs phrases, en substituant des pronoms pour les mots ou expressions **en caractères gras** et *en italique*.

Modèle: GUILLAUME: Tiens, je prends un petit café. Allez, je ***t'***offre ***un café!***
*Allez, je **t'en** offre **un!***

GUILLAUME: Alors, tu as enfin décidé de ton sujet de mémoire? C'est le western?

GERMAIN: Pas du tout! (1) Le western, tout le monde a étudié ***le western***.

1. _______________

GUILLAUME: Qu'est-ce que tu as choisi alors?

GERMAIN: Je viens de le trouver: «L'Inquiétude vis-à-vis de la technologie dans les films d'anticipation *(futuristic films)* américains».

GUILLAUME: Je ne comprends pas le sujet … (2) Tu vas te mettre comment ***à ce sujet?***

2. _______________

GERMAIN: C'est facile: ça a commencé dans les années 70 avec des films comme *Rollerball* et *The Running Man*, et il y a maintenant tout un corpus de films américains qui expriment les pires anxiétés sur la technologie de l'avenir. (3) Dans ces films, ***cette technologie*** sert à divertir un public de plus en plus assoiffé *(thirsty)* de sang *(blood)* et de violence.

3. _______________

GUILLAUME: D'accord, j'ai souvent entendu parler de ces films. (4) Oui, j'ai même vu certains ***de ces films…***

4. _______________

Il est vrai que ça continue aujourd'hui …

GERMAIN: Tu penses à quoi, par exemple?

GUILLAUME: Je pense à la série des *Terminator* mais aussi à *Clones,* par exemple; le film avec Bruce Willis. Ou *Minority Report* avec Tom Cruise. Ce sont des films assez durs. (5) Je trouve ***à ces films*** des messages très pessimistes.

5. _______________

GERMAIN: Tu as raison, et ma thèse est précisément qu'ils représentent l'anxiété du pays vis-à-vis de la technologie.

GUILLAUME: Et tes profs? (6) Tu vas parler ***à tes profs*** de ton nouveau sujet?

6. ____________________

GERMAIN: (7) J'ai déjà parlé ***à mes profs de mon nouveau sujet.*** (8) Ils ont répondu ***à ce sujet*** de façon très positive.

7. ____________________

8. ____________________

GUILLAUME: Est-ce qu'ils pensent que tu peux traiter un sujet si vaste? Il y a tellement de films comme ceux-là!

GERMAIN: (9) Oui, ils pensent ***que je peux traiter un sujet si vaste.***

9. ____________________

(10) C'est précisément parce que le sujet est vaste que ***le sujet*** est important.

10. ____________________

GUILLAUME: Ils ont des conseils à te donner?

GERMAIN: (11) Oui, ils ont plein ***de conseils;*** et (12) ils ont dit qu'ils allaient m'écrire ***leurs conseils.***

11. ____________________

12. ____________________

GUILLAUME: Et ces profs, (13) tu vas travailler fréquemment ***avec tes profs?***

13. ____________________

GERMAIN: Oui, surtout avec le professeur McCrate, qui est un spécialiste du cinéma américain. (14) C'est ***le professeur McCrate*** qui m'encourage le plus.

14. ____________________

GUILLAUME: C'est super comme sujet ... Bon courage!

22. Votre conscience vous parle! *(Your conscience is speaking to you!)* Examinez les situations suivantes et écrivez deux phrases à l'impératif: (1) la tentation de *votre «côté faible»* et (2) le conseil de *votre conscience.* Notez que la voix de votre conscience et la voix de votre côté faible sont des amis intimes. Ils vous tutoient (*address with «tu»)* toujours.

Modèles: se disputer avec votre patronne
(votre côté faible): **Dispute-toi avec elle!**
(votre conscience): **Ne te dispute pas avec elle!**
snober vos collègues
(votre côté faible): **Snobe-les!**
(votre conscience): **Ne les snobe pas!**

1. écrire vos opinions de votre patron sur Facebook

   (votre côté faible): ______________________________

   (votre conscience): ______________________________

2. offrir du café à votre patron

   (votre côté faible): ______________________________

   (votre conscience): ______________________________

3. nettoyer la salle de séjour quand c'est votre tour

   (votre côté faible): ______________________________

   (votre conscience): ______________________________

4. critiquer votre patronne

   (votre côté faible): ______________________________

   (votre conscience): ______________________________

5. faire des compliments à vos collègues

   (votre côté faible): ______________________________

   (votre conscience): ______________________________

6. s'énerver tout le temps contre vos collègues

   (votre côté faible): ______________________________

   (votre conscience): ______________________________

7. raconter les problèmes de vos collègues à vos amis

   (votre côté faible): ______________________________

   (votre conscience): ______________________________

8. montrer votre site Facebook à votre patronne

   (votre côté faible): ______________________________

   (votre conscience): ______________________________

À l'écoute!

La télé-réalité: pour ou contre? Écoutez ce reportage sur la télé-réalité et choisissez la bonne réponse.

Première écoute

1. Ce reportage parle du succès de la télé-réalité en Amérique du Nord, plus particulièrement...
   a. au Mexique
   b. aux États-Unis
   c. au Canada

2. Certains aiment la télé-réalité et certains la détestent. Bien que les avis soient partagés, ce genre d'émissions a connu une popularité énorme parmi…
   a. les enfants.
   b. les jeunes.
   c. les gens d'un certain âge *(middle-aged people)*.
   d. les gens du troisième âge *(seniors)*.

3. Juste ou faux? Selon certains psychologues, le désir de regarder ces émissions est une sorte de voyeurisme qui peut encourager l'agressivité et l'immoralité chez les gens qui les regardent.

4. Selon le professeur d'université, le public aime la télé-réalité parce qu'il s'agit …?
   a. d'émissions sur la vie quotidienne (la vie de tous les jours) de personnes ordinaires.
   b. d'émissions sur la vie secrète de personnes célèbres.
   c. d'émissions sur la résolution calme et raisonnable de conflits interpersonnels.
   d. d'émissions sur les catastrophes, les actes extraordinaires de gens en temps de crise *(crisis)*.

5. Juste ou faux? Les opinions des psychologues n'ont pas encore été prouvées par des études scientifiques.

Deuxième écoute

Cherchons des détails!

1. Dans ce reportage, on cite quatre expressions péjoratives qui sont utilisées par la presse et par certains sites d'Internet pour décrire la télé-réalité. Combien pouvez-vous en citer?
   a. *la télé-poubelle* (trash)
   b. ________________
   c. ________________
   d. ________________

2. On mentionne trois émissions de télé-réalité qui sont populaires au Canada. Lesquelles?
   a. *Métier policier*
   b. ________________
   c. ________________

3. On dit que «la vie n'est pas un film ni un ______________________________».

Troisième écoute

1. Selon le professeur, qu'est-ce qui explique la popularité de la télé-réalité aujourd'hui? Qu'est-ce qui a changé dans le monde qui explique que les téléspectateurs rejettent maintenant les genres d'émissions qu'ils regardaient auparavant *(before, previously)*?

   ____

   ____

   ____

   ____

2. Quelle est l'opinion du professeur sur les théories des psychologues?

   ____

Atelier d'écriture

I. Le but: Rédiger un texte d'à peu près 300 mots.

II. Le sujet: Ma vie dans un monde virtuel. Réfléchissez sérieusement à la qualité de votre vie et à la «richesse» de vos contacts avec le monde. En quoi (*in what ways*) est-ce que votre vie est plus riche et plus variée grâce aux (*thanks to the*) divers moyens de communication virtuels ou électroniques dont vous disposez (*that you have at hand*)? Est-ce que vous vous contentez (*are you satisfied*) quelquefois d'expériences et de contacts plutôt superficiels parce que c'est plus facile comme cela?

III. Activités préparatoires.

A. Faites-vous les activités suivantes? Si oui, à quelle fréquence (tous les jours, souvent, de temps en temps, deux fois par semaine, (ne)… jamais, etc.)? Dans le cas des mots ou expressions en italique, utilisez un pronom dans votre réponse, si cela semble naturel.

Modèle: jouer *à des jeux en ligne*
J'y joue presque tous les jours — souvent deux heures par jour. J'adore Words with Friends.

1. écrire *un blog*
____
2. suivre *des gens* sur Twitter
____
3. écrire *des Tweets*
____
4. envoyer *des textos*
____
5. chatter avec *vos amis*
____
6. chatter avec des inconnus
____
7. afficher *des choses sur un site web personnel*
____
8. afficher des choses *sur Tumblr*
____
9. jouer à des jeux en *ligne*
____
10. parler avec des amis sur Skype
____

B. Analysez un peu le type et la qualité de vos interactions avec le monde en répondant aux questions suivantes. Encore une fois, si cela vous semble naturel, vous pouvez utiliser des pronoms dans vos réponses.

Modèle: Vous êtes-vous fait *de nouveaux amis* grâce à Twitter, à un blog, à un réseau social, etc.?
Je m'en suis fait une grâce à Twitter, mais jusqu'à présent j'utilise Facebook pour rester en contact avec mes vieux amis.

1. Passez-vous beaucoup de temps avec *vos amis* à parler ou à faire des choses ensemble, ou comptez-vous sur le contact «virtuel» pour maintenir *vos amitiés*?

____

____

2. Vous êtes-vous fait *de vrais amis* grâce à Twitter, à un blog, à un réseau social, etc.?

____

____

3. Pensez-vous *que les autres vous connaissent mieux du fait des communications électroniques que vous affichez (sur des sites publics, sur des blogs, sur des réseaux sociaux comme Facebook, etc.)*?

____

____

4. Pensez-vous que vos rapports avec les autres sont plus profonds grâce aux (*thanks to*) moyens de communication électroniques, ou sont-ils plutôt superficiels?

____

____

5. Êtes-vous plus au courant de (*aware of, in touch with*) ce qui se passe dans le monde grâce à vos communications électroniques?

____

____

6. Passez-vous du temps à faire *des activités inutiles* en ligne?

____

____

7. Est-ce que votre vie serait meilleure si vous passiez moins de temps *dans le monde «virtuel»*? Pourriez-vous vous passer *de* (do without) *votre téléphone ou de vos autres «appareils»*?

____

____

IV. Les pronoms et le style. Une des fonctions majeures des pronoms est de réduire la répétition des noms dans un texte (écrit ou oral) et d'en améliorer ainsi le style. Après avoir écrit un premier brouillon *(draft)* de l'analyse de votre vie dans un monde virtuel, examinez votre texte en pensant aux suggestions suivantes.

1. Cherchez dans votre texte des noms que vous pouvez remplacer par des pronoms pour en éviter la répétition. Attention: Il ne faut pas créer des difficultés de compréhension pour votre lecteur.
2. Cherchez s'il y a des pronoms que vous avez utilisés et dont la référence ne serait pas très claire pour le lecteur. Si vous en trouvez, corrigez le problème.

V. Au travail!

CHAPITRE

4 L'adjectif, l'adverbe et les comparaisons

Sommaire

www.cengagebrain.com

I. L'adjectif

Grammar Podcasts, Grammar Modules

An adjective is a word that describes (or "modifies") a noun or a pronoun. Contrary to English usage, a French adjective usually *follows* the noun it describes and agrees with it in *gender* and *number*.

Compare:
(*French*) Certains pensent que la parité est un **fait accompli.**
Un **fait** (masculine noun) **accompli** (masculine adjective)

(*English*) *Some think that gender equality is an accomplished fact.*
An **accomplished** (*invariable adjective*) **fact** (genderless *noun*)

A. Le genre

A large number of adjectives show gender agreement by the presence or absence of a final **e.** The addition of the letter **e** in the feminine form often causes the consonant preceding it to be pronounced. In these cases, you will hear a difference in pronunciation between masculine and feminine adjectives.

Compare:

masculine form	*feminine form*
intelligent	intelligent**e**
masculin	masculin**e**
brun	brun**e**

In some cases, however, the difference between the masculine and feminine forms is inaudible and is only apparent in the adjective's written form.

masculine form	*feminine form*
bleu	bleu**e**

When the masculine form of the adjective already ends in **-e,** the masculine and feminine forms are identical.

masculine form	*feminine form*
féministe	féministe
hypocrite	hypocrite
révolutionnaire	révolutionnaire

There are several other patterns for forming masculine and feminine adjectives. The following chart shows some examples.

masculine ending	feminine ending	sample adjectives following this pattern masculine	feminine	meaning
-c	**-che**	franc	franche	*frank*
-c	**-que**	public	publique	*public*
-eil	**-eille**	pareil	pareille	*similar*
-el	**-elle**	personnel	personnelle	*personal*
-en	**-enne**	ancien	ancienne	*old*
-er	**-ère**	régulier	régulière	*regular*
-et	**-ette**	muet	muette	*mute*
-et	**-ète**	discret	discrète	*discreet*

(continued)

-eur	**-euse**	travailleur	travailleuse	*hardworking*
-eux	**-euse**	curieux	curieuse	*curious*
-if	**-ive**	actif	active	*active*
-il	**-ille**	gentil	gentille	*kind, nice*
-on	**-onne**	mignon	mignonne	*cute*
-s	**-sse**	gros	grosse	*fat, big*
-teur	**-trice**	créateur	créatrice	*creative*

Some adjectives have irregular masculine and feminine forms.

masculine form	*feminine form*
beau	belle
bref	brève
doux	douce
faux	fausse
favori	favorite
fou	folle
frais	fraîche
long	longue
nouveau	nouvelle
vieux	vieille

B. Le nombre

In most cases, the plural of an adjective is formed by adding a final **s** to the singular form. This **s** is usually not pronounced.

un étudiant doué → des étudiants doués
une étudiante douée → des étudiantes douées

When an adjective ends with the letter **u**, an **x** (as opposed to **s**) is generally added in the plural. This **x** is generally not pronounced.

Il est beau. → **Ils sont beaux.**
Il est nouveau. → **Ils sont nouveaux.**
But: bleu → bleus

If the adjective already ends in **-s** or **-x** in the singular, no additional **s** or **x** is needed in the plural form.

un dessin curieux → des dessins curieux

Adjectives ending in **-al** often form their plural by changing **-al** to **-aux** (notable exceptions are **banals, fatals,** and **finals**).

un supporter loya**l** → des supporters loy**aux**
un congrès internationa**l** → des congrès internation**aux**

When an adjective modifies several nouns with mixed gender, the adjective takes the masculine plural form.

Luc et Madeleine sont contents d'avoir lu *Le Deuxième Sexe*.
Il est vrai que les femmes et les hommes sont ég**aux** devant la loi.

C. La position de l'adjectif

As stated earlier, French adjectives usually follow the noun they modify.

French: Il existe encore beaucoup de **stéréotypes négatifs** sur les femmes.
stéréotypes *(noun)* **négatifs** *(adjective)*

English: *Lots of negative stereotypes about women still exist.*
negative *(adjective)* **stereotypes** (*noun*)

The number of adjectives that generally come before the noun is very small, but these adjectives are frequently used. They include:

ancien	*former*
autre	*other*
beau	*beautiful, handsome*
bon	*good*
court	*short*
gentil	*kind, nice*
gros	*fat, big*
grand	*tall, big, great*
haut	*high*
jeune	*young*
joli	*pretty, cute*
long	*long*
mauvais	*bad*
nouveau	*new*
petit	*small*
vieux	*old*
vilain	*ugly, nasty*
vrai	*real, true*

Exemple: Après la Deuxième Guerre mondiale, les femmes n'ont pas eu accès à de **bons** salaires. *(adjective precedes noun)*

A few adjectives can be used either before or after the noun, but their meaning changes according to their position.

adjective	adjective before the noun	adjective after the noun
ancien(ne)	**mon *ancien* immeuble** *(former)*	**un immeuble *ancien*** *(old, antique)*
cher(-ère)	**un *cher* ami** *(term of affection: "dear")*	**une veste *chère*** *(monetary value: "expensive")*
dernier(-ère)	**le *dernier* train** *last, final (in a series)*	**le week-end *dernier*** *last (before this one)*
grand(e)	**un *grand* homme** *(moral trait: "great")*	**un homme très *grand*** *(physical trait: "tall")*

(continued)

pauvre	**un *pauvre* étudiant** *(subjective: "unfortunate")*	**un étudiant *pauvre*** *(objective: "penniless")*
prochain(e)	**la *prochaine* fois** *next (in a series)*	**la semaine *prochaine*** *next (after this one)*
propre	**sa *propre* voiture** *(abstract: "[one's] own")*	**une voiture *propre*** *(concrete: "clean")*

Sometimes, **grand, petit,** and **vieux** take on a quantitative meaning.

un **grand** lecteur	(= qui lit beaucoup)
un **petit** mangeur	(= qui mange peu)
une **vieille** amie	(= amie depuis longtemps)

The masculine adjectives **beau, nouveau,** and **vieux** become **bel, nouvel,** and **vieil** in front of a masculine singular noun starting with a vowel or an "unaspirated" **h.** This is done to avoid having to pronounce two vowels together without an intervening consonant, just as we say in English "*an* apple," and not "*a* apple."

un **beau** camion	→	un **bel** avion
un **nouveau** livre	→	un **nouvel** étudiant
un **vieux** monsieur	→	un **vieil** homme

Their feminine and plural forms remain the same, whether the noun they modify begins with a vowel or not.

une **vieille** voiture	une **vieille** auto
de **nouveaux** tableaux	de **nouveaux** arbres

The article **des** usually becomes **de** before a plural adjective preceding a noun, although this change is often not made in casual uses of language.

Elle a des yeux tendres et doux. Elle a **de** beaux yeux.

D. Les adjectifs invariables

Adjectives remain invariable (using only the masculine singular form) in the following situations.

- When the adjective follows the construction **ce + être,** the pronoun **ce** stands for a feminine or plural noun.

  Je n'aime pas étudier les maths; **ce** n'**est** pas **intéressant.**

- When the adjective modifies a verb and is used therefore as an adverb (**coûter cher, parler fort, travailler dur,** etc.).

  Les femmes n'ont pas encore la parité, bien qu'elles y travaillent très **dur.**

- When an adjective of color is qualified by another adjective, such as **foncé** *(dark),* **clair** *(light),* or by another color, as in the expressions **bleu vert, bleu gris,** etc.

  Janine porte toujours des robes bleues.
  Compare: Aujourd'hui elle porte une robe **bleu clair.**
  Moi, j'ai acheté une robe **bleu vert.**

- The adjectives **chic, bon marché,** as well as many adjectives of color that are also nouns (**marron, citron, orange**) are always invariable.

  Lucette a acheté des livres **bon marché.**

  J'aime beaucoup cette voiture **marron.**

Exercices

1. Un étudiant hésitant. Marc a peur de faire des erreurs, alors il hésite beaucoup. Aidez-le à choisir la forme convenable de l'adjectif selon le contexte.

Modèle: Je suis un ami (**fidèle**) / fidèles, et j'ai beaucoup de copines.

1. J'essaie de rester en contact avec mes vieil / vieux / vieilles amies du lycée.
2. Nous allons souvent dans une nouvel / nouveau / nouvelle boîte en ville pour danser.
3. Mes amies sont très gentils / gentille / gentilles.
4. Elles s'intéressent toutes à ce beau / bel / belle homme qui vient d'entrer, parce qu'il a l'air riche.
5. Mais cet homme a des amis bizarres que je n'aime pas. C'est préoccupant / préoccupante / préoccupants.
6. Ses compagnons et lui semblent très indépendant / indépendants / indépendantes.
7. À mon avis, ils doivent travailler dur / durs / dures pour pouvoir payer leurs études…
8. …et s'acheter de bel / beau / beaux vêtements, mais je ne sais pas exactement ce qu'ils font. C'est un peu inquiétant.
9. Maintenant, mes amies parlent à deux nouvel / nouveau / nouveaux arrivés,
10. Tu les vois? Ces garçons là-bas aux cheveux brun / bruns / et aux yeux bleu / bleus / bleues vert.
11. Cela me rassure. Ils sont moins bien habillées / habillés que les autres, mais je sais qu'ils sont honnête / honnêtes, eux!

2. La vie estudiantine en France. Bertrand (qui est optimiste) et Cathy (qui est pessimiste) sont tous les deux étudiants à la Sorbonne. Ils parlent de leurs impressions de la vie universitaire à Paris. Jouez les deux rôles.

Modèle: le coût de la vie (élevé? bas?)
BERTRAND: **Le coût de la vie est (assez) bas ici.**
CATHY: **Bas? Tu parles! *(You've got to be kidding!)* Il est élevé!**

1. les repas au restau-U (restaurant universitaire) (bon? mauvais?)

BERTRAND: ______________________________

CATHY: ______________________________

2. les chambres en résidence universitaire (spacieux? petit?)

   BERTRAND: ______

   CATHY: ______

3. les professeurs (indulgent? strict?)

   BERTRAND: ______

   CATHY: ______

4. les cours (passionnant? ennuyeux?)

   BERTRAND: ______

   CATHY: ______

5. les autres étudiants (amical? froid?)

   BERTRAND: ______

   CATHY: ______

6. les filles (exubérant? réservé?)

   BERTRAND: ______

   CATHY: ______

7. les garçons (sportif? paresseux?)

   BERTRAND: ______

   CATHY: ______

8. la vie sociale (merveilleux? nul?)

   BERTRAND: ______

   CATHY: ______

9. la compétition (normal? insupportable?)

   BERTRAND: ______

   CATHY: ______

10. les vacances (long? court?)

    BERTRAND: ______

    CATHY: ______

3. La vie estudiantine chez moi. Maintenant, donnez vos impressions sur votre université, en utilisant quelques-uns des adjectifs de l'exercice précédent ou d'autres adjectifs qui conviennent mieux à votre situation.

Modèle: le coût de la vie
Le coût de la vie est très élevé à mon université.

1. les repas au restau-U

   ______

2. les chambres en résidence universitaire

   ______

3. les professeurs

____

4. les cours

____

5. les autres étudiants

____

6. les filles

____

7. les garçons

____

8. la vie sociale

____

9. la compétition

____

10. les vacances

____

4. Vous êtes le/la guide. Décrivez les endroits indiqués ci-dessous à des touristes francophones en utilisant des adjectifs de la liste suivante *ou* d'autres adjectifs de votre choix (attention aux accords et au placement des adjectifs). Ensuite, expliquez l'importance de chaque endroit pour la culture américaine.

animé	charmant	fascinant	impressionnant	superbe
beau	connu	gigantesque	intéressant	vieux
célèbre	cosmopolite	grand	joli	

Modèle: la Statue de la Liberté (un monument)
La Statue de la Liberté est un monument célèbre. La France l'a offerte aux États-Unis pour exprimer l'amitié entre les deux pays. La statue a été placée à New York pour accueillir les immigrants qui arrivaient aux États-Unis.

1. l'arche de Saint Louis (un monument)

____

____

____

2. Disneyland et Disney World (des parcs d'attractions)

____

____

____

3. le Golden Gate (un pont)

____

____

____

4. La Nouvelle-Orléans (une ville)

____

____

____

5. Las Vegas, Reno et Atlantic City (des villes)

____

____

____

6. le Texas, la Floride ou l'état de New York (des états)

____

____

____

7. les chutes du Niagara (des chutes [f.] d'eau)

____

____

____

8. Chinatown à San Francisco et à New York (des quartiers)

____

____

____

9. la Maison Blanche (une / la résidence)

____

____

____

10. un endroit dans votre région qui pourrait intéresser des touristes étrangers

____

____

____

5. L'habit ne fait pas le moine. ***(lit. "The habit does not make the monk" = Don't judge a book by its cover.)*** Madame Charrier cherche des cadeaux pour sa fille dans un grand magasin. Complétez sa conversation avec la vendeuse en ajoutant les formes correctes des adjectifs **beau** (b), **nouveau** (n) et **vieux** (v).

Bonjour, mademoiselle. Je cherche un b________________ (1.) ensemble pour ma fille. Elle commence un n________________ (2.) emploi bientôt et ses v________________ (3.) vêtements ne sont pas appropriés. C'était une b________________ (4.) étudiante, mais maintenant elle commence une n________________ (5.) vie — elle ne peut plus porter son v________________ (6.) jean et son v________________ (7.) anorak *(ski jacket)*. Je vais lui acheter ce b________________ (8.) tailleur *(suit)*. Avec son n________________ (9.)

imperméable et de n________________ (10.) chaussures, elle aura vraiment un air professionnel. On a plus confiance en soi quand on porte de b________________ (11.) vêtements, vous ne trouvez pas?

6. **Une visite à Rouen.** Meredith a passé le week-end dernier à Rouen. Complétez sa lettre avec des adjectifs de la liste. Certains adjectifs doivent être utilisés deux fois mais il faut toujours un seul adjectif par nom. Choisissez la bonne position (avant ou après le nom) pour chaque adjectif.

ancien	dernier	pauvre	propre
cher	grand	prochain	vieux

Modèle: Ce <u>pauvre</u> chien ________ est perdu.

Rouen, le 9 novembre

________________ Marc et Éloïse ________________ (1.),

Bonjour de Rouen! Hier, je revenais d'un petit village où je rendais visite à une ________________ camarade de classe ________________ (2.) J'ai manqué le ________________ train ________________ (3.) pour Paris, alors j'ai dû passer la nuit à Rouen, une ville que je ne connaissais pas. Cette ville a beaucoup de ________________ bâtiments ________________ (4.) qui sont très beaux et elle a aussi une grande importance historique. Comme vous le savez sans doute, c'est la ville où Jeanne d'Arc, la________________ héroïne ________________ (5.) du peuple français, a été brûlée vive en 1431.

Mais c'est aussi la ville où l'auteur Gustave Flaubert est né. Vous connaissez l'histoire qu'il a écrite qui s'appelle *Un cœur simple*? C'est l'histoire très touchante d'une femme très simple qui passe toute sa vie à aimer et à servir les autres. Nous allons étudier cela la ________________ semaine ________________ (6.) en cours de littérature! Cette ________________ femme ________________ (7.) avait un perroquet *(parrot)* qui était vraiment son seul ami au monde. Eh bien, figurez-vous que le perroquet empaillé *(stuffed)* qui aurait inspiré cette histoire se trouve ici à Rouen, au musée Flaubert! Je vais le voir cet après-midi.

J'ai passé la nuit dans un bel hôtel au centre-ville. C'était une ________________ chambre ________________ (8.) (le prix affiché était de 300 euros), mais j'avais ma ________________ salle de bains ________________ (9.) très luxueuse. J'ai été obligée de prendre la chambre, puisque j'avais manqué mon train, mais quand j'ai expliqué que j'étais une ________________ étudiante ________________ (10.), ils m'ont fait une petite réduction.

Dans ma ________________ lettre ________________ (11.), je vous parlerai de mes cours à la Sorbonne. Maintenant, je vais aller me promener dans Rouen. Je vous enverrai une carte postale avec une photo du fameux perroquet de Flaubert, si j'en trouve une!

Gros bisous,

Meredith

Petit test de culture.

(Cherchez sur Internet si vous ne savez pas les bonnes réponses).

1. Jean Anouilh a écrit une pièce de théâtre très célèbre sur Jeanne d'Arc. Comment s'appelle cette pièce?
2. Comment s'appelle le roman le plus célèbre de Gustave Flaubert?

7. George Sand: Une femme exceptionnelle. Caroline écrit un devoir *(paper)* sur George Sand. Complétez sa description en mettant les noms et les adjectifs entre parenthèses à la forme convenable. Suivez le modèle de la première phrase; faites attention à l'accord et à la place des adjectifs!

L'enfance de George Sand.

Amantine-Aurore-Lucille Dupin est née en 1804 à Paris, dans une (intéressant, cultivé / famille) **famille intéressante et cultivée.** Les membres de la famille de son père étaient de(s) (aristocrates / vrai) ______________________ (1.), mais ceux de la famille de sa mère étaient de(s) (simple / commerçants) ______________________ (2.) Après la mort de son père quand elle n'était qu'une (petit / fille) ______________________ (3.), elle a été élevée par sa (élégant, réservé, vieux / grand-mère) ______________________ (4.) et sa (bohémien, volatile, jeune / mère) ______________________ (5.), qui était un peu folle. Aurore était une (créateur, indépendant / enfant) ______________________ (6.) Elle adorait inventer des histoires, elle portait des (masculin / vêtements) ______________________ (7.), elle montait à cheval et allait à la chasse comme un garçon.

En 1822, Aurore s'est mariée avec un baron et ils ont eu deux enfants. Son ménage devait ressembler à ceux qu'on voit dans ses romans où une (amer *(bitter)* / femme) ______________________ (8.) commence à détester son (autoritaire / mari) ______________________ (9.) et où la société n'encourage pas les (instruit / femmes) ______________________ (10.).

8. George Sand à Paris. Comme dans l'exercice précédent, complétez le texte en mettant les noms et les adjectifs entre parenthèses à la forme convenable. Faites attention à l'accord et à la place des adjectifs!

En 1831, elle a quitté sa famille pour mener la vie d'une (pauvre / étudiant) ______________________ (1.) à Paris. Elle portait des vêtements d'homme, y compris des chapeaux haut-de-forme *(top hats)* et elle fumait de(s) (gros / cigare) ______________________ (2.). Elle devait être très impressionnante, avec ses (long, brun / cheveux) ______________________ (3.) et ses (marron, foncé / yeux) ______________________ (4.)!

Aurore prenait un (nouveau / amant) ______________________ (5.) quand ça lui plaisait, et elle a commencé à publier des livres. Au lieu d'utiliser son (vrai / nom) ______________________ (6.), elle a pris le pseudonyme de «George Sand».

Sand a eu de(s) (amoureux / liaisons) ______________________ (7.) avec beaucoup d(e) (célèbre / hommes) ______________________ (8.) pendant sa vie — des hommes comme Prosper Mérimée, Alfred de Musset et Frédéric Chopin. C'était souvent des rapports assez compliqués et elle demeurait parfois l'amie d'un (ancien / amant) ______________________ (9.).

9. George Sand (conclusion et… conclusions). Comme dans les deux exercices précédents, complétez le texte en mettant les noms et les adjectifs entre parenthèses à la forme convenable. Faites attention à l'accord et à la place des adjectifs!

Les romans de George Sand remettent en question l(a) (sexuel / identité) ______________________ (1.) et les rôles définis en fonction du sexe dans la société et ils montrent comment l'auteur a été influencé par les (socialiste / idée) ______________________ (2.) de son époque.

Bien sûr, on ne peut pas approuver tous les aspects de la vie et des romans de George Sand. C'était souvent une (indiscret / femme) ______________________ (3.) et sa (scandaleux / vie) ______________________ (4.) a choqué beaucoup de gens. Mais c'était une (fascinant / femme) ______________________ (5.) dont les (franc / opinions) ______________________ (6.) sur les rapports entre les hommes et les femmes font d'elle un de mes (favori / écrivains) ______________________ (7.).

10. Un autoportrait. Vous venez de recevoir le premier message d'un(e) correspondant(e) canadien(ne). Dans votre réponse, envoyez-lui votre autoportrait. Décrivez:

a. votre physique (la couleur de vos yeux, la couleur et la longueur de vos cheveux, votre taille, etc.)

b. votre personnalité, vos goûts, vos activités favorites

c. les vêtements que vous aimez porter (style, couleur, etc.)

d. vos études (Quelle est votre spécialité? Pourquoi l'avez-vous choisie? Quels sont vos objectifs *[goals]* de carrière?)

Note: Vous devez utiliser un minimum de ***dix*** adjectifs dans cet autoportrait.

____

____

____

____

____

____

____

____

____

II. L'adverbe

Grammar Podcasts, Grammar Modules

Adverbs are used to indicate the *manner, time, location, quantity,* or *intensity* of the verb, adjective, or adverb they modify. Unlike adjectives, adverbs are invariable. Here are some examples of adverbs.

function	adverb	English equivalent
manner	**facilement** **lentement** **rapidement**	*easily* *slowly* *quickly*
time	**aujourd'hui** **demain** **souvent** **toujours**	*today* *tomorrow* *often* *always*
location	**devant** **derrière** **ici** **là** **loin (de)** **près (de)**	*in front (of)* *behind* *here* *here / there* *far (from)* *near*
quantity	**assez (de)** **beaucoup (de)** **trop (de)** **tout**	*enough* *a lot (of)* *too much / too many* *very, quite*
intensity	**tellement** **très**	*so* *very*

A. La formation des adverbes de manière

As shown below, many adverbs of manner are formed by adding the suffix **-ment** to the feminine form of their corresponding adjectives. This is the equivalent of adding the suffix **-ly** to an English adjective.

masculine	*feminine*		*adverb*	*English equivalent*
clair	claire	→	clair**ment**	*(clearly)*
facile	facile	→	facile**ment**	*(easily)*
lent	lente	→	lente**ment**	*(slowly)*
premier	première	→	première**ment**	*(first, firstly)*
rapide	rapide	→	rapide**ment**	*(fast, quickly)*

There are, however, many exceptions.

Some adverbs add **-ment** to the masculine form of the adjective or show other spelling changes.

assidu	→	assid**û**ment	*(diligently)*
bref	→	br**iève**ment	*(briefly)*
énorme	→	énorm**é**ment	*(enormously)*
gentil	→	genti**ment**	*(nicely, kindly)*
poli	→	poli**ment**	*(politely)*
vrai	→	vrai**ment**	*(really, truly)*

When the masculine adjective ends in **-ent** or in **-ant,** the formation of the corresponding adverb follows the following pattern: **-ent → -emment** and **-ant → -amment.** The pronunciation of **-emment** and **-amment** is the same: /amã/.

réc**ent**	→	réc**emment**	*(recently)*
fréqu**ent**	→	fréqu**emment**	*(frequently)*
puiss**ant**	→	puiss**amment**	*(powerfully)*
const**ant**	→	const**amment**	*(constantly)*

As seen above, **lent** follows the regular pattern.

The adjectives **bon** *(good)* and **mauvais** *(bad)* have irregular adverbs.

bon	→	**bien**	*(well)*
mauvais	→	**mal**	*(badly)*

B. Le placement de l'adverbe

When an adverb modifies an adjective or another adverb, it precedes it directly.

Le féminisme français est **très** intéressant mais je ne comprends pas **très** bien la théorie féministe.

Ce train va **assez** vite.

When an adverb modifies a verb in one-word tenses, such as the **présent,** the **imparfait,** and the **conditionnel présent,** the adverb follows the verb it modifies.

Au dix-neuvième siècle, les Scandinaves travaillaient **déjà** à l'émancipation des femmes. Aujourd'hui, les Françaises préféreraient **franchement** avoir commencé plus tôt: elles n'ont obtenu le droit de vote qu'après la Deuxième Guerre mondiale.

In compound tenses, like the **passé composé,** short adverbs and adverbs expressing manner are usually placed between the auxiliary (**avoir** or **être**) and the past participle. When the adverb has more than two syllables, it usually appears after the past participle.

Dans les années 30, quand les féministes américaines ont porté **sérieusement** leur cause à l'attention du public, les Françaises auraient **bien** fait d'en faire autant *(to do the same).* Mais le féminisme français n'a **vraiment** commencé qu'avec la parution du *Deuxième Sexe.*

Adverbs expressing *time* **(hier, aujourd'hui, maintenant)** or *place* **(ici, là-bas)** are often placed at the beginning or the end of the sentence.

Hier, je suis allé à une conférence sur la parité.

Je suis allé à une conférence sur la parité **hier.**

Exercices

 **11. Une conversation franche.** Au cours d'un entretien d'embauche (*job interview*), vous parlez de vos habitudes de travail en utilisant un des adverbes ou une des phrases adverbiales entre parenthèses. Le chef du personnel (votre partenaire) va réagir aux commentaires que vous faites.

Modèle: passer des coups de téléphone personnels au bureau (souvent, de temps en temps, rarement)

VOUS: **Je passe souvent des coups de téléphone personnels au bureau.**

VOTRE PARTENAIRE: **Hmm. C'est un problème, ça…**

1. m'entendre avec les autres (très bien, bien, assez bien, mal, très mal)

VOUS: ______________________________

VOTRE PARTENAIRE: ______________________________

2. faire des erreurs (beaucoup de, pas mal de, peu de, très peu de)
   VOUS: ______________________________
   VOTRE PARTENAIRE: ______________________________
3. oublier les détails (tout le temps, parfois, rarement)
   VOUS: ______________________________
   VOTRE PARTENAIRE: ______________________________
4. arriver au bureau en retard (rarement, quelquefois, fréquemment)
   VOUS: ______________________________
   VOTRE PARTENAIRE: ______________________________
5. parler avec mes collègues (franchement, respectueusement, brusquement, poliment)
   VOUS: ______________________________
   VOTRE PARTENAIRE: ______________________________
6. travailler (assidûment, correctement, paresseusement, négligemment)
   VOUS: ______________________________
   VOTRE PARTENAIRE: ______________________________
7. m'absenter du travail (très rarement, de temps en temps, constamment)
   VOUS: ______________________________
   VOTRE PARTENAIRE: ______________________________
8. être perfectionniste (très, assez, [ne pas] très)
   VOUS: ______________________________
   VOTRE PARTENAIRE: ______________________________

12. Le trac avant l'examen. *(Exam anxiety.)* Un étudiant pense qu'il y aura un «examen-surprise» demain, et il s'inquiète. Ajoutez à chaque phrase l'adverbe qui correspond à l'adjectif entre parenthèses.

Modèle: (sûr) Demain, je vais **sûrement** avoir un examen.

1. (ouvert) Le professeur l'a suggéré ______________.
2. (certain) Mon amie Geneviève va ______________ être surprise.
3. (récent) Je ne l'ai pas vue en classe ______________.
4. (vrai, probable) Mais comme elle est ______________ bonne en maths, elle n'aura ______________ pas de problèmes.
5. (énorme) Moi, je vais travailler ______________ ce soir.
6. (affreux) Avant l'examen, j'aurai ______________ peur.
7. (complet) Je serai ______________ affolé *(panic-striken)*.
8. (constant) Je changerai ______________ mes réponses.
9. (drôle) Je serai ______________ content si j'ai un C.
10. (rare) J'ai ______________ de meilleures notes.

13. Les stéréotypes ont la vie longue! Vous utilisez beaucoup d'adjectifs dans vos rédactions, alors votre professeur vous recommande de varier votre style en utilisant des adverbes. Récrivez certaines phrases extraites de votre journal intime avec des adverbes.

Modèle: Il est *clair* que les stéréotypes ont la vie longue.
Les stéréotypes ont *clairement* la vie longue.

1. Par exemple, pour beaucoup de travailleurs, il est *difficile* d'accepter une femme comme patronne.

   Beaucoup de travailleurs acceptent ______________________________.

2. C'est *rare* qu'on préfère l'autorité féminine.

   On préfère ______________________________.

3. Les patrons cherchent des femmes qui sont *douces* quand elles parlent.

   Les patrons cherchent des femmes qui parlent ______________________________.

4. Quand il s'agit de changer leurs opinions, ils sont *lents*.

   Ils changent ______________________________.

5. Mais les femmes ont des préjugés aussi. C'est *évident*.

   Mais les femmes ont ______________________________.

6. Il y a des femmes qui cherchent un mari riche. Elles sont *désespérées*.

   Il y a des femmes qui cherchent ______________________________.

7. Et elles peuvent être passives en classe et au travail. C'est *curieux*.

   Et ______________________________, elles peuvent être passives en classe et au travail.

8. Nous n'avons pas fini d'évoluer. C'est *heureux*.

   ______________________________, nous n'avons pas fini d'évoluer.

14. La vie est toujours plus agréable ailleurs. Fred a écrit une lettre à un ami, mais sa lettre serait plus intéressante et plus complète s'il ajoutait quelques adverbes! Récrivez sa lettre en ajoutant les adverbes de la liste suivante. Il y a souvent plus d'une possibilité de placement.

ailleurs *(elsewhere)*	franchement	récemment
beaucoup	hier	souvent
bien	très	théoriquement
définitivement	malheureusement	

J'ai eu une discussion intéressante avec un garçon que j'ai rencontré. Il est frustré parce qu'il pense que les rôles traditionnels définis en fonction du sexe sont tout aussi contraignants ***(constraining)*** pour les hommes que pour les femmes. Il a décidé de s'installer en Scandinavie, où les rôles sexuels sont, paraît-il, plus flexibles. J'ai réfléchi à ses opinions. Je crois qu'il va être déçu s'il va vivre là-bas. On pense que la vie sera plus facile mais ce n'est pas le cas.

____

____

____

____

____

____

15. Paris ne s'est pas fait en un jour. *(Rome wasn't built in a day.)* Comme vous le savez bien, il faut travailler et retravailler vos essais pour les améliorer. Prenez le petit texte que vous avez écrit pour l'exercice 10 **(Un autoportrait)** et essayez de le rendre plus intéressant en ajoutant un adverbe ou une phrase adverbiale dans chaque *(each)* phrase.

Le comparatif et le superlatif: Introduction

As you know, adjectives are used to describe things or people (that is, they modify nouns), and adverbs are used to indicate how, where, when, or how much something is done (in other words, they modify verbs). Adjectives and adverbs are also used to compare one entity to another or to several others. Here's a quick overview to give you a mental roadmap of the comparative and superlative before you begin to study them.

The *comparative (le comparatif)* is used when you are comparing *two* things: that is, when you want to say, for instance, that X is larger than Y, that X works as hard as Y, or that X has fewer pieces than Y. In these examples, *large* is an **adjective,** *hard* is an **adverb,** and *pieces* is a **noun.** The formation of the *comparative* is a bit different in each case, but you'll quickly learn to negotiate those differences.

The *superlative (le superlatif)* is used whenever you are comparing *more* than two things. In this case, someone or something will always "come out on top". For example, something will be *the biggest,* she will work *the hardest,* something else will have *the fewest* pieces.

III. Le comparatif

A. Le comparatif de l'adjectif et de l'adverbe

Comparisons using adjectives or adverbs follow similar patterns. The word **plus** *(more)*, **aussi** *([just] as)*, or **moins** *(less)* is placed before the adjective or the adverb. If the person or thing to which something is being compared is mentioned in the sentence, it is always introduced with **que.**

1. **Le comparatif avec *plus (more)***

   a) avec un adjectif

   Aujourd'hui, les lois sur la parité sont **plus strictes que** les lois du vingtième siècle.
   *Today, the laws on parity are **stricter (more strict) than** the laws in the twentieth century.*

   b) avec un adverbe

   Les femmes sont **plus souvent** victimes de violence **que** les hommes.
   *Women are **more often** the victims of violence **than** men.*

Remarques:

- The English equivalents of comparatives generally contain the suffix **–er** or the word **more**, and French comparatives usually contain the word **plus**. However, a couple of comparative forms are irregular, in both English and French. In English, something that is "more good" is better; similarly, the comparative of the adjective **bon** is **meilleur**, which changes form (**meilleure, meilleurs,** or **meilleures**) to agree in gender and number with the noun it modifies. And, just as in English the comparative of superiority of the adverb **well** is **better,** the comparative in French of **bien** *(well)* is **mieux** *(better)*; since **bien** and **mieux** are adverbs, they are invariable.

  Be careful: although **meilleur** and **mieux** both mean *better* in English, you must decide when you speak or write in French whether you need an adjective or an adverb.

  If you want to say:

  Hélène is better in English than her brother, think "Hélène **is** XXX"—adjective!
  Hélène est **meilleure** en anglais **que** son frère.

  But if you want to say:

  We speak English better than you, think "We **speak** (how?)"—adverb!
  Nous parlons **mieux** anglais **que** vous.

- The comparative of the English adjective *bad* is irregular: *worse.* The comparative of its French equivalent, **mauvais,** has both regular and irregular forms: **plus mauvais** and **pire**. Note that both agree with the noun they modify: **mauvais(e), mauvais(es); pire(s).**

  Ma cuisine est **pire (plus mauvaise)** que la cuisine de la cafet!
  My cooking is worse than the cooking at the cafeteria!

  The most commonly used form of the adverb **mal** *(badly)* is regular: **plus mal.** An alternate form, **pis,** is not often used.

  Il écrit **plus mal que** son petit frère.
  He writes worse than his little brother.

2. **Le comparatif avec *aussi ([just] as)***

   Julie est **aussi** intelligente **que** François.
   *Julie is **as** intelligente **as** François.*
   Manon travaille **aussi** dur **qu'**Éric.
   *Manon works **as** hard **as** Eric.*

Remarque: The comparative of equality of **bon *(good)*** and the comparative of equality of **bien *(well)*** are regular: **aussi bon (bons, bonne, bonnes)** and **aussi bien** (invariable).

Tu es **aussi bonne que** lui en maths, et tu peux donc réussir **aussi bien que** lui.

3. **Le comparatif avec *moins***

   Justine est **moins qualifiée que** Jeanne.
   *Justine is **less qualified than** Jeanne.*
   Marie a travaillé **moins rapidement que** Jean.
   *Marie worked **less quickly than** Jean.*

Remarque: The comparative of inferiority of **bon *(good)*** and the comparative of inferiority of **bien *(well)*** are regular: **moins bon (bons, bonne, bonnes)** and **moins bien** (invariable).

Je sais que je suis **moins bon que** lui, et que je travaille **moins bien;** alors, tu comprends pourquoi je suis déprimé *(depressed)*?

B. Le comparatif du nom

When comparing nouns, one is essentially comparing quantities ***(books*** **[noun].** → ***more books than / as many books as / fewer books than)***. The comparative of nouns is formed by placing **plus de, autant de,** or **moins de** before the noun. Once again, if the second element of the comparison i present in the sentence, it is introduced with **que.**

1. **Le comparatif avec *plus de***

   Jeanne a **plus de** livres **que** Pierre.
   Jeanne has more books than Pierre.

2. **Le comparatif avec *autant de***

   Julien a **autant de** courage **que** Paul.
   Julien has as much courage as Paul.

3. **Le comparatif avec** *moins de*

   Pierre a **moins de** patience **que** Maelys.
   Pierre has less patience than Maelys.

Remarque: When one is comparing two items, qualities, etc., associated with the same subject, the preposition **de** is repeated with **que.**

Jeanne a **plus d'**ambition **que d'**honnêteté.
Julien a **autant d'**ennemis **que d'**amis.
Pierre a **moins de** patience **que de** courage.

Le comparatif: tableau récapitulatif			
	supériorité (+)	**égalité (=)**	**infériorité (–)**
adjectif	**plus** adjectif **que**	**aussi** adjectif **que**	**moins** adjectif **que**
adverbe	**plus** adverbe **que**	**aussi** adverbe **que**	**moins** adverbe **que**
nom	**plus de** nom **que (de)**	**autant de** nom **que (de)**	**moins de** nom **que (de)**

4. **Les comparatifs irréguliers**

adjectif / adverbe	comparatif
bon *good* (adjective)	**meilleur(e)(s)** *better*
bien *well* (adverb)	**mieux** *better*
mauvais *bad* (adjective)	**plus mauvais(e)(s)** *worse* [*or* **pire(s)**]
mal *badly* (adverb)	**plus mal** *worse (or* **pis** *[rarely used])*

Exercices

16. Complexe d'infériorité. Dominique pense qu'il est moins doué *(gifted, talented)* que tous ses amis, mais Claude essaie de le rassurer. Jouez les deux rôles. La forme des commentaires de Dominique est indiquée par un +, un – ou un =. Variez les reponses de Dominique comme vous voulez.

Modèles: Je suis sérieux. (– / Marie)
— Je suis moins sérieux que Marie.
— Mais non! Tu es tout aussi sérieux qu'elle.

Jacques est intelligent. (+ / moi)
— Jacques est plus intelligent que moi.
— Mais non! À mon avis, tu es plus intelligent que lui!

Je ne suis pas fort en maths. (= / Théo).
— Je ne suis pas aussi fort en maths que Théo.
— Mais si! Je pense que Théo est moins fort en maths que toi!

1. Anne est patiente. (+ / moi)
   — ______________________________
   — ______________________________
2. Je ne suis pas blagueur *(witty)*. (= / Hélène)
   — ______________________________
   — ______________________________
3. Je suis discipliné. (– / Jean)
   — ______________________________
   — ______________________________
4. J'écris bien. (– / Charles)
   — ______________________________
   — ______________________________
5. Paul et Christophe sont gentils. (+ / moi)
   — ______________________________
   — ______________________________

6. Je parle intelligemment. (– / Hélène)

   — ______________________________

   — ______________________________

7. Charles conduit prudemment. (+ / moi)

   — ______________________________

   — ______________________________

8. Francine parle bien français. (+ / moi [Attention! Le comparatif de **bien** est irrégulier.])

   — ______________________________

   — ______________________________

9. Tous mes amis sont élégants. (+ / moi)

   — ______________________________

   — ______________________________

10. Je ne suis pas intéressant. (= / mes amis)

    — ______________________________

    — ______________________________

17. Solutions diplomatiques. Paul et Anne parlent des relations entre les différents pays du monde. Complétez leur conversation en utilisant les expressions de la liste suivante. Attention! Vous allez utiliser certaines expressions plusieurs fois.

aussi de (d') moins plus que (qu')

PAUL: Quand je vois tout l'argent que les différents pays dépensent pour l'armement, ça m'inquiète. Les journaux nous apprennent qu'un premier pays dépense plus ________________ (1.) argent qu'un deuxième et qu'un troisième pays dépense autant d'argent ________________ (2.) le deuxième. À mon avis, tout le monde consacre ________________ (3.) d'argent que d'efforts diplomatiques aux relations internationales, et ça, c'est bien dommage.

ANNE: Tu as raison. Moi, je pense que la défense est peut-être ________________ (4.) importante que la diplomatie. Et aujourd'hui, les disputes entre les pays sont bien plus dangereuses ________________ (5.) autrefois, à cause du terrorisme et des armes nucléaires.

PAUL: Tu as raison. Mais je pense que je suis ________________ (6.) idéaliste que toi. Moi aussi, je crois qu'il est possible de vivre en paix avec les autres pays du monde. Mais il ne faut ni juger trop vite ni être trop arrogant. Il ne faut pas dire, par exemple, qu'un certain pays fait plus d'efforts pour maintenir la paix ________________ (7.) un autre ou prétendre (*claim*) que nous nous comportons ________________ (8.) honnêtement que les autres pays. Il faut faire des efforts pour bien nous entendre les uns avec les autres.

ANNE: C'est vrai. Quand on fait ________________ (9.) d'efforts pour la paix ________________ (10.) pour le développement économique, les résultats de cette politique peuvent être très graves.

18. Une féministe et un sexiste. Une féministe et un sexiste se disputent. Jouez les deux rôles et faites les comparaisons suggérées. Ajoutez d'autres commentaires si vous voulez!

Modèle: être créatif

LE SEXISTE: **Moi, je pense que les hommes sont plus créatifs que les femmes.**

LA FÉMINISTE: **Vous avez tort. Les femmes sont aussi créatives que les hommes. (S'il y a plus d'hommes qui sont des artistes célèbres, c'est parce qu'il y a toujours eu beaucoup de discrimination contre les femmes artistes.)**

1. être intelligent

   LE SEXISTE: ______________________________

   LA FÉMINISTE: ______________________________

2. travailler dur

   LE SEXISTE: ______________________________

   LA FÉMINISTE: ______________________________

3. être doué *(talented)*

   LE SEXISTE: ______________________________

   LA FÉMINISTE: ______________________________

4. avoir des responsabilités dans la vie

   LE SEXISTE: ______________________________

   LA FÉMINISTE: ______________________________

5. être fragile

   LE SEXISTE: ______________________________

   LA FÉMINISTE: ______________________________

6. avoir des avantages dans le monde du travail

   LE SEXISTE: ______________________________

   LA FÉMINISTE: ______________________________

7. travailler efficacement

   LE SEXISTE: ______________________________

   LA FÉMINISTE: ______________________________

8. parler franchement

   LE SEXISTE: ______________________________

   LA FÉMINISTE: ______________________________

9. avoir plus de problèmes psychologiques

   LE SEXISTE: ______________________________

   LA FÉMINISTE: ______________________________

10. penser logiquement

   LE SEXISTE: ______________________________

   LA FÉMINISTE: ______________________________

19. Meilleur ou pire? Jacqueline, la femme de Julien, est contrariante; elle dit toujours le contraire de ce que pense Julien. Complétez ses phrases avec **mieux** ou **meilleur(e)(s), pire(s), plus mauvais**(**e**[**s**]) ou **plus mal,** de façon logique. Attention! Il y a parfois plusieurs possibilités.

Modèle: JULIEN: Ce vin blanc est **meilleur** que ce vin rouge.
JACQUELINE: *Ah, non! Il est* **plus mauvais.**

1. JULIEN: Aujourd'hui, le service est ______________ que la dernière fois.
   JACQUELINE: Ah, non… Il est ______________ que la dernière fois.
2. JULIEN: Ce restaurant est ______________ situé que les autres.
   JACQUELINE: Ce n'est pas vrai! Il est ______________ situé que les autres!
3. JULIEN: Cette serveuse parle italien ______________ que moi.
   JACQUELINE: Pas du tout! Elle parle italien ______________ que toi.
4. JULIEN: Maintenant que ma collègue m'a donné une ______________ explication de la situation dans notre filiale *(subsidiary)* américaine, je comprends ______________ ce qui se passe.
   JACQUELINE: Vraiment?! Je trouve cette explication ______________ que celle que j'ai lue hier…
5. JULIEN: Les deux premiers romans de cet auteur sont ______________ que son dernier.
   JACQUELINE: Tu trouves?! Moi je pense au contraire que ses deux premiers romans sont ______________ que son dernier.

20. Tout peut changer. Quelles sont vos impressions de l'évolution des rôles sexuels au cours du siècle dernier? Écrivez un petit paragraphe pour parler des changements qui ont eu lieu (ceux dont vous avez entendu parler ou ceux que vous avez observés). Écrivez 8-10 phrases en utilisant des comparaisons.

Modèle: **Autrefois, il y avait *plus d'hommes que de femmes* qui travaillaient à l'extérieur de la maison. Les hommes étaient généralement *plus instruits* que les femmes. Aujourd'hui, les femmes...**

IV. Le superlatif

As we mentioned above, the superlative is used whenever one is comparing three or more objects or people, designating one of them as being ***the most*** or ***the least*** [***something***] of the group. As in the case of the comparative, the forms of the superlative vary, depending on whether one is using adjectives, adverbs, or nouns.

A. Le superlatif des adjectifs

With adjectives, one way of forming a superlative is to use the definite article (**le, la,** or **les**), followed by **plus** or **moins,** and then the adjective. The choice of the definite article **(le, la, les)** and the form of the adjective reflect the gender and number of the noun that they qualify.

adjectif avec plus	
le la les	plus + adjectif

adjectif avec moins	
le la les	moins + adjectif

Remarque: Whereas in English we may say that something is the biggest *in* the world, *on* my street, *of* them all, etc., French always uses the preposition **de.**

Juliette est **la moins grande de** l'équipe de basket.

Juliette is the least tall on the basketball team.

Ce roman est **le** plus **passionnant de** tous.

It's the most fascinating novel of all.

Jeanne et Louis sont **les** plus **intelligents de** la classe.

Jeanne and Louis are the most intelligent in the class.

In the above examples, the noun is not included in the superlative phrase (that is, you're saying "the most fascinating of all" instead of "the most fascinating *novel* of all"). If you include the noun to say, for instance, "the most intelligent *students* in the class" you must put it in its proper place relative to the adjective.

As you already know, most adjectives are placed *after* the noun: **C'est un roman intéressant.** In those cases, the superlative phrase follows the noun and the definite article is repeated.

C'est **le** roman **le plus** intéressant de tous.
It's the most interesting novel of them all.

However, in those cases where the adjective normally *precedes* the noun (Monsieur **Duval est un gentil professeur),** the superlative phrase also precedes the noun.

Monsieur Duval est **le plus gentil professeur** du lycée.
Monsieur Duval is the nicest teacher at the high school.

As we saw for the comparative, the superlative forms of **bon** (*good*) and **mauvais** (*bad*) are irregular. The superlative of **bon** is **le meilleur** *(the best)* and the superlative of **mauvais** is either **le plus mauvais** or **le pire** *(the worst).* Since they contain adjectives, these forms agree in gender and number with the noun they modify (**le meilleur, la meilleure, les meilleurs,** etc.):

Pierre est **le plus mauvais (le pire)** conducteur *(driver)* que je connaisse!

Pierre is the worst driver I know!

Elle est **la meilleure étudiante** de sa classe.

She's the best student in her class.

B. Le superlatif des adverbes

Superlatives of adverbs are formed by placing **le plus** or **le moins** before the adverb.

adverbe avec *plus*
le plus + adverbe

adverbe avec *moins*
le moins + adverbe

C'est toujours elle qui travaille **le plus efficacement!**

It's always she (She's always the one) who works the most efficiently!

- Since adverbs modify verbs and not nouns, they are invariable (there is no gender or number agreement); the superlative of adverbs *also* remains invariable. For instance, the definite article **le** preceding **plus** or **moins** never changes to reflect gender or number agreement.

  Juliette a travaillé **le moins rapidement** de tous.

  Juliette worked the least rapidly of all.

Martin et Kevin ont travaillé **le plus rapidement.**
Martin and Kevin worked the fastest.

The superlative of **bien** *(well)* is **le mieux** *(the best)*, which is invariable. The superlative of **mal** *(badly)* is **le plus mal.** You may also say **le pis** *(worse)*, but this form is rarely used.

C'est Agathe qui chante **le mieux.**

Just as was the case with ***better*** or ***worse***, you will need to think carefully about whether you are focusing on an adjective or a noun in order to choose the right way to say ***the best*** or ***the worst*** in French. Compare:

Louane fait **les meilleurs gâteaux** du quartier.
*Louane makes **the best cakes** in the neighborhood.*
Jérémy **cuisine le mieux** de tous les gens que je connais.
*Jérémy **cooks the best** of all the people I know.*
C'est **la plus mauvaise** chanson qu'il ait jamais écrite!
*It's **the worst song** he ever wrote!*
De toutes les candidates, c'est elle qui **chante le plus mal.**
*She **sings the worst** of all candidates.*

C. Le superlatif des noms

Superlatives containing nouns are formed by placing **le plus de** or **le moins de** before the noun. Both expressions are invariable, regardless of the gender and number of the noun.

noms avec *plus*
le plus de + nom

noms avec *moins*
le moins de + nom

Le Brésil et la Colombie produisent **le plus de** café.
*Brazil and Columbia produce **the most coffee.***
De tous mes frères et sœurs, c'est Danielle qui a **le moins d'**ambition.
*Of all my brothers and sisters, it's Danielle who has **the least ambition.***

Tableau récapitulatif du superlatif	
adjectif qui suit (follows) un nom	**le / la / les** + nom + **le / la / les** **plus** + adjectif / **moins** + adjectif
adjectif qui précède (precedes) un nom	**le / la / les** **plus** + adjectif + nom / **moins** + adjectif + nom
adverbe	**le plus** + adverbe **le moins** + adverbe
nom	**le plus de** + nom **le moins de** + nom

Tableau récapitulatif des superlatifs irréguliers	
adjectif / adverbe	**superlatif**
bon *(good)*	**le/la/les meilleur(e)(s)** *(the best)*
bien *(well)*	**le mieux** *(the best)*
mauvais *(bad)*	**le/la/les plus mauvais(e)(s)** *or* **le/la/les pire(s)** *(the worst)*
mal *(badly)*	**le plus mal** *or* **le pis** *(rarely used) (the worst)*

Exercices

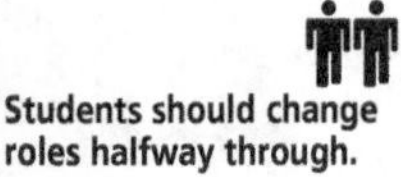
Students should change roles halfway through.

21. Bon voyage! C'est l'été et vous voyagez avec un(e) ami(e) qui vous demande pourquoi vous voulez faire certaines choses. Expliquez-lui vos raisons en suivant le modèle.

Modèle: Pourquoi veux-tu visiter cette ville? (+ / intéressant / le pays)
Parce que c'est la ville la plus intéressante du pays.

1. Pourquoi veux-tu visiter ces musées? (+ / intéressant / la région)
   ____
2. Pourquoi veux-tu acheter ces souvenirs? (– / cher / le magasin)
   ____
3. Pourquoi veux-tu envoyer ces cartes postales? (+ / beau / toutes)
   ____
4. Pourquoi veux-tu dîner dans ce restaurant? (+ / abordable *[affordable]* / le quartier)
   ____
5. Pourquoi veux-tu choisir ce plat? (+ / typique / le menu)
   ____
6. Pourquoi veux-tu boire cette bière? (– / alcoolisé / la brasserie *[brewery / pub]*)
   ____
7. Pourquoi veux-tu dormir dans cet hôtel? (+ / beau / le centre-ville)
   ____
8. Pourquoi est-ce que tu veux photographier ces maisons? (+ / vieux / la ville)
   ____
9. Pourquoi veux-tu prendre ce train? (+ / confortable / la ligne)
   ____
10. Pourquoi veux-tu continuer ton voyage sans moi? (compagnon/compagne de voyage / + / ennuyeux / le monde)
    ____

22. Et dans votre ville? Quels sont les «superlatifs» de *votre* ville? Parlez un peu des restaurants, de la pizza, des billets de cinéma, des boîtes de nuit, de tout ce que vous voulez! Faites au moins cinq phrases en employant le superlatif dans chacune d'elles.

Modèle: **Le Rex, c'est le cinéma le plus près d'ici. On mange la plus mauvaise pizza dans le restaurant Mo Vay's.**

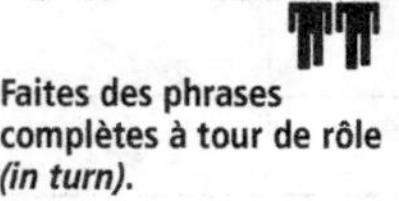

Faites des phrases complètes à tour de rôle *(in turn)*.

23. Prix de fin d'année. Votre partenaire et vous enseignez dans une petite école élémentaire. À la fin de l'année, vous donnez des prix à vos élèves. Expliquez ce que chaque élève a fait pour mériter son prix. Attention! Toutes les phrases sont au passé composé.

Modèle: Paul / + / faire des progrès
Ceci est pour Paul parce qu'il a fait le plus de progrès cette année!

1. Marie / + / lire des livres

____

2. Jonas / + / étudier diligemment

____

3. Juliette / – / avoir des disputes

____

4. Sasha / – / avoir des absences

____

5. Pauline / – / arriver souvent en retard

____

6. Yanis et Hélène / – / jouer bruyamment

____

7. Sylvain / + / travailler patiemment

____

8. Patrick / – / faire des fautes d'orthographe *(spelling errors)*

____

9. Thomas / + / participer activement aux discussions en classe

____

10. Clara / + / soigner consciencieusement les animaux

____

24. Malheureux anniversaire! *(Unhappy Birthday!)* La famille de Cathy a fait une fête pour son anniversaire, mais même si Cathy n'a pas aimé ses cadeaux, elle reste polie. Traduisez les expressions qui manquent dans les phrases suivantes.

Vocabulaire utile

la grand-mère	l'activité (f.)	le gâteau
la menteuse	la fête	le cadeau

1. Merci pour ce pull-over orange et noir, maman. De tous les gens que je connais, c'est toi qui tricotes _______________ *(the best)*.
2. Oh, merci pour les chaussettes et les slips *(underwear)* en coton. C'est génial. Tu es _______________ *(the best grandmother)* du monde.
3. Jouer au Scrabble et regarder des vieilles photos de famille, ce sont _______________ *(the best activities)* que vous pouviez choisir.
4. Je suis sûre que vous avez choisi _______________ *(the best cake)* de la pâtisserie. J'adore le gâteau au café et aux raisins.

Mais plus tard, Cathy a écrit dans son journal intime:

Quelle fête catastrophique! Qu'est-ce que je me suis ennuyée! Mais j'ai essayé d'être polie quand même.

5. Je suis vraiment _______________ *(the best liar)* de ma famille!
6. C'était _______________ *(the worst party)* de ma vie.
7. On m'a offert _______________ *(the worst presents)* imaginables!
8. Christophe s'est comporté _______________ *(the worst)* de tous les petits cousins — il a cassé mon aquarium et il a donné mes poissons rouges à manger au chat. J'étais furieuse!

25. L'environnement — quelques records. Dans le *Livre des records (Guiness Book of World Records)*, vous avez remarqué des records qui vous ont semblé particulièrement intéressants et vous voulez les traduire pour un ami. Complétez la traduction en ajoutant les expressions au superlatif qui manquent.

Modèle: Composée d'hydrogène et d'hélium, Saturne est **la planète la moins dense** (– / dense / planète [f.]) du système solaire.

1. L'insecte qui ________________ (+ / fort / chanter), c'est la cigale africaine *(Brevisana brevis)*. Son chant est presque aussi fort que le volume de la musique qu'on entend au premier rang *(first row)* d'un concert de rock.
2. Les ________________ (+ / long / vers de terre (*earthworms* [m.]) se trouvent en Afrique du Sud. En 1967, on en a trouvé un qui mesurait 6,7 m *(22 feet)*.
3. Le pays qui émet ________________ (– / gaz carbonique), c'est la France — c'est grâce à son utilisation de l'énergie nucléaire.
4. Les animaux qui se déplacent ________________ (– / vite), ce sont les paresseux à trois griffes *(three-toed sloths)* d'Amérique du Sud. Quand ils marchent, ils avancent à peu près de 1,8–2,4 m par minute *(6–8 feet)*.
5. L'arc-en-ciel *(rainbow)* qui a duré ________________ (+ / longtemps) a été visible pendant six heures en 1994 en Angleterre. Normalement, un arc-en-ciel ne dure que quelques minutes.
6. La fleur qui a ________________ (+ / fort / odeur [f.]) vient de Sumatra. On peut sentir son odeur de chair pourrie *(rotten flesh)* à une distance d'un kilomètre.
7. La tempête de neige qui a produit ________________ (+ / neige [f.]) (4,8 m *[15,75 feet]*) a eu lieu en Californie en 1959.
8. L'animal qui a tué ________________ (+ / humains), c'est une tigresse qui aurait tué 436 personnes en Inde.
9. Les baleines bleues, qui font en moyenne 35 m *(115 feet)* de long et qui peuvent peser jusqu'à 130 tonnes *(287,000 pounds)* sont ________________ (+ / grand / mammifère [*mammals* m.] du monde.

Source: Guiness Book of World Records

26. Le palmarès *(record achievements)* de ma famille. Dans une famille, tout le monde se distingue d'une façon ou d'une autre. Écrivez un paragraphe dans lequel vous décrirez votre famille en expliquant ce qui est exceptionnel chez chacune des personnes dont vous parlez.

Modèle: Dans ma famille, tout le monde est exceptionnel. Mes tantes Julie et Corinne sont les plus belles femmes de la famille et mon frère, Jack, c'est le plus beau garçon. Ma cousine Angélique, c'est la plus sportive — elle court le plus vite de tous les cousins…

27. Les États-Unis: Le pays des superlatifs. Il est facile d'utiliser le superlatif quand on parle des États-Unis. Écrivez un paragraphe dans lequel vous discuterez la nature «superlative» de notre pays, que cela soit *(whether it be)* d'ordre positif ou négatif.

V. Le participe présent

The present participle is the equivalent of English verb forms ending in **–ing** (*being, doing, going,* etc.).

A. Formation du participe présent

To form the present participle, take the **nous**-form of the present tense, drop the **-ons,** and add **-ant.**

parler	(nous) **parl** ons	**parlant**
finir	(nous) **finiss** ons	**finissant**
vendre	(nous) **vend** ons	**vendant**

There are only three present participles that do *not* follow this pattern:

être	**étant**
avoir	**ayant**
savoir	**sachant**

B. Usage

1. The present participle often acts as a verbal adjective. In this case, it must agree with the noun it modifies.

   Anne? C'est une fille **charmante.** *Anne? She's a **charming** girl.*

   Mes professeurs sont tous très **exigeants.** *My professors are all very **demanding.***

Remarque: Not every present participle doubles as an adjective. Check a dictionary to make sure the adjective you want to form really exists in French.

2. The present participle can also function as a verb (in most cases preceded by **en**) to describe:

   (a) an action that is taking place at the same time as another action

   Nous étudions toujours **en mangeant.** *We always eat **while studying.***

   (b) **how** something is done

   Vous deviendrez plus forts **en faisant de la musculation.** *You'll get stronger **by lifting weights.***

3. The present participle can also be used *without* **en** to describe an action that takes place slightly before the action of the conjugated verb in the sentence or an action that brings about a certain consequence.

   Voyant que mon patron était occupé, j'ai décidé de ne pas le déranger.

   ***Seeing** that my boss was busy, I decided not to bother him.*

Remarque: In sentences such as the one above, the actions of *seeing* and *deciding* must be performed by the same subject. This is true in English as well, but this rule is sometimes ignored by inattentive users of the language, resulting in such amusing sentences as "Leaping from tree to tree, my grandmother observed the monkeys."

Exercices

28. Les nouveaux pères. Complétez le texte avec la forme correcte d'un adjectif en **-ant,** formé à partir d'un des verbes suivants. Attention! Il faut faire l'accord avec le nom qu'il modifie.

changer	hésiter
décourager	importer
effrayer	intéresser
encourager	obéir
épuiser	satisfaire

L'autre jour, j'ai lu un article très ________________ (1. *interesting*) sur les «nouveaux pères», un phénomène qui montre une attitude ________________ (2. *changing*) de la part des hommes d'aujourd'hui. Les pères d'autrefois (*of the past*) trouvaient souvent les obligations (f.) de la paternité ________________ (3. *discouraging*) et même ________________ (4. *frightening*). Mais au 21e siècle il y a eu des changements (m.) ________________ (5. *encouraging*). Les nouveaux pères veulent jouer un rôle ________________ (6. *important*) dans l'éducation de leurs enfants. Ils sont moins ________________ (7. *hesitant*) à assumer les responsabilités d'un parent. Ils tiennent à élever des enfants heureux et ________________ (8. *obedient*).

Les nouveaux pères trouvent les tâches (*tasks*) liées à la paternité ________________ (9. *exhausting*) mais ________________ (10. *satisfying*).

29. Elle est très multitâche! Cette mère fait toujours deux choses en même temps. Récrivez les phrases en utilisant un participe présent avec **en.**

Modèle: Elle travaille pendant qu'elle suit des cours du soir.
Elle travaille en suivant des cours du soir.

1. Elle travaille pendant qu'elle élève ses enfants.
2. Elle prépare le dîner pendant qu'elle aide les enfants avec leurs devoirs.
3. Elle couche les enfants pendant qu'elle range leurs jouets (*puts their toys away*).
4. Elle fait les courses (*runs errands*) pendant qu'elle téléphone à des collègues.
5. Elle fait la vaisselle pendant qu'elle parle des enfants avec son mari.
6. Elle fait des listes de tâches à faire pendant qu'elle attend les enfants.

30. Avis aux enfants. Leur fils va bientôt partir à la fac (à l'université), et Monsieur et Madame Merah lui pose des questions pour voir s'il est bien équipé pour réussir dans la vie. Imaginez ses réponses.

Modèle: — Comment est-ce qu'on réussit à ses examens?
— *On y réussit en étudiant régulièrement.*

1. — Comment est-ce qu'on obtient de bonnes notes dans ses cours?
2. — Comment est-ce qu'on reste en bonne santé?
3. — Comment est-ce qu'on devient un(e) bon(ne) ami(e)?
4. — Comment est-ce qu'on évite les dettes et les problèmes financiers?
5. — Comment est-ce qu'on se fait respecter par les professeurs?
6. — Comment est-ce qu'on s'entend bien avec les colocataires (*housemates*)?

À l'écoute!

La féminisation de la langue française? La grammaire française impose un genre (masculin ou féminin) à tous les noms même pour les objets. Une commission de réforme a commencé le processus de féminisation de la langue française, mais les choses ont peu changé. Écoutez la conversation entre deux amis, Julie et Denis à ce propos, et répondez aux questions suivantes.

Première écoute

Voici une liste de phrases qui résument la conversation que vous venez d'écouter. Cependant, ces phrases ne sont pas dans le bon ordre. C'est à vous de les remettre dans l'ordre correct en les numérotant de 1 à 7.

_______ Denis pense que le système des genres des mots marche déjà très bien.

_______ Julie donne des exemples de mots masculins qui n'ont pas d'équivalent féminin.

_______ Julie demande pourquoi il n'y a pas de féminin pour certains mots.

_______ Denis parle d'une commission qui a étudié la question de la féminisation de la langue française.

_______ Julie dit que la féminisation du français va continuer.

_______ Julie n'aime pas le son *(sound)* du mot «écrivaine».

_______ Julie dit que l'absence de termes féminins pour désigner certaines professions empêche *(hinders)* le progrès des femmes.

Deuxième écoute

Décidez si les affirmations suivantes sont justes ou fausses.

1. Les Français essaient de mettre en pratique les recommandations de la commission de 1984–1986. J F
2. Denis comprend et accepte le raisonnement proposé par Julie. J F
3. Selon Denis, on débat la question de la féminisation du français depuis longtemps. J F
4. Julie pense que s'il n'existe pas d'équivalents féminins pour les noms de certains postes, c'est comme si on refusait de reconnaître l'identité féminine de la femme qui détient *(holds)* le poste. J F

Troisième écoute

1. Cherchez les mots «vilaine» et «vaine» dans un dictionnaire et expliquez pourquoi Julie les mentionne dans ce contexte.

____

____

2. Selon Julie, qu'est-ce qui doit arriver avant que la situation politique et professionnelle de la femme ne s'améliore? Êtes-vous d'accord avec elle?

____

____

3. Selon Denis, pourquoi est-ce qu'il n'y a pas d'équivalent féminin pour un mot comme «ministre»? En anglais, les substantifs (noms) ont rarement de genre (masculin ou féminin). Est-ce que les anglophones estiment quand même que l'anglais a aussi des aspects sexistes? Expliquez votre réponse en donnant des exemples et décrivez les efforts qu'on fait pour corriger la situation.

____

____

Atelier d'écriture

I. Le but: Rédiger une rédaction d'environ 300 mots sur votre expérience personnelle avec la parité.

II. Le sujet: La parité dans ma vie. Est-ce que l'égalité entre hommes et femmes est assurée dans votre famille, votre travail ou votre université?

III. Élaboration sur le sujet
Selon la Constitution française, «la loi garantit à la femme dans tous les domaines des droits égaux à ceux de l'homme». Bien sûr, cette phrase décrit l'idéal, pas forcément la réalité. Est-ce que, selon vous, ce droit est actualisé? Considérez un aspect de votre expérience personnelle, soit votre vie familiale (ou la vie dans une famille que vous connaissez bien), soit votre expérience dans le monde du travail (ou la situation professionnelle d'un de vos parents), soit la situation actuelle dans votre université. Une fois que vous avez choisi un domaine d'analyse, essayez de répondre à la question suivante:

Est-ce que la parité semble assurée? Si, à votre avis, il y a eu des progrès, décrivez-les en donnant des exemples spécifiques. Si des inégalités subsistent, énumérez-en quelques-unes et expliquez comment on peut améliorer la situation.

IV. Comment écrire une bonne rédaction?
Voilà quelques recommandations:

- Définissez clairement votre sujet et exprimez vos opinions de façon très précise.
- Décrivez clairement votre situation personnelle en donnant des exemples et des détails précis.
- Rendez votre texte intéressant en utilisant beaucoup d'adjectifs et d'adverbes.
- Faites des suggestions concrètes et pratiques pour résoudre les problèmes que vous avez identifiés.

V. Activités préparatoires. Avant d'écrire la rédaction, faites les exercices suivants.

A. Aspects à analyser. Choisissez le domaine d'analyse (la vie familiale, le travail ou l'université). Posez six questions qui vous aideront à analyser ce domaine.

Modèles:
Dans la vie familiale:
Combien d'argent dépense-t-on pour les garçons et pour les filles?
Est-ce que les parents prennent les décisions importantes ensemble?
Au travail:
Comment est-ce que les tâches sont réparties *(assigned)* — qui fait le café, par exemple?
Combien de femmes et d'hommes occupent des postes à responsabilités?

À l'université:
Combien de filles y a-t-il dans les cours de science?
Qui parle le plus en classe, les garçons ou les filles?

1. ______________________________
2. ______________________________
3. ______________________________
4. ______________________________
5. ______________________________
6. ______________________________

B. Quelques comparaisons préliminaires. Répondez aux questions que vous avez soulevées *(raised)* ci-dessus. Utilisez le comparatif dans vos réponses.

Modèles:

Dans la vie familiale:
Je pense que mes (les) parents dépensent *autant d'argent* pour les filles que pour les garçons.

Au travail:
Il semble que les hommes occupent *plus souvent* des postes à responsabilités.

À l'université:
Dans mes cours de sciences humaines, les garçons parlent *plus* que les filles.

1. ______________________________

____

2. ______________________________

____

3. ______________________________

____

4. ______________________________

____

5. ______________________________

____

6. ______________________________

____

C. Plan de travail.

1. En considérant les réponses que vous avez données dans l'exercice précédent, écrivez une phrase qui pourrait être la première phrase de votre rédaction.

____

____

2. Relisez cette phrase. Est-ce qu'elle exprime clairement votre opinion? Sinon, réécrivez-la.

____

____

3. Établissez un plan *(outline).* Commencez par la phrase que vous venez d'écrire ci-dessus. Ensuite, relisez les phrases que vous avez écrites dans l'exercice B et choisissez celles qui pourraient vous aider à construire le texte.

Modèle:

I. un paragraphe d'introduction

II. plus d'étudiantes que d'étudiants à mon université (x femmes contre y hommes)

III. plus de femmes en arts et en lettres, plus d'hommes en sciences (nombre de spécialistes d'anglais, nombre d'hommes dans mon cours de français, nombre de femmes profs de chimie, etc.)

IV. attitudes parfois sexistes des profs (anecdote sur mon prof d'histoire)

V. suggestions pour résoudre ce problème (lettres au journal de l'université, etc.)

VI. Au travail!
Quelques conseils.

1. Pour mieux décrire une situation, des personnages ou des événements, il faut utiliser des adjectifs et des adverbes, car ils vous permettent de varier votre style et de rendre plus précises les idées que vous voulez exprimer. Relisez votre rédaction et essayez d'ajouter quelques adjectifs et quelques adverbes.
2. Vérifiez que…
   - vous n'avez pas utilisé de mots dont vous ne connaissez pas très bien le sens.
   - vous n'avez pas écrit de paragraphe d'une seule phrase.
   - vous n'avez pas répété le même mot dans une phrase (utilisez des pronoms pour éviter ces répétitions).
   - vous n'avez pas utilisé trop de verbes faibles comme «être», «avoir», «faire», etc. (Remplacez-les par des verbes plus précis.)

5 Le futur et le conditionnel

Sommaire

I. Le futur

A. Exprimer le futur en français

Grammar Podcasts, Grammar Modules

In conversational French, the "future" is often expressed simply by using the present tense (**Mon train** part **dans une heure**), or by using the verb **aller** (in the present) and the infinitive form of the main verb to indicate the notion of "near future" (**Je *vais déjeuner* dans une heure**). In this chapter, we will review the preferred ways of expressing the future in more formal French contexts, the tenses called the **futur simple** and the **futur antérieur.**

B. Formation du futur simple

The **futur simple** is called "simple" because it is a one-word tense. Regular future forms are constructed by adding the endings **-ai, -as, -a, -ons, -ez, -ont** to the infinitive of the verb. Note how similar these endings are to the present tense forms of the verb **avoir (j'ai, tu as,** etc.). Verbs ending in **-re** drop the final **-e** before the ending is added.

Sujet	**Verbes en -er** Exemple: parler	**Verbes en -ir** Exemple: finir	**Verbes en -re** Exemple: rendre
je/j'	parler**ai**	finir**ai**	rendr**ai**
tu	parler**as**	finir**as**	rendr**as**
il, elle, on	parler**a**	finir**a**	rendr**a**
nous	parler**ons**	finir**ons**	rendr**ons**
vous	parler**ez**	finir**ez**	rendr**ez**
ils, elles	parler**ont**	finir**ont**	rendr**ont**

Some verbs form their future by adding the future endings to an *irregular* stem, but the endings are always regular.

aller	**ir-**
avoir	**aur-**
devoir	**devr-**
envoyer	**enverr-**
être	**ser-**
faire	**fer-**
falloir	**faudr-**
pouvoir	**pourr-**
pleuvoir	**pleuvr-**
recevoir	**recevr-**
savoir	**saur-**
tenir	**tiendr-**
venir	**viendr-**
voir	**verr-**
vouloir	**voudr-**

Vous **irez** à la mosquée cet après-midi, alors?

Si tu veux vraiment changer le monde, tu **devras** t'engager *(get involved)*.

Quand vous **voudrez** exprimer votre opinion sur la tolérance religieuse, vous **enverrez** un éditorial au journal local.

Take special note of **-er** verbs whose infinitives end in **e** + consonant + **er.** Some of these verbs have spelling changes in their future forms. If there is such a spelling change, it occurs in all persons (i.e., **je, tu, il/elle/on, nous, vous, ils/elles**) of the verb. Here are some patterns:

- Most verbs that end in **-eler** (like **appeler, épeler, renouveler**) double the **l** in the future stem.

  Je t'**appellerai** cet après-midi pour aller à la manifestation contre le racisme.

- Most verbs that end in **-eter** (like **jeter, rejeter, projeter, feuilleter**) double the **t** in the future stem.

  Lucien est borné *(narrow-minded).* Il **rejettera** toutes les idées qu'on lui présentera sur l'injustice du système scolaire français.

  A notable exception is **acheter (achèterai, achèteras**, etc.).

- Most verbs that end in **e** + consonant + **er** (like **lever, enlever, élever, mener, amener, emmener, promener, acheter, achever, peser**) change that first **e** to an **è** in the future stem:

  On **élèvera** nos enfants dans le respect de la laïcité.

- Verbs that end in **é** + consonant + **er** (like **préférer, espérer, compléter, répéter, suggérer**) change **–é** to **–è** in the **futur simple.**

  Je **préfèrerai** que les filles soient libres de choisir.

- Negative and interrogative structures follow the same pattern as the present tense.

  Les écoles publiques **refuseront** que les élèves portent des «signes ostensibles» de leur religion.

  Éric s'est converti à l'islam. Il **ne boira plus** d'alcool.

  Changera-t-il aussi son régime alimentaire *(diet)*?

  Est-ce qu'il faudra qu'il arrête de manger du porc?

C. Usage du futur simple

As we have already remarked, the **futur simple** is the preferred method of expressing the future in more formal contexts in speech and writing.

Le directeur du lycée vous **verra** aussitôt qu'il **aura** un moment.

- The use of the **futur simple** in French often parallels the use of the future in English—in sentences containing the conjunction **si** *(if)*, for instance. When a clause introduced by **si** is in the present tense, the verb in the independent clause is often in the future. (If you consider what you'd say in English in a sentence containing *if*, you'll be right in French as well.)

  Si tu **continues** de porter ton foulard au lycée, tu **seras** expulsée.
  *If you **continue** to wear your headscarf at school, you **will be** expelled.*

There is one notable difference between the use of the future in French and English, however, and that is the case of sentences containing the adverbs of time **quand** *(when)*, **lorsque** *(when)*, **dès que** *(as soon as)*, and **aussitôt que** *(as soon as)*. These sentences tend to contain two parts, or clauses. In English the future tense is only used in one clause of the sentence, and the present is used in the other clause.

When you **see** *(present)* him, you **will notice** *(future)* his change in appearance.

In such sentences in French, if you are talking about what happens in the future, *both* clauses of the sentence must be in the **futur.**

Quand vous le **verrez** *(futur simple)*, vous **remarquerez** *(futur simple)* son changement d'apparence.

II. Le futur antérieur

A. Formation du futur antérieur

Grammar Podcasts, Grammar Modules

Like the **passé composé,** the **futur antérieur** is a compound (two-part) tense. It is formed by combining (1) the auxiliary verb (**avoir** or **être**) conjugated in the future tense, and (2) a past participle. The rules for agreement of the past participle are the same as those for the **passé composé.**

On organisera sa bar-mitsva dès qu'il **aura eu** 13 ans.
*We'll plan his bar mitzvah when **he has turned** thirteen.*

téléphoner			**partir**			**se lever**			
to telephone, call			*to leave*			*to get up*			
j'	aurai	téléphoné	je	serai	parti(e)	je	me	serai	levé(e)
tu	auras	téléphoné	tu	seras	parti(e)	tu	te	seras	levé(e)
il	aura	téléphoné	il	sera	parti	il	se	sera	levé
elle	aura	téléphoné	elle	sera	partie	elle	se	sera	levée
on	aura	téléphoné	on	sera	parti(e)(s)	on	se	sera	levé(e)(s)
nous	aurons	téléphoné	nous	serons	parti(e)s	nous	nous	serons	levé(e)(s)
vous	aurez	téléphoné	vous	serez	parti(e)(s)	vous	vous	serez	levé(e)(s)
ils	auront	téléphoné	ils	seront	partis	ils	se	seront	levés
elles	auront	téléphoné	elles	seront	parties	elles	se	seront	levées

B. Usage du futur antérieur

The **futur antérieur** is often used to talk about two different actions that will both take place in the future, but that are perceived as being somewhat separated in time. When that is the case, express the first action (the one *closest* to you in time) in the **futur antérieur,** and the second action (the more *distant* one) in the **futur simple.**

Quand il **se sera converti** à l'islam, on ne **servira** plus d'alcool à la maison.
*When he **has converted** to Islam, alcohol **will no longer be served** at home.*

In addition to "triggering" the use of the **futur simple** in French, the four time expressions mentioned above **(quand, lorsque, dès que, aussitôt que)** also "trigger" the use of the **futur antérieur,** when you wish to show more separation between two future actions. In addition to these four expressions, **après que** often calls for the use of the **futur antérieur** as well. Note that the **futur simple** makes the two actions sound closer in time to one another.

Après qu'il **se sera converti** à l'islam, on ne **servira** plus d'alcool à la maison.
*After he **has converted** to Islam, alcohol **will no longer be served** at home.*

Quand il **se convertira** à l'islam, on ne **servira** plus d'alcool à la maison.
*When he **converts** to Islam, alcohol **will no longer be served** at home.*

Exercices

1. Tout de suite, Monsieur! Le secrétaire de Monsieur Groslégume *(Bigshot)* est très efficace *(efficient)*. Jouez les deux rôles, en utilisant le **présent** dans la question et **aller** + infinitif dans la réponse. Remplacez autant de noms possibles par des pronoms dans vos réponses.

Modèle:

LE PATRON: Vous préparez le rapport pour le vice-président? (question au présent)
LA SECRÉTAIRE: **Oui, Monsieur, je vais le préparer tout de suite.**

D'autres expressions de temps possibles: **tout à l'heure, immédiatement, ce matin, cet après-midi, aujourd'hui, bientôt, dans X minutes, à X heures**

1. LE PATRON: Vous appelez l'hôtel à New York?
   LA SECRÉTAIRE: ______________________________
2. LE PATRON: Vous vous occupez de mon billet d'avion aussi?
   LA SECRÉTAIRE: ______________________________
3. LE PATRON: Vous me tapez ce rapport?
   LA SECRÉTAIRE: ______________________________
4. LE PATRON: Vous envoyez cette lettre à Madame Charrier?
   LA SECRÉTAIRE: ______________________________
5. LE PATRON: Vous me cherchez les dossiers Dupont?
   LA SECRÉTAIRE: ______________________________
6. LE PATRON: Vous mettez les dossiers dans ma serviette *(briefcase)?*
   LA SECRÉTAIRE: ______________________________
7. LE PATRON: Vous nous réservez la grande salle pour la fête des employés?
   LA SECRÉTAIRE: ______________________________
8. LE PATRON: Vous parlez de la fête aux employés?
   LA SECRÉTAIRE: ______________________________

2. La colonie de vacances *(Summer camp)*. La nouvelle directrice d'une colonie de vacances a beaucoup d'idées, mais elle n'a pas beaucoup d'expérience. Elle propose des changements dans l'emploi du temps *(schedule)*, mais le moniteur à qui elle parle suggère des scénarios qui lui semblent plus raisonnables. Jouez les deux rôles.

Modèle: les enfants / se lever / à 5h00.

LA DIRECTRICE: **Les enfants se lèveront à 5h00.**
LE MONITEUR: **Oh non, ils se lèveront à 8h00, c'est plus** *raisonnable. (Ou bien, choisissez un autre verbe pour votre réponse:)*
Oh non, ils dormiront jusqu'à 8h00. 5h00 c'est trop tôt.

1. les moniteurs / accompagner / les enfants aux toilettes
   LA DIRECTRICE: ______________________________
   LE MONITEUR: ______________________________
2. les enfants / écrire / à leurs parents / tous les jours
   LA DIRECTRICE: ______________________________
   LE MONITEUR: ______________________________

3. les enfants / avoir / un dessert par semaine

LA DIRECTRICE: ______________________________

LE MONITEUR: ______________________________

4. les enfants / devoir / nettoyer / leur tente / trois fois par jour

LA DIRECTRICE: ______________________________

LE MONITEUR: ______________________________

5. les enfants / ne pas choisir / les activités auxquelles ils participeront

LA DIRECTRICE: ______________________________

LE MONITEUR: ______________________________

6. les enfants / faire de la natation / trois fois par semaine

LA DIRECTRICE: ______________________________

LE MONITEUR: ______________________________

7. les enfants / ne jamais aller / en ville

LA DIRECTRICE: ______________________________

LE MONITEUR: ______________________________

8. les enfants / pouvoir / acheter des bonbons / une fois par semaine

LA DIRECTRICE: ______________________________

LE MONITEUR: ______________________________

9. les enfants / attendre / le soir / pour ouvrir leur courrier *(mail)*

LA DIRECTRICE: ______________________________

LE MONITEUR: ______________________________

10. les enfants / se coucher / à 20h00

LA DIRECTRICE: ______________________________

LE MONITEUR: ______________________________

3. Pour aider votre ami(e) à cesser de fumer. Votre meilleur(e) ami(e) veut arrêter de fumer. Pour chaque méthode que vous lui proposerez il/elle trouvera une excuse pour ne pas l'essayer. Il/Elle commencera toutes ses réponses avec **Si…**

Modèle: Arrête de fumer.
Si j'arrête de fumer, je grossirai.

1. Ne fréquente pas de fumeurs.

____

2. Ne garde pas de cigarettes à la maison.

____

3. Abstiens-toi de fumer dans la voiture.

____

4. Mords (***mordre*** = *to bite*) tes crayons.

____

5. Attends trois heures avant de reprendre une cigarette.

___

6. Ne bois pas de café.

___

7. Choisis de manger dans des restaurants, pas dans des bars.

___

8. N'emporte pas de cigarettes quand tu sors le soir.

___

4. Merci, Roby! Nous sommes en 2075 et vous avez un robot comme domestique *(servant).* Cependant, Roby ne parle pas toujours logiquement. S'il crée une phrase qui est correcte et logique, il faut le remercier *(thank him).* Si sa phrase n'est pas logique, il faut la corriger. Jouez les deux rôles.

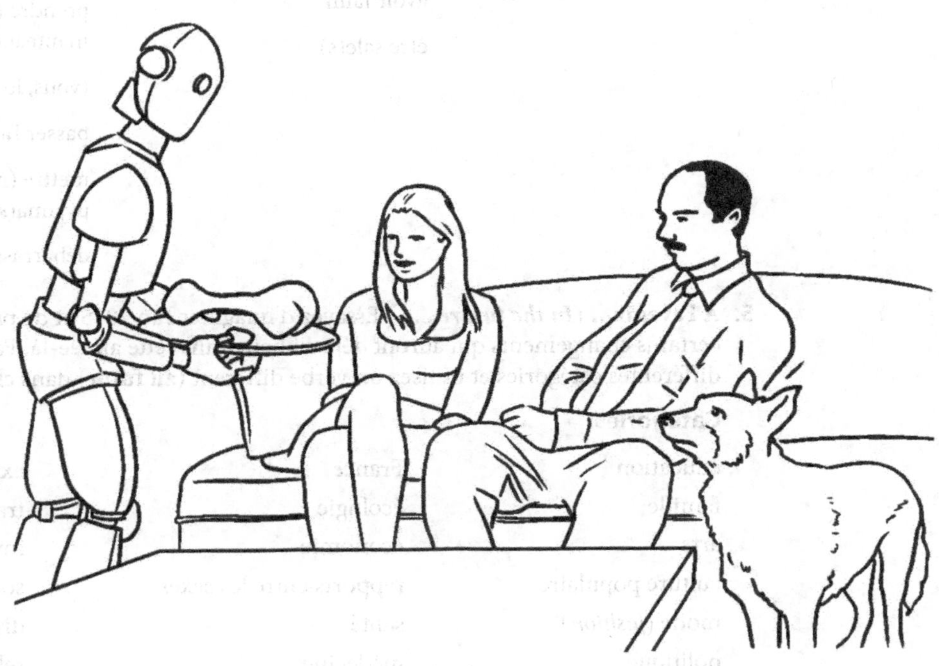

Modèles:

ROBY:	**Quand les invités partiront, je prendrai leurs manteaux.**
SON EMPLOYEUR:	**Non, Roby, quand les invités *arriveront*, vous prendrez leurs manteaux.**
ROBY:	**Quand les invités partiront, je leur ferai la bise.**
SON EMPLOYEUR:	**Non, Roby, quand les invités partiront, vous leur *direz au revoir*.**
ROBY:	**Quand les enfants le voudront, je les emmènerai au cinéma.**
SON EMPLOYEUR:	**C'est bien. Merci, Roby.**

quand
lorsque
aussitôt que
dès que

vous
votre mari / votre femme
la maison
les enfants
le chien
les invités

rentrer
partir
téléphoner
être prêt(e)(s)
vouloir
arriver
avoir sommeil
avoir faim
être sale(s)

je
vous
il/elle/ils

(m', vous, le, la, les) emmener au cinéma
(me, vous, lui, leur) donner un os *(bone)*
(m', vous, lui, leur) offrir un apéritif
(me, vous, lui, leur) donner un bain
prendre un message
(me, vous, le, la, les) promener
changer (mes, vos, ses, leurs) draps *(sheets)*
servir le dîner
(me, vous, le, la, les) coucher
prendre (mon, son, votre, leur[s]) manteau(x)
(vous, lui, leur) faire la bise
passer l'aspirateur *(to vacuum)*
mettre (mon, votre, son, leur[s]) pyjama(s)
débarrasser *(to clear)* la table

5. À l'avenir... *(In the future . . .)* Essayez d'imaginer l'an 2075 et de prédire *(to predict)* certains changements qui auront déjà eu lieu avant cette année-là. Faites des prédictions dans différentes catégories et utilisez un verbe différent **(au futur)** dans chaque phrase.

Catégories:

éducation	France	exploration de l'espace
famille	écologie	travail
arts	économie	inventions
culture populaire	rapports entre les sexes	société
mode *(fashion)*	santé	droit *(law)*
politique	médecine	religion etc. (Ajoutez d'autres catégories de votre choix.)
États-Unis	science	

Modèles: (*mode:*) **En l'an 2075 les hommes porteront des jupes et des robes s'ils le veulent.**
(*travail:*) **Presque tout le monde travaillera à domicile en utilisant son ordinateur.**

1. ______________________________
2. ______________________________
3. ______________________________
4. ______________________________
5. ______________________________
6. ______________________________

6. **Adieu, je pars.** Regardez la bande dessinée *(cartoon),* et décrivez les événements qui auront lieu *(will take place)* en utilisant des conjonctions comme **quand, lorsque, dès que, aussitôt que,** et **après que,** et en employant dans chaque phrase un verbe au **futur antérieur** et un verbe au **futur** simple.

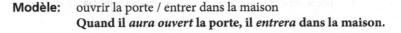

Modèle: ouvrir la porte / entrer dans la maison
Quand il *aura ouvert* la porte, il *entrera* dans la maison.

1. entrer dans la maison / voir l'enveloppe

____

2. ouvrir l'enveloppe / lire la lettre

____

3. lire la lettre / sauter de joie

____

4. boire du champagne et fumer un cigare / préparer le dîner

____

5. dîner / faire la vaisselle

____

6. faire la vaisselle / passer l'aspirateur

____

7. se brosser les dents / se coucher

____

8. se coucher / commencer à pleurer

____

7. Ne vous inquiétez pas… ***(Don't worry . . .)*** Vous invitez des amis à venir passer le week-end avec vous dans la vieille maison que vous retapez *(are restoring)*. Vous leur montrez des photos de la maison. Ils remarquent qu'elle est toujours dans un très mauvais état *(bad shape)* et qu'elle a l'air sinistre. Vous essayez de les rassurer.

Modèle: — Mais, il n'y a pas de tapis *(rugs)*! (mettre des tapis)
— Ne vous inquiétez pas! Quand vous viendrez, nous aurons mis des tapis.

1. — Mais, il n'y a pas de tableaux aux murs! (mettre des tableaux)

— ____

2. — Mais, il n'y a pas de toilettes à l'intérieur! (installer des toilettes)

— ____

3. — Mais, il y a des gros trous *(holes)* dans le plancher *(floor)*! (réparer les trous)

— ____

4. — Mais, il y a des ordures *(garbage)* partout! (sortir les ordures)

— ____

5. — Mais, il y a des marches *(steps)* qui manquent dans l'escalier! (construire un nouvel escalier)

— ____

6. — Mais, le toit *(roof)* n'est qu'à moitié fini! (finir le toit)

— ____

7. — Mais, il y a des insectes et des chauve-souris *(bats)* partout! (désinfecter la maison)

— ____

8. — Mais, le grenier *(attic)* est plein d'oiseaux morts! (enlever les oiseaux)

— ____

9. — Mais il y a des taches de sang *(bloodstains)* partout! (nettoyer les taches de sang)

— ____

10. — Mais, il y a un cadavre au sous-sol! (enterrer *[to bury]* le cadavre)

— ____

8. Quand est-ce que vous… ? Expliquez quand vous ferez les choses suivantes. Utilisez le **futur simple** et le **futur antérieur** dans chaque réponse.

Modèle: — Quand est-ce que vous choisirez une carrière?
— Je choisirai une carrière quand j'aurai fait un ou deux stages *(internships)*.

1. — Quand est-ce que vous ferez vos devoirs ce week-end?

— ____

2. — Quand est-ce que vous ferez un long voyage?

— ____

3. — Quand est-ce que vous lirez pour le plaisir?

— ____

4. — Quand est-ce que vous aurez une famille?

— ____

5. — Quand est-ce que vous achèterez une maison?

— ____

6. — Quand est-ce que vous obtiendrez un poste permanent?

— ____

9. De bonnes résolutions. On peut prendre de bonnes résolutions à n'importe quel moment de l'année!

a. Que ferez-vous pour être en meilleure santé?

Modèle: Je dormirai plus.

1. ____

2. ____

3. ____

4. ____

5. ____

b. Maintenant, choisissez trois des résolutions que vous avez prises et dites *quand* vous les mettrez en pratique.

Modèle: Je dormirai plus quand j'aurai fini mes examens.

6. ____

7. ____

8. ____

10. La prochaine fois... *(Next time . . .)* Écrivez un petit paragraphe sur le sujet suivant. Utilisez le **futur**! Écrivez sur une autre feuille de papier.

Pensez à une «erreur» que vous avez faite dans le passé (vous avez écrit une très mauvaise dissertation pour un cours important, vous vous êtes disputé[e] avec un[e] ami[e], etc.). Que ferez-vous différemment la prochaine fois?

III. Le conditionnel

Grammar Podcasts, Grammar Modules

Verb tenses such as the **présent,** the **passé composé,** the **imparfait,** the **plus-que-parfait,** the **passé simple,** the **futur,** and the **futur antérieur** all belong to a class of tenses called the *indicative mood,* because they express actions that actually are happening, actually did happen, or actually will happen. The *conditional mood* generally expresses actions that are only possible, or hypothetical, and that are often predicated on a condition (either explicitly stated or implied). The conditional mood has two tenses in French: the **présent du conditionnel,** which generally indicates "what *would happen* (if) . . . ," and the **passé du conditionnel,** which generally indicates "what *would have happened* (if) . . . " Other uses of the conditional are explained below.

A. Le présent du conditionnel

1. Formation du présent du conditionnel

- The **présent du conditionnel** is formed by adding the endings **-ais, -ais, -ait, -ions, -iez,** and **-aient** to the same stem that is used for the future, which for verbs ending in **-er** or **-ir** is the infinitive. (Verbs ending in **-re** drop the final **e** before the ending is added.)

aimer		finir		attendre	
j'	aimer**ais**	je	finir**ais**	j'	attendr**ais**
tu	aimer**ais**	tu	finir**ais**	tu	attendr**ais**
il/elle/on	aimer**ait**	il/elle/on	finir**ait**	il/elle/on	attendr**ait**
nous	aimer**ions**	nous	finir**ions**	nous	attendr**ions**
vous	aimer**iez**	vous	finir**iez**	vous	attendr**iez**
ils/elles	aimer**aient**	ils/elles	finir**aient**	ils/elles	attendr**aient**

The irregular stems of the **futur** are also used to form the **présent du conditionnel.**

La loi **devrait**-elle défendre les droits de la communauté ou ceux de l'individu? — *Should the law defend the rights of the community or those of the individual?*

Auriez-vous une idée sur la question? — *Might you have an idea on this issue?*

Si j'étais toi, **je serais** fâché. — *If I were you, I'd be angry.*

Il **ferait** tout son possible pour m'embêter. — *He'd do anything he could to annoy me.*

You will note that these endings are the same as the endings used to form the **imparfait**. You can tell the difference between the **imparfait** and the **conditionnel**, though, because their stems are different.

je **parl**ais *(imparfait)* — je **parler**ais *(conditionnel)*

elle **était** *(imparfait)* — elle **serait** *(conditionnel)*

2. Usage du présent du conditionnel

The **présent du conditionnel** is used in French:

- To *soften* a statement or make a request *more polite.*

  Je **voudrais** des cachets d'aspirine, s'il vous plaît. *I'd like some aspirin, please.*

- To *express a doubt*, or to repeat a "fact" you have not verified yourself.

  Cet étudiant ne peut pas passer l'examen *(to take the test)* parce qu'il **serait** malade.

  That student can't take the test because he's sick allegedly.

  (Note that in French, the use of the conditional (**serait**) is all it takes to indicate skepticism— the speaker isn't convinced the student is really sick.)

- To express *a future within a past tense context.*

  Il est né dans un petit village. Qui aurait cru qu'un jour il **vivrait** à Paris?

  *He was born in a small village. Who would have believed that one day he **would live** in Paris?*

- *After an adverbial phrase of condition* such as **au cas où, dans le cas où** *(in case)*, **à ta place** *(if I were you)*, **dans l'hypothèse où**, etc. In English, we would not always use the conditional in such sentences, but in French it is required.

  Je vais prendre mon parapluie, au cas où il **pleuvrait.**

  *I will take my umbrella in case it **rains.***

  À ta place, je lui **achèterais** un cadeau.

  *If I were you, I **would buy** her a gift.*

- To *express the hypothetical outcome* in a **si clause** when **si** is followed by the **imparfait.**

  Si j'**arrêtais** de fumer, j'**aurais** les poumons propres.

  (imparfait) *(conditionnel)*

  *If I **stopped** smoking, I **would have** clean lungs.*

B. Le passé du conditionnel

1. Formation du passé du conditionnel

The **passé du conditionnel** is formed very much like the **passé composé** and the **futur antérieur,** except that the auxiliary verb **(avoir, être)** is in the **présent du conditionnel.**

J'**ai fini** mon travail. *(passé composé)*	J'**aurais** fini mon travail. *(passé du conditionnel)*
*I **finished** my work.*	***I would have finished** my work (if . . .).*
Elle **s'est couchée.** *(passé composé)*	Elle **se serait couchée.** *(passé du conditionnel)*
*She **went to bed.***	*She **would have gone to bed** (if . . .).*

téléphoner			**partir**			**se lever**			
to telephone, call			*to leave*			*to get up*			
j'	aurais	téléphoné	je	serais	parti(e)	je	me	serais	levé(e)
tu	aurais	téléphoné	tu	serais	parti(e)	tu	te	serais	levé(e)
il	aurait	téléphoné	il	serait	parti	il	se	serait	levé
elle	aurait	téléphoné	elle	serait	partie	elle	se	serait	levée
on	aurait	téléphoné	on	serait	parti(e)(s)	on	se	serait	levé(e)(s)
nous	aurions	téléphoné	nous	serions	parti(e)s	nous	nous	serions	levé(e)s
vous	auriez	téléphoné	vous	seriez	parti(e)(s)	vous	vous	seriez	levé(e)(s)
ils	auraient	téléphoné	ils	seraient	partis	ils	se	seraient	levés
elles	auraient	téléphoné	elles	seraient	parties	elles	se	seraient	levées

2. Usage du passé du conditionnel

The **passé du conditionnel** is used:

- To express *extreme* politeness

Je veux voir...	Je voudrais voir...	J'**aurais voulu** voir le docteur.
(politely neutral)	*(polite)*	*(very polite)*

(*Note*: This is a common feature of "politeness" in most languages: The longer the utterance, the more polite it is perceived to be.)

- With **si** *(if)* clauses when the main clause is in the **plus-que-parfait.**

Si tu **étais venue,** nous **nous serions** bien **amusés.**
*(If you **had come,** we **would have had** a good time.)*
(plus-que-parfait) *(passé du conditionnel)*

Temps du verbe après *si*	Temps du verbe dans l'autre proposition de la phrase
présent Si les enfants **mangent** des produits laitiers *(milk products)*…	**futur** …ils **auront** des os *(bones)* solides, grâce au calcium.
présent Si tu **penses** que tu couves *(are coming down with)* un rhume…	**impératif** …**prends** de la vitamine C.
présent Si je ne **dors** pas assez…	**présent** …je **tombe** plus facilement malade.
imparfait Si vous **vouliez** vraiment être en bonne santé…	**conditionnel** …vous ne **mangeriez** pas autant de sucre et de matière grasse.
plus-que-parfait Si ma grand-mère **avait fait** plus d'exercice physique quand elle était jeune…	**passé du conditionnel** …elle **aurait eu** moins de problèmes de santé en vieillissant.
plus-que-parfait Si tu **avais mangé** plus d'aliments riches en fer *(iron)*…	**présent du conditionnel** …tu ne **serais** pas anémique maintenant.

Exercices

11. S'il vous plaît! Vous organisez une fête, mais vous demandez de l'aide à d'autres personnes. Posez les questions suivantes avec le verbe en italique au **conditionnel,** pour adoucir votre requête.

Modèle: Tu peux *prendre* les gâteaux à la boulangerie?
Tu me prendrais les gâteaux à la boulangerie?

1. Est-ce que tu me *prêtes* des CD?

____

2. *Pouvez*-vous nous donner 100 euros pour acheter du vin?

____

3. Veulent-elles nous *aider* à faire le ménage?

____

4. Votre sœur peut-elle *envoyer* les invitations pour moi?

____

5. Est-ce qu'ils nous *achètent* quelques bouquets de fleurs?

____

6. Veux-tu *faire* une salade pour le dîner?

____

7. Je *veux* vous demander quelques autres petits services *(favors)*.

____

8. Vous vous *occupez* des manteaux des invités?

____

12. À ta place… *(If I were you . . .)* Votre meilleur(e) ami(e) vous demande des conseils. Commencez chaque phrase avec l'expression **À ta place…** et ajoutez des commentaires pour justifier vos réponses.

Modèle: Il fait beau. Est-ce que je dois déjeuner dans le jardin ou faire un pique-nique à la campagne?
À ta place, je ferais un pique-nique à la campagne. Ce serait bien de respirer de l'air pur.
(ou:) **À ta place, je déjeunerais dans le jardin. Les fleurs sont magnifiques et il faut en profiter.**

1. J'ai un peu d'argent. Est-ce que je dois faire un beau voyage ou acheter une voiture?

____

____

2. Je dois demander de l'argent à ma mère. Dois-je lui écrire une lettre, aller la voir ou lui téléphoner?

____

____

3. Je suis en colère contre mon ami Paul. Est-ce que je dois essayer de lui parler maintenant ou attendre d'être plus calme?

____

____

4. Je voudrais apprendre l'espagnol très vite. Est-ce que je dois faire un séjour en Espagne ou prendre des cours particuliers *(private language lessons)?*

____

____

5. Je n'ai aucun projet pour dimanche prochain. Est-ce que je dois étudier mon français, regarder un film ou lire un bon livre?

____

____

6. Je n'aime pas beaucoup mon travail. Est-ce que je dois chercher un autre travail ou reprendre mes études *(to go back to school)?*

____

____

7. Mes colocataires *(roommates)* sont très désordonné(e)s *(messy)*. Est-ce que je dois avoir une conversation sérieuse avec eux/elles ou choisir d'autres colocataires?

____

____

8. Mon frère a besoin de mon aide ce soir. Est-ce que je dois l'aider ou est-ce que je peux sortir avec mes amis?

____

____

9. Je n'ai pas assez d'argent. Je résilie mon assurance voiture *(car insurance)* ou je vends ma voiture?

____

____

10. Depuis les dernières vacances, j'ai beaucoup grossi *(put on weight)*. Est-ce que je dois suivre un régime *(to go on a diet)* ou faire du sport?

____

____

13. La mère poule *(The overprotective mother)*. Votre mère vous donne constamment des conseils dont vous n'avez pas besoin. Complétez ses phrases en utilisant le conditionnel et l'expression **au cas où.**

Modèle: Mets des sous-vêtements propres…
au cas où tu aurais un accident de voiture et que tu serais transporté(e) à l'hôpital.

1. Prends ce parapluie…

____

2. Emporte ton téléphone portable…

____

3. N'oublie pas ton portefeuille *(wallet)*…

____

4. Habille-toi de façon plus élégante…

____

5. Prends un pull-over…

____

6. Je t'ai fait un sandwich…

7. Tu ne veux pas emporter un livre avec toi…

8. Fais une liste de tout ce que tu dois acheter…

14. Imaginez! Écrivez un petit paragraphe sur un des sujets hypothétiques suivants. Utilisez le **conditionnel!**

a. Si j'étais président(e)… Si vous étiez président(e) des États-Unis, que feriez-vous? Pourquoi? Expliquez.

b. Si j'étais un animal… Si vous étiez un animal, quel animal seriez-vous? Pourquoi? À quoi ressembleriez-vous *(What would you look like)*, que mangeriez-vous, que feriez-vous pendant la journée… ?

15. Quel feuilleton...! ***(What a soap opera...!)*** Adeline parle à sa meilleure amie Lilou, qui pleure en lui expliquant ce qui lui est arrivé. Lisez ce qu'elle a fait et dites si vous auriez fait pareil. Sinon, dites ce que vous auriez fait différemment.

Modèle: Lilou a vu son copain *(boyfriend)* Julien embrasser une autre fille.
Elle s'est mise à *(started to)* pleurer.
Moi aussi, je me serais mis(e) à pleurer.
(ou:) **Moi, je serais resté(e) calme mais je serais parti(e) tout de suite.**

1. Elle a confronté Julien au milieu du centre commercial.

2. Elle s'est mise en colère devant tout le monde.

3. Elle a donné une gifle à *(slapped)* Julien.

4. Elle a posé des questions personnelles à l'autre fille.

5. Elle a plaqué *(dumped)* Julien avant qu'il puisse se défendre.

6. Elle est rentrée chez elle.

7. Elle s'est enfermée *(locked herself)* dans sa chambre.

8. Elle a refusé de répondre aux questions de sa mère qui s'inquiétait.

9. Elle a éteint *(turned off)* son portable.

10. Elle a enfin décidé de sortir avec ses amis pour l'oublier.

16. Blanche-Neige... autrement. Dans l'histoire de Blanche-Neige, les événements auraient pu se passer autrement *(could have happened differently).* Complétez les phrases suivantes avec la forme correcte du **passé du conditionnel.** Attention à l'accord du participe passé.

1. LE ROI: Si j'avais su que la reine était si méchante, je ne l(a) __________ (pas / épouser).
2. LE MIROIR: Si la reine ne m'avait pas demandé qui était la plus belle, elle n(e) __________ (jamais / apprendre) que Blanche-Neige était toujours vivante *(still alive).*
3. LES NAINS: Quelqu'un __________ (rester) tout le temps à la maison avec Blanche-Neige, si nous avions su que la cruelle reine viendrait chez nous.
4. BLANCHE-NEIGE: Si j'avais reconnu la reine qui était déguisée en vieille femme, elle ne(n') __________ (pas / réussir) à entrer chez nous.
5. LA REINE: Blanche-Neige n(e) __________ (pas / mordre) dans la pomme si elle avait su qu'elle était empoisonnée.
6. LES NAINS: Si nous avions su que Blanche-Neige était toujours vivante, nous ne l(a) __________ (pas / mettre) dans un cercueil en verre *(glass coffin).*
7. LE PRINCE: Si un de mes serviteurs n'avait pas trébuché *(stumbled)* en portant le cercueil, le morceau de pomme empoisonnée __________ (rester) dans la gorge *(throat)* de Blanche-Neige et elle ne __________ (jamais / revenir) à elle.
8. LES NAINS: Si elle ne s'était pas réveillée *(awakened),* Blanche-Neige et son prince ne __________ (pas / se marier).
9. LE PRINCE: Cette histoire n(e) __________ (pas / avoir) une fin heureuse si Blanche-Neige et moi ne nous étions pas mariés.
10. LES ÉTUDIANTS: Si nous n'avions pas étudié le passé du conditionnel, nous n(e) __________ (pas / pouvoir) faire cet exercice!

17. D'autres scénarios possibles. Proposez d'autres scénarios pour les situations suivantes. Utilisez le **plus-que-parfait** et le **passé du conditionnel** quand c'est approprié.

a. Faites une liste d'événements qui — si les choses s'étaient passées différemment — auraient changé votre vie. (Exemple: **Si mes parents ne s'étaient pas rencontrés, je ne serais pas né[e].**)

b. Paul a passé une année en France. Il a parlé anglais tout le temps, il a passé tout son temps avec d'autres Américains et il est souvent resté dans sa chambre à lire et à écrire à sa copine. Si vous aviez passé l'année dernière en France, qu'est-ce que vous auriez fait pour profiter au maximum de cette expérience? (Exemple: **Moi à sa place, j'aurais essayé de parler français. Je n'aurais *pas*…**)

18. Réunion de famille. Une famille se réunit pour une fête. Dans chaque phrase, mettez le verbe entre parenthèses à la forme convenable. Attention: Les verbes peuvent être au **présent,** au **futur,** à l'**imparfait,** au **conditionnel,** au **plus-que-parfait,** au **passé du conditionnel,** au **futur antérieur** ou à l'**impératif.**

1. Quand tu seras grand, est-ce que tu ________________ (faire) des gâteaux pour tes enfants?
2. Si vous ________________ (ne / pas aller) à tous leurs concerts quand ils étaient petits, vos enfants n'auraient probablement pas continué à faire de la musique.
3. Tu ________________ (savoir) expliquer cela à tes propres enfants si tu fais attention maintenant.
4. Si nous avions eu plus d'argent quand nous étions jeunes, nous ________________ (offrir) plus de cadeaux à nos enfants.
5. Si j'avais des enfants, je ne leur ________________ (permettre) pas de conduire ma voiture.
6. Aussitôt que mes enfants ________________ (commencer) l'école, je chercherai un poste à plein temps.
7. Si vous ne voulez pas que vos enfants se droguent, ________________ (parler)-leur des risques pour la santé.
8. L'oncle Paul ne serait pas écrivain aujourd'hui s'il ________________ (ne / pas lire) autant de livres quand il était enfant.
9. Si ma nièce ________________ (pouvoir) apprendre à parler français, je l'inviterai à faire un voyage en France avec moi.
10. Nous ________________ (réussir) mieux à l'école si Papa et toi, vous nous aidiez à faire nos devoirs.

19. Ça m'étonnerait! *(I find that hard to believe!)* Citez (ou inventez) quelques rumeurs ou croyances *(beliefs)* bizarres, mais utilisez le **conditionnel** (**présent** ou **passé**) pour montrer que vous n'êtes pas sûr(e) d'y croire.

Modèle: **La lune** serait **faite de fromage vert.** *(The moon is [supposedly] made of green cheese.)* **On *aurait capturé* des extraterrestres à la Zone 51** *(Aliens were [allegedly] captured in Area 51).*

1. ____
2. ____
3. ____
4. ____
5. ____

IV. Le discours indirect

When you quote someone directly, you use the same words, including the verb tenses, that the speaker did.

(*Dorothy is speaking*:) "My friends and I are off to see the Wizard right now!" If you were to quote her directly, you would simply say, "Dorothy said: 'My friends and I are off to see the Wizard right now.'"

If you were to quote her indirectly, however, summarizing what she said, you'd change certain verbs and other words in the sentence and say: "Dorothy said *that she and her friends were off* to see the Wizard *right then*."

Verb tenses are the most common thing that usually needs to be changed to convert direct speech (direct quotes) into indirect discourse. They follow the same basic pattern of changes that they do in English. Study these examples to see which verb tenses change when speech is quoted indirectly. Note that some subject pronouns, possessives, and time expressions may also need to change.

Verb in direct speech	Verb in indirect speech ("reported speech")
présent: Il a dit: «J'ai faim.»	**imparfait:** Il a dit qu'il avait faim.
imparfait: Ils ont dit: «Nous étions fatigués.»	**imparfait:** Ils ont dit qu'ils étaient fatigués.
passé composé: Elle a dit: «J'ai fini mon travail.»	**plus-que-parfait:** Elle a dit qu'elle avait fini son travail.
plus-que-parfait: J'ai dit: «J'avais oublié son anniversaire.«	**plus-que-parfait:** J'ai dit que j'avais oublié son anniversaire.
futur: Nous avons dit: «Nous organiserons une fête pour ce soir.»	**conditionnel:** Nous avons dit que nous organiserions une fête pour ce soir-là.
futur antérieur: Tu as dit: «J'aurais bientôt fini le travail.»	**conditionnel passé:** Tu as dit que tu aurais bientôt fini le travail.
conditionnel: Elles ont dit: «Nous voudrions aller au cinéma ce soir.»	**conditionnel:** Elles ont dit qu'elles voudraient aller au cinéma ce soir-là.
conditionnel passé: Vous avez dit: «J'aurais pu arriver plus tôt!»	**conditionnel passé:** Vous avez dit que vous auriez pu arriver plus tôt.

20. Un conte édifiant. Complétez cette histoire en faisant les changements nécessaires dans les temps des verbes au discours indirect.

1. Frank dit: «Je **suis** multitâche!»

   Frank a dit qu'il ______________________ multitâche.

2. Frank dit: «Je **vais composer** ce texto en roulant vite *(driving fast)*.

   Frank a dit qu'il ______________________ un texto en roulant.

3. Frank dit: «Comme ça, **j'arriverai** plus vite chez mes amis.»

   Frank a dit que comme ça il ______________________ plus vite chez ses amis.

4. Frank dit: «Je **suis parti** en retard.»

   Frank a dit qu'il ______________________ en retard.

5. Frank dit: «Et je **voudrais** être à l'heure pour la fête.»

   Frank a dit qu'il ________________________ être à l'heure pour la fête.

6. Frank dit: «Une fois que je **serai arrivé** chez mes amis…

   Frank a dit qu'une fois qu'il ________________________ chez ses amis…

BOUM! (*bruit d'un accident de voiture*)

7. Frank dit: «Une demi-heure plus tard, j'**étais** à l'hôpital!»

   Frank a dit qu'une demi-heure plus tard, il ________________________ à l'hôpital!

8. Frank dit: «Je **n'aurais pas dû** utiliser mon téléphone au volant *(behind the wheel)*.

   Frank a dit qu'il n' ________________________ utiliser son téléphone au volant.

9. Frank dit: «Si je **n'avais pas mis** ma ceinture de sécurité, je **serais** gravement blessé!»

   Frank a dit que s(i) ________________________ sa ceinture de sécurité, il ________________________ gravement blessé.

21. Questions hypothétiques. Demandez à un(e) camarade de classe ce qu'il/elle ferait dans les circonstances indiquées. Écrivez ses réponses et présentez-les à la classe.

Modèle: Si ton père fumait?

Vous: **Que ferais-tu si ton père fumait?**

Votre camarade de classe: **Je lui demanderais d'arrêter de fumer.**

Vous (à la classe): **Claire a dit qu'elle lui demanderait d'arrêter de fumer.**

1. Si tu n'étais pas prêt(e) à passer un examen très important?

   Vous: ________________________

   Votre camarade de classe: ________________________

   Vous (à la classe): ________________________

2. Si une amie française voulait porter le voile islamique?

   Vous: ________________________

   Votre camarade de classe: ________________________

   Vous (à la classe): ________________________

3. Si un(e) de tes amis était trop ivre *(drunk)* pour conduire?

   Vous: ________________________

   Votre camarade de classe: ________________________

   Vous (à la classe): ________________________

4. Si tu pouvais recommencer tes études?

   Vous: ________________________

   Votre camarade de classe: ________________________

   Vous (à la classe): ________________________

5. Si le service militaire était obligatoire pour tout le monde?

   Vous: ________________________

   Votre camarade de classe: ________________________

   Vous (à la classe): ________________________

6. **Si tu avais beaucoup plus de temps libre?**

Vous: ______________________________

Votre camarade de classe: ______________________________

Vous (à la classe): ______________________________

7. **Si tu gagnais un million de dollars à la loterie?**

Vous: ______________________________

Votre camarade de classe: ______________________________

Vous (à la classe): ______________________________

8. **Si tu voulais faire changer une loi?**

Vous: ______________________________

Votre camarade de classe: ______________________________

Vous (à la classe): ______________________________

9. **Si tu voyais quelqu'un tricher *(to cheat)* pendant un examen?**

Vous: ______________________________

Votre camarade de classe: ______________________________

Vous (à la classe): ______________________________

10. **Si tu voulais faire une bonne surprise à ton(ta) meilleur(e) ami(e)?**

Vous: ______________________________

Votre camarade de classe: ______________________________

Vous (à la classe): ______________________________

22. Visite présidentielle. Le président des États-Unis visite votre État pour sa campagne électorale. Votre ami(e) n'a pas pu aller le voir, alors vous lui rapportez les paroles du président sur votre portable, en faisant attention de bien respecter la concordance des temps.

Modèle: LE PRÉSIDENT: **Si je suis réélu, je changerai complètement le système de sécurité sociale.**
VOUS: **Le président a dit que s'il était réélu, il changerait complètement le système de sécurité sociale.**

1. LE PRÉSIDENT: Je défendrai encore plus les droits des opprimés *(oppressed)*.
   VOUS : ______________________________

2. LE PRÉSIDENT: J'aurai changé les lois sur l'immigration avant la fin de mon mandat.
   VOUS : ______________________________

3. LE PRÉSIDENT: J'irai sur les lieux de catastrophes naturelles aussitôt que possible.
   VOUS : ______________________________

4. LE PRÉSIDENT: Mon équipe aura mis en place un nouveau projet de protection de l'environnement avant la fin de l'année.
   VOUS : ______________________________

5. LE PRÉSIDENT: Les électeurs comprendront qu'ils doivent me réélire après avoir regardé le débat télévisé de jeudi prochain.
   VOUS : ______________________________

6. LE PRÉSIDENT: Mon adversaire ne fera aucun effort pour clarifier sa plateforme électorale d'ici-là *(between now and then)*.

   VOUS : ____________________

7. LE PRÉSIDENT: Les membres de l'opposition perdront beaucoup de sièges au Congrès.

   VOUS : ____________________

8. LE PRÉSIDENT: Vous serez ravis de m'accorder un second mandat!

   VOUS : ____________________

23. Erreur! On fait depuis toujours des prédictions sur le passé qui s'avèrent *(turn out to be)* fausses. Complétez les phrases suivantes en ajoutant la forme correcte du verbe au **conditionnel** pour exprimer le futur dans le passé.

Utilisez le **présent du conditionnel.**

1. L'hebdomadaire *U.S. News and World Report* a annoncé en 1969 qu'un jour, chaque famille ____________ (posséder) quatre ou cinq voitures.
2. Mais en 1970, le magazine *Life* a prétendu *(claimed)* qu'à l'avenir, toutes les familles ____________ (se déplacer) en hélicoptère plutôt qu'en voiture.
3. En 1969, deux professeurs américains ont dit que tous les enfants ____________ (commencer) l'école à l'âge de 2 ans.
4. Le scientifique et mathématicien Desmond King-Hele pensait que, dès les années 1990, on ____________ (pouvoir) acheter des téléviseurs qui ____________ (diffuser) leurs émissions en trois dimensions, avec des odeurs, des goûts et des sensations tactiles.

Utilisez le **passé du conditionnel.**

5. En 1901, Wilbur Wright a dit à son frère Orville que les hommes ____________ (ne / pas réussir) à voler *(to fly)* avant l'an 2001.
6. Edward Welsh, l'ancien secrétaire général de la NASA, a prédit qu'on ____________ (construire) au moins une station permanente sur la lune vers l'an 1982.
7. En 1964, le Révérend Billy Graham a prédit que le public ____________ (bientôt / oublier) les Beatles.
8. En 1990, John Elfreth Watkins, Jr., a dit qu'avant l'an 2001, les lettres C, X et Q ____________ (disparaître) de l'alphabet.

Et vous? Qu'est-ce qu'on disait à propos de *vous* quand vous étiez petit(e)? Est-ce que ces prédictions se sont réalisées?

Modèle: **Quand j'étais petite, tout le monde pensait que je deviendrais scientifique, mais je préfère les langues étrangères et la littérature. Je me spécialise en français. On a dit aussi que je serais très grande, et c'est vrai. Je suis aussi grande que mon père.**

À l'écoute!

 **Sous le voile… le racisme!** En France récemment, on parle beaucoup de ces élèves musulmanes qui veulent porter le foulard islamique à l'école. Le ministère de l'Éducation nationale a interdit cela au nom de la séparation entre l'Église et l'État. Écoutez le texte suivant dans lequel une jeune Française exprime ses opinions sur cette question. Ensuite, répondez aux questions.

Vocabulaire utile

franchir le pas	*cross the threshold*
les rejetons	*offspring*
user leur fond de culottes	*are educated*
sur les bancs	*on the benches*
egale	*equals*
écarter	*to separate*
celles dont (here)	*those women for whom*
priver de savoir	*to deprive of knowledge*
à sens unique	*one-sided*
qui consiste … à restreindre	*consists of limiting*
tenue vestimentaire	*clothing*

Première écoute

1. Comptez le nombre de fois où les mots «laïque» *(secular)* et «laïcité» *(secularism)* apparaissent dans ce texte. laïque _____ laïcité _____
2. Comptez le nombre de fois où vous entendez les mots «intégriste» *(fundamentalist)* et «intégrisme» *(fundamentalism)*. intégriste _____ intégrisme _____
3. La jeune Française pense que l'interdiction du foulard n'a pas été faite par souci de laïcité, mais plutôt pour des raisons ______________________.
4. La jeune Française a dit que pour bien des Français, le mot «musulman» était un synonyme d(e) ______________________.
5. Elle a dit: «Si l'on tolère ______________________ et kippa *(le chapeau que portent les garçons juifs)*, alors acceptons le foulard.»

Deuxième écoute

1. Le ton de ce texte est plutôt…
   a. critique et/ou sarcastique
   b. calme et philosophique
   c. amusé et amusant
2. Pour la jeune Française qui parle le problème n'est pas vraiment qu'on ait interdit le foulard en France, mais plutôt que ______________________________________.
3. Elle trouve amusant que certaines personnes qui défendent passionnément la laïcité envoient leurs enfants ______________________________________.
4. Le cri de ceux qui décrient l'intrusion d'un symbole religieux comme le foulard dans les écoles est: «C'est ______________________________________!»

Troisième écoute

1. La jeune Française suggère qu'on voit souvent les mêmes réactions quand une jeune fille portant un foulard arrive dans une école publique française. Citez une expression qu'elle utilise pour désigner la fréquence ou la longévité de ces réactions.

   ____

2. Pour elle, la laïcité n'est pas vraiment une question de vêtements, mais plutôt une question de (d') ____.

3. Selon elle qu'est-ce qui arrive si on exclut les jeunes filles musulmanes des écoles publiques françaises? Pourquoi est-ce qu'elle trouve cela si dommage?

   ____

   ____

4. La jeune Française utilise deux ou trois expressions qui sont particulièrement bien trouvées pour parler de ce sujet. Expliquez pourquoi les deux expressions suivantes sont amusantes:

   «un racisme… voilé»

   «les intégristes de la laïcité»

Atelier d'écriture

I. Le but: Rédiger un devoir d'à peu près 300 mots.

II. Le sujet: Comment décider d'une politique générale quand les désirs de certains individus semblent aller à l'encontre du (*go against, run counter to*) bien collectif? Prenons le cas de certains parents qui ne veulent pas faire vacciner leurs enfants contre les maladies infantiles, par peur des effets indésirables.

III. Élaboration du sujet: Aux États-Unis, on a presque vu l'élimination de plusieurs maladies infantiles, telles la varicelle (*chicken pox*), la rougeole (*measles*), les oreillons (*mumps*), la rubéole (*German measles*), la polio, la coqueluche (*whooping cough*). Mais petit à petit, certaines maladies commencent à réapparaître, en partie parce que certains parents refusent de faire vacciner leurs enfants. Les effets dévastateurs de ces maladies ont disparu de la mémoire collective de la société, ce qui suggère que nous sommes de nouveau vulnérables à des épidémies qui pourraient aujourd'hui être prévenues. Jusqu'à présent, la résistance à la vaccination de la part de certaines familles est plutôt marginale (environ 3%), mais elle peut atteindre jusqu'à 20% dans certaines régions. Pourtant, la question s'impose: que faire si certains parents refusent de faire vacciner leurs enfants? Comment peser les arguments en faveur des droits de l'individu contre ceux qui visent à privilégier le bien collectif?

IV. Pratique de vocabulaire. Utilisez six des expressions ou mots suivants dans une phrase complète qui parle de la controverse des vaccinations.

avoir le droit de	prévention (f.)
épidémie (f.)	protéger (contre) / protection (f.)
être responsable de	rendre obligatoire / exiger
nuisible (*harmful*)	risque (m.) (de)
prendre une décision	transmettre (une maladie)

1. ____
2. ____
3. ____

4. __________

5. __________

6. __________

V. Effets indésirables. Faites quelques recherches en ligne afin de savoir quels sont les effets indésirables (appelés aussi «effets secondaires») de certaines vaccinations, et essayez de déterminer si ces effets sont fréquents ou rares.

VI. «Ce n'est pas évident… ». Répondez aux questions suivantes pour vous aider à préparer votre devoir. Attention aux temps et aux modes des verbes, surtout dans les phrases avec **si**.

1. Si vous étiez parent, auriez-vous peur des effets indésirables des vaccinations?
2. Comment réagiriez-vous si l'Etat vous refusait le droit de prendre des décisions au sujet de vos propres enfants?
3. Si on permet aux parents de ne pas faire vacciner leurs enfants, quelles pourront en être les conséquences?
4. Que feront les parents si on interdit à leurs enfants d'aller à l'école publique sans être vaccinés?
5. Que diriez-vous à des parents qui refusent de faire vacciner leurs enfants?
6. Est-ce que l'Etat devrait pouvoir punir les parents qui refusent de faire vacciner leurs enfants? Comment? (Quelles devraient être les conséquences d'un tel refus?)
7. Jusqu'à quel point la loi peut-elle aller sans dénier les droits des parents?

VII. Écrivez un premier brouillon de votre devoir dans lequel vous (1) expliquez les avantages de la vaccination, tels que vous les voyez, ainsi que les risques entraînés par le refus de certaines personnes de faire vacciner leurs enfants (2) expliquez le point de vue des parents qui hésitent à faire vacciner leurs enfants, et (3) suggérez quelles démarches il faudrait commencer à suivre pour résoudre ce dilemme.

VIII. Au travail!

6 Le subjonctif

Sommaire

GRAMMAIRE

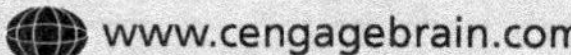

I. Le subjonctif présent

Thus far, most of the verb forms we have reviewed express facts, certainty, and reality and therefore are a part of the large class of tenses called collectively the *indicative mood.* In this chapter, we will examine a smaller class of tenses called the *subjunctive mood.* These tenses are used to express doubt, wishes, desires, obligation, emotion, necessity, and also are used in other subjective or hypothetical situations. The two main subjunctive tenses are the **présent du subjonctif** and the **passé du subjonctif.** The subjunctive mood has other tenses, which are found mostly in literary works written in past centuries and which will not be discussed in this chapter.

A. Formation du présent du subjonctif

1. La construction du subjonctif

Grammar Podcasts, Grammar Modules

The subjunctive needs to be "triggered" by a phrase (or "main clause") establishing the context of doubt, desire, emotion, necessity, or other "subjective" states. The verb in the subjunctive occurs in what is called a "dependent clause," introduced by a conjunction (usually **que**).

Main clause: necessity		*Dependent clause: subjunctive*
Il faut	**que**	tu **comprennes** la politique étrangère des États-Unis.
It's necessary	***that***	*you* ***understand*** *U.S. foreign policy.*
Main clause: emotion		*Dependent clause: subjunctive*
Les ouvriers ont peur	**que**	les conséquences de la mondialisation **soient** graves.
The workers are afraid	***(that)***	*the consequences of globalization* ***will be*** *serious.*

Remarque: Remember that there are only two commonly used tenses for the subjunctive (le **présent du subjonctif** and le **passé du subjonctif**). In the last example above, the idea of the future *(will be)* is expressed by simply using the present subjunctive **(soient).**

Remarque: In a few instances, the main clause that "triggers" the subjunctive is *understood,* but not *stated,* and the sentence begins with the "dependent" clause introduced by **que** and containing a verb in the subjunctive:

Que Dieu vous **bénisse!** *(May God bless you!)*

The "understood" clause is on the order of "We wish that . . .", or "May it come to pass that . . ."

You will see examples of subjunctive phrases beginning with **que** in Exercise 1, below.

2. Les formes régulières du subjonctif

As with other regular verb forms, a set of endings is added to a stem to form the subjunctive. To create the present subjunctive forms of most verbs, take the third person plural form of the present indicative (**ils/elles**) and replace the **-ent** ending with the subjunctive endings: **-e, -es, -e, -ions, -iez, -ent.** Examine these illustrative conjugations.

	parler	finir	descendre	se réveiller
stem	**parl-**	**finiss-**	**descend-**	**se réveill-**
que je	parle	finisse	descende	me réveille
que tu	parle**s**	finisse**s**	descende**s**	te réveille**s**
qu'il/elle/on	parle	finisse	descende	se réveille
que nous	parl**ions**	finiss**ions**	descend**ions**	nous réveill**ions**
que vous	parl**iez**	finiss**iez**	descend**iez**	vous réveill**iez**
qu'ils/elles	parl**ent**	finiss**ent**	descend**ent**	se réveill**ent**

Remarque:

- The forms of the present subjunctive of **-er** verbs look exactly like those of the present indicative except for the **nous** and **vous** forms, which are identical to the **imparfait.** In addition, the **nous** and **vous** forms of many non **-er** verbs look like those of the **imparfait** as well. The context in which the verb is used will keep you from confusing the **imparfait** and the **subjonctif.**

3. Les formes à deux radicaux (*two stems*)

In some cases, the **nous** and **vous** forms of the subjunctive use a different stem from the **je, tu, il/elle/on** and the **ils/elles** forms. Even in this case, the endings of all six forms are regular.

infinitive	stem for *nous-* and *vous-*forms	stem for other forms	subjunctive	
aller	nous/vous ***all-***	je (etc.) ***aill-***	que j'**aille** que tu **ailles** qu'il/elle/on **aille** qu'ils/elles **aillent**	que nous **allions** que vous **alliez**
boire	nous/vous ***buv-***	je (etc.) ***boiv-***	que je **boive** que tu **boives** qu'il/elle/on **boive** qu'ils/elles **boivent**	que nous **buvions** que vous **buviez**
recevoir	nous/vous ***recev-***	je (etc.) ***reçoiv-***	que je **reçoive** que tu **reçoives** qu'il/elle/on **reçoive** qu'ils/elles **reçoivent**	que nous **recevions** que vous **receviez**
tenir	nous/vous ***ten-***	je (etc.) ***tienn-***	que je **tienne** que tu **tiennes** qu'il/elle/on **tienne** qu'ils/elles **tiennent**	que nous **tenions** que vous **teniez**
venir	nous/vous ***ven-***	je (etc.) ***vienn-***	que je **vienne** que tu **viennes** qu'il/elle/on **vienne** qu'ils/elles **viennent**	que nous **venions** que vous **veniez**
voir	nous/vous ***voy-***	je (etc.) ***voi-***	que je **voie** que tu **voies** qu'il/elle/on **voie** qu'ils/elles **voient**	que nous **voyions** que vous **voyiez**
vouloir	nous/vous ***voul-***	je (etc.) ***veuill-***	que je **veuille** que tu **veuilles** qu'il/elle/on **veuille** qu'ils/elles **veuillent**	que nous **voulions** que vous **vouliez**

4. Les verbes à un radical au subjonctif

Some very commonly used verbs that have one irregular subjunctive stem for all six verb forms.

faire *(to do; to make)*

que je fasse	que nous fassions
que tu fasses	que vous fassiez
qu'il/elle/on fasse	qu'ils/elles fassent

pouvoir *(to be able to)*

que je puisse	que nous puissions
que tu puisses	que vous puissiez
qu'il/elle/on puisse	qu'ils/elles puissent

savoir *(to know[a fact])*

que je sache	que nous sachions
que tu saches	que vous sachiez
qu'il/elle/on sache	qu'ils/elles sachent

5. Avoir et être

The verbs **avoir** *(to have)* and **être** *(to be)* have special stems *and* different endings in the subjunctive.

avoir *(to have)*

que j'aie	que nous ayons
que tu aies	que vous ayez
qu'il/elle/on ait	qu'ils/elles aient

être *(to be)*

que je sois	que nous soyons
que tu sois	que vous soyez
qu'il/elle/on soit	qu'ils/elles soient

Remarques:

- The following impersonal verbs also have irregular subjunctive forms:

falloir	*(to have to, must)*	qu'il **faille**
pleuvoir	*(to rain)*	qu'il **pleuve**
valoir	*(to be worth)*	qu'il **vaille**

- Verbs that change or add accent marks in the present of the indicative do likewise in the present of the subjunctive.

acheter	*(to buy)*	que j'**achète**	que nous **achet**ions
espérer	*(to hope)*	que j'**espère**	que nous **espér**ions
lever	*(to raise)*	que je **lève**	que nous **lev**ions
mener	*(to lead)*	que je **mène**	que nous **men**ions
préférer	*(to prefer)*	que je **préfère**	que nous **préfér**ions

- Verbs whose infinitive ends in **-yer** show the following stem change:

employer	*(to use)*	que j'**emploie**	que nous **employ**ions
envoyer	*(to send)*	que j'**envoie**	que nous **envoy**ions

Exercices

1. À la vôtre! *(Here's to your health!)* Avec vos amis, vous assistez au mariage de deux amis français que vous aimez bien. Chacun de vous va porter un toast à la réception après le mariage. Complétez chaque toast en mettant la forme correcte du subjonctif.

1. Marion, que tu _______________ (être) toujours aussi radieuse que tu l'es aujourd'hui!
2. Christophe, que tu _______________ (prendre) toujours bien soin de ta femme!
3. Que vous _______________ (avoir) beaucoup d'enfants et une famille très unie!
4. Que vos enfants _______________ (pouvoir) grandir dans un monde où règnent la paix et la justice pour tous.
5. Que vous ne _______________ (se disputer) que rarement, et que vous _______________ (réfléchir) toujours avant de parler.
6. Marion, que tu _______________ (parler) toujours tendrement à Christophe et qu'il te _______________ (répondre) toujours avec douceur.
7. Que nous _______________ (se souvenir) toujours de ce jour heureux!
8. Allez, qu'on _______________ (boire) tous à la santé des mariés!

2. Du tourisme «responsable». Avec des amis, vous préparez un voyage qui vous permet d'être des voyageurs éco-responsables. Complétez les phrases suivantes avec des verbes au subjonctif

1. Il faut que nous _______________ (savoir) voyager de façon responsable.
2. Il est bon que nous _______________ (vouloir) protéger l'environnement, tout en voyageant
3. Il est important qu'on _______________ (comprendre) les problèmes environnementaux des autres pays.
4. Je suggère qu'on _______________ (aller) dans un pays où nous pouvons faire du bénévolat *(volunteer work)*.
5. Il est important que je _______________ (dire) à notre agence de voyages que nous n'aimons pas les grandes «chaînes» d'hôtels.
6. Il vaut mieux que nous _______________ (faire) attention à l'eau que nous consommons quand nous prenons une douche. Il ne faut pas gaspiller *(to waste)* l'eau.

7. Il est essentiel que nous _______________ (être) respectueux des coutumes locales.

8. Ce serait bien que nous _______________ (rapporter) des photos et que nous les _______________ (montrer) à nos amis.

B. Usage du présent du subjonctif

Although you may never have thought of it in this way before, you can probably see that when humans develop languages, they don't learn a set of "rules" *first*, and then make up a language that follows the "rules." This suggests that when people write grammar books, they are not creating "rules" for you to follow. Instead, they're trying to write an accurate *description* of the patterns and tendencies they observe regarding how native speakers use the language. However, no pattern imposed upon a living system will capture all of its nuances and variations—this explains why there are exceptions to "rules." In the discussion below, we will outline some rough categories to help you learn how the French use the subjunctive today. Don't waste time deciding whether a particular use makes sense or complaining that the French are inconsistent. Concentrate instead on developing the same reflexes regarding subjunctive usage that native speakers of French have; if you do, your French will sound grammatically correct to other speakers.

1. Utilisation obligatoire du subjonctif

The use of the subjunctive is usually "triggered" in the following situations:

- **Après beaucoup d' "expressions impersonnelles."** You will use the subjunctive after many expressions beginning with the impersonal pronoun **il**, such as **il faut que, il vaut mieux que, il est nécessaire que, il est important que, il est urgent que, il est temps que, il est préférable que, il est bon que, il est normal que, il est surprenant que,** etc. Note that these main clauses express notions of *necessity, judgment.* Use the subjunctive *regardless* of whether the sentence is affirmative, negative, or interrogative.

  Il est nécessaire que nous **consommions** moins d'énergie.

  Il n'est pas nécessaire que vous **ayez** trois voitures.

  Est-il temps que nous **analysions** les conséquences de la mondialisation?

  Remarque: The negative expression **Il ne faut pas que…** means *one may not or one must not.* If you mean "you don't *have* to," or "It is not (absolutely) necessary that . . . " then use **Il n'est pas obligatoire que** (+ subjunctive) or **être obligé(e) de** (+ infinitive). Exercise 4 below will help you reinforce this distinction.

- **Après les expressions d'émotion.** The presence of expressions of emotion in the main clause triggers the use of the subjunctive in the dependent clause, whether the sentence is in the affirmative, the negative, or the interrogative.

  J'**ai peur que** la diversité culturelle ne **disparaisse** à cause de la globalisation.[1]

  Je **regrette que** les citoyens des pays industrialisés ne **considèrent** pas toujours les conséquences de leurs actions pour les pays en voie de développement.

  Êtes-vous surpris que certaines personnes dans d'autres pays **soient** contre les fast-foods?

  Here are some examples of the many expressions that indicate emotion and therefore require the subjunctive:

être heureux (-euse) que	**être content(e) que**	**être enchanté(e) que**
être surpris(e) que	**être étonné(e) que**	**être désolé(e) que**
être triste que	**regretter que**	**craindre que**
être furieux (-euse) que	**avoir peur que**	

- **Après les expressions de volonté.** The term **volonté** *(will)* is a shorthand way of referring to such notions as desiring, wishing, advising, insisting, approving or disapproving, forbidding, and giving or asking permission. Here is a partial list of the many verbs that express "will" and therefore require the use of subjunctive:

[1]After expressions of fear, a meaningless **ne** is sometimes added: J'ai peur qu'elle **ne** disparaisse.

aimer (mieux)	**préférer**	**proposer**
demander	**vouloir (bien)**	**exiger**
souhaiter	**désirer**	**suggérer**
trouver bon	**trouver souhaitable**	**tenir à ce que**
s'opposer à ce que	**permettre**	

Notre patron **veut** absolument **que** nous **sachions** parler une ou deux langues étrangères.

Remarque: The French and English languages have different ways of talking about wanting someone to do something.

In English, we use an infinitive

I want him **to do** this.

He would like me **to do** that.

In French, use a verb of desire + **que** + **subject** + **verb** to express the same idea:

Je veux qu'il fasse ceci.

Il aimerait que je fasse cela.

However, if the subject of the first sentence wants to do something him/herself (rather than wanting someone else to do it), use an infinitive in the second half of the sentence.

Je veux faire ceci.

Il aimerait faire cela.

- **Après certaines conjonctions.** The subjunctive is also used after these conjunctions:

en attendant que, jusqu'à ce que	*until*
avant que	*before*
afin que, pour que	*in order that, so that*
de façon que	*so that*
à condition que, pourvu que	*on the condition that, provided that*
à moins que	*unless*
bien que, encore que, quoique	*although*
sans que	*without*
de crainte que, de peur que	*for fear that*

Je peux voyager en Europe cet été, **à moins que** l'euro ne **soit** trop fort.

Remarques:

- Use the subjunctive with these conjunctions whether the main verb is in the affirmative *or* the negative.
- In sentences containing the conjunctions **à moins que, avant que, de peur que,** and **de crainte que** you will sometimes see the particle **ne** before the verb, without the particle **pas** following it. This **ne** is a sort of "historical relic," and carries no negative meaning.

  Les femmes doivent continuer leur lutte pour la parité **de crainte que** les hommes **ne** retournent au statu quo *(for fear that men will return to the old status quo).*
- The following conjunctions are followed by the indicative — *not* the subjunctive.

aussitôt que	*as soon as*
dès que	*as soon as*
parce que	*because*
pendant que	*while*
peut-être que	*perhaps*
puisque	*since*
tandis que	*while, whereas*

Ces MP3 ne coûtent pas cher **parce que ce sont** des copies illégales.

- The conjunction **après que** *(after)* is in a category all of its own. Although many grammar books still say that it is followed by the indicative, this seems to be changing. Today, you will hear even highly educated people use the subjunctive after **après que.**

Exercices

3. Monsieur/Madame le/la candidat(e) se prononce ***(The candidate expresses her opinions).*** Vous êtes candidat(e) aux prochaines élections présidentielles. Vous parlez avec des électeurs *(voters)* qui expriment leurs sentiments sur la situation mondiale. Réagissez à leurs commentaires en utilisant une expression impersonnelle. Ajoutez d'autres commentaires pour que les électeurs puissent mieux vous connaître! (e.g., **À mon avis, il est important... , Il ne faut pas... ,** etc.)

Modèle: Je pense que nous exploitons les pays pauvres.
Il est injuste que nous exploitions les pays pauvres. (Il faut plutôt les aider.)

Expressions utiles

Il (ne) faut (pas) que	Il (n')est (pas) bon que	Il est nécessaire que
Il est essentiel que	Il est honteux que	Il est choquant que
Il est juste / injuste que	Il est préférable que	Il vaut mieux que

1. Mon entreprise voudrait construire des usines *(factories)* en Asie.

   ____

2. Nous pensons que le taux de chômage *(unemployment rate)* est trop élevé. Est-ce qu'on peut le faire baisser *(to lower)?*

   ____

3. Il y a beaucoup de sans-abri *(homeless people)* dans notre pays.

   ____

4. Beaucoup de jeunes veulent faire du bénévolat *(volunteer work),* en travaillant pour des organisations non gouvernementales *(NGOs).*

   ____

5. L'utilisation de produits chimiques *(chemicals)* dans l'agriculture augmente.

   ____

6. Beaucoup de familles dans les pays en voie de développement ne peuvent pas nourrir leurs enfants.

   ____

7. Aujourd'hui, tous les enfants du monde ne sont pas assurés de recevoir un bon niveau d'instruction.

   ____

8. Différents pays s'unissent contre le terrorisme.

   ____

4. Obligatoire ou facultatif? ***(Required or optional?)*** Une connaissance française, Laurence, va visiter les États-Unis en voiture. Vous lui expliquez le code de la route aux États-Unis. Utilisez les expressions **Il faut que vous, Il ne faut pas que vous** et **Vous n'êtes pas obligé(e) de** avec les idées suivantes. Il y a peut-être plus d'une réponse possible. Ajoutez une petite explication, si vous voulez.

Modèle: Rouler à droite
Il faut que vous rouliez à droite. (C'est normal pour vous, n'est-ce pas?)

Payer pour vous garer *(to park)* dans la rue le dimanche.
Vous n'êtes généralement pas obligé(e) de payer pour vous garer dans la rue le dimanche. (Mais pour être sûr(e), lisez ce qui est écrit sur le parcmètre.)

1. Attacher votre ceinture de sécurité *(seatbelt)* quand vous roulez en voiture.

____

2. Prendre le volant *(take the wheel)* si vous avez trop bu.

____

3. Respecter la limite de la vitesse sur les autoroutes.

____

4. Mettre vos phares *(headlights)* pendant la journée.

____

5. Descendre de la voiture si vous êtes arrêté(e) *(stopped)* par la police.

____

6. Pouvoir prouver que la voiture est assurée *(insured)*.

____

5. Tout le monde a une opinion! Exprimez vos propres opinions en complétant les phrases suivantes. À vous de choisir le sujet, mais n'oubliez pas d'utiliser le subjonctif!

Modèle: Il est nécessaire que
Il est nécessaire que nous payions nos impôts *(pay our taxes)*.
(C'est le devoir *(duty)* de tous les citoyens.)

1. Il est important que ______________________________
2. Il est temps que ______________________________
3. Il est injuste que ______________________________
4. Il est surprenant que ______________________________
5. Il vaut mieux que ______________________________

6. Nous avons bien reçu votre carte… *(We got your card . . .)* Vous avez reçu beaucoup de cartes de vœux *(greeting cards)* de vos amis qui vous racontent ce qui se passe dans leur vie. Répondez à leurs cartes en donnant une réponse appropriée. Utilisez une expression d'émotion dans chaque phrase.

Modèle: Notre fille est divorcée maintenant.
Nous sommes surpris que votre fille soit divorcée. (Pourquoi, si ce n'est pas trop indiscret?)

1. Notre fils finira bientôt ses études.

____

2. Mon mari est gravement malade.

____

3. À 40 ans, Juliette vient d'avoir un troisième enfant!

____

4. Nous connaissons vos voisins!

____

5. On va détruire notre ancienne école primaire. C'est terrible!

____

6. Notre vieux professeur a un cancer.

____

7. Soutien moral *(Moral support).* Vous parlez avec votre meilleur(e) ami(e), et vous essayez de l'encourager, de le/la rassurer, de le/la consoler, etc. Utilisez toujours la structure **Je + expression d'émotion + que tu…**, et variez les expressions et les verbes que vous utilisez.

Modèle: **Je suis désolé(e) que tu ne réussisses pas bien en maths.**

1. ______________________________
2. ______________________________
3. ______________________________
4. ______________________________
5. ______________________________

8. À chacun son dada! *(To everyone his/her pet idea.)* Lors d'une réunion dans une grande compagnie internationale, tout le monde exprime ses opinions. Exprimez un désir logique pour chaque individu ou groupe représenté ci-dessous. Variez les expressions de volonté que vous utilisez.

Désirs
La valeur des actions *(stock values)* reste haute.
La compagnie ne produit pas de déchets *(waste)* qui polluent.
Les dividendes sont élevés.
Des améliorations environnementales peuvent se faire sans coûter trop cher.
L'administration prend au sérieux le licenciement *(firing, layoff)* des ouvriers.

Modèle: **Le PDG (Président-Directeur général = *CEO*) veut que la compagnie croisse toujours.**

1. Le directeur administratif et financier (*CFO*) ______________________________

____

2. Les actionnaires *(stockholders)* ______________________________

____

3. Les environnementalistes ______________________________

____

4. Le conseil d'administration *(Board of Directors)* ______________________________

____

5. Les ouvriers *(workers)* ______________________________

____

9. Les conjonctions en français. Racontez l'histoire familière de Cendrillon en reliant chaque fois les deux phrases données avec la conjonction indiquée entre parenthèses. Utilisez le subjonctif quand c'est nécessaire.

1. Recevant l'invitation du roi, les belles-sœurs disent à Cendrillon: «Tu peux aller au bal. *(on the condition that)* Tu finis tout ton travail.»

   Tu peux aller au bal...

2. Cendrillon travaille dur. *(so that, in order that)* Ses belles-sœurs — et elle — sont prêtes à y aller.

   ____

3. Cendrillon aide ses belles-sœurs à faire leur toilette. *(before)* Elles vont au bal.

   ____

4. Les belles-sœurs disent cruellement à Cendrillon: «Eh bien, nous t'emmenons avec nous. *(unless)* Tu n'as pas de robe de soirée.»

   ____

5. La marraine *(godmother)* de Cendrillon arrive. *(as soon as)* Les belles-sœurs s'en vont.

   ____

6. Elle donne une robe et un carrosse *(carriage)* à Cendrillon. *(so that, in order that)* La jeune femme peut aller au bal, elle aussi.

   ____

7. Cendrillon s'amuse beaucoup au bal. *(until)* Elle entend sonner minuit.

   ____

8. Perdant une de ses chaussures, elle part. *(without)* Le prince découvre son identité.

   ____

9. Elle court vite. *(for fear that)* Le prince la voit dans son état habituel.

   ____

10. Le prince cherchera Cendrillon. *(until)* Il réussit à la trouver.

   ____

11. Quand l'envoyé arrive, Cendrillon se cache. *(so that, in order that)* Il ne la reconnaît pas.

   ____

12. Les sœurs savent que le prince va se marier avec une demoiselle du royaume. *(provided that)* La chaussure lui appartient.

   ____

13. Le roi est content. *(because)* Son fils a trouvé une épouse.

____

14. Le roi accepte le mariage. *(although)* Le prince veut se marier avec une jeune femme du peuple (*a commoner*).

____

2. Subjonctif ou indicatif?

Up until now, we have introduced expressions that *always* use the subjunctive. For instance, a conjugated verb coming after an expression of emotion will *always* require the subjunctive, whether the sentence is negative or affirmative. We will now examine three cases in which the meaning of the sentence determines whether you will use the subjunctive or the indicative.

a. Le doute ou la certitude? When your sentence implies doubt or mere possibility, use the subjunctive. When the sentence implies greater certainty, use the indicative. Compare:

Je doute que Thomas **vienne.**	*doubt*	*subjunctive*
Je suis sûr(e) que Thomas **viendra.**	*certainty*	*indicative (future)*
Je ne doute pas que Thomas **viendra.**	*certainty*	*indicative (future)*
Je ne suis pas sûr(e) que Thomas **vienne.**	*doubt*	*subjunctive*

Notice that this choice is not based on whether the main clause is affirmative or negative. In this case, the mode being used (indicative or subjunctive) is determined by whether the main clause suggests *certainty* or *doubt.*

Here is a partial list of expressions that express doubt or uncertainty and therefore require the subjunctive:

Il semble que
Il est peu probable que
Il n'est pas vrai que
Il n'est pas probable que
Il n'est pas évident que
Il n'est pas clair que
Je ne dis pas que
Je ne trouve pas que
Je ne crois pas que
Je ne pense pas que
Je ne suis pas sûr(e) / certain(e) que
Il n'est pas sûr / certain que
Je doute que
Il est (im)possible que
Il se peut que
Est-il vrai que…?
Est-il probable que...?
Est-il évident que...?
Est-il clair que...?
Dis-tu que...?
Trouves-tu que...?
Croyez-vous que...?
Penses-tu que...?
Es-tu sûr(e) / certain(e) que...?
Est-il sûr / certain que...?
Je n'espère pas que

Other forms of these expressions that imply greater *certainty* call for the use of the indicative:

Il est probable que
Il est évident que
Il est clair que
Il est vrai que
Je dis que
Je trouve que
Je crois que
Je pense que
J'espère que
Je suis sûr(e) / certain(e) que
Je ne doute pas que

b. Certaines propositions relatives.[2] Some sentences containing a main clause, a relative pronoun, and a dependent clause can contain a verb in either the subjunctive or the indicative. The selection of subjunctive or indicative depends on the meaning you intend—how likely

[2]Relative pronouns will be explained in Chapter 8.

or attainable you consider the concept described in the relative clause. Compare the two possibilities:

Cherchons un village **où** il n'y **a/ait** pas de Macdo!
Nous recherchons un représentant **qui sait/sache** parler trois langues étrangères.

In the first example, the verb **a** indicates *I think we can find a village where there is no McDonald's,* whereas the subjunctive form, **ait,** would suggest that *I have no idea whether such a village exists.* In the second example, **sait** suggests *I believe a person who speaks three foreign languages can be found,* whereas **sache** would indicate that *I believe finding such a person is more problematic.*

c. Phrases superlatives. The subjunctive is also sometimes after superlatives. When the superlative statement expresses an opinion or a subjective state of mind, use the subjunctive in your dependent clause. Use the indicative to convey ideas that are matters of fact. Compare:

C'est le meilleur restaurant qu'il y **ait** à Québec!	(This is my excited opinion—others might disagree, of course.)
C'est le plus haut bâtiment qu'il y **a** à Québec.	(This can be measured and verified—we would all agree.)

Exercices

10. Le bon réflexe. Avec les expressions de doute et de certitude, il faut développer le bon réflexe! Pour chacune des expressions suivantes, indiquez s'il faut utiliser le subjonctif ou l'indicatif.

1. Nous ne pensons pas que	subj.	indic.
2. Il semble que	subj.	indic.
3. Il se peut que	subj.	indic.
4. Il est probable que	subj.	indic.
5. Est-ce vrai que...?	subj.	indic.
6. Il est évident que	subj.	indic.
7. J'espère que	subj.	indic.
8. Pensez-vous que…?	subj.	indic.
9. Nous disons que	subj.	indic.
10. Est-ce possible que…?	subj.	indic.
11. Nous trouvons que	subj.	indic.
12. Je ne crois pas que	subj.	indic.
13. Il est peu probable que	subj.	indic.
14. Ce n'est pas évident que	subj.	indic.
15. Il est clair que	subj.	indic.
16. Je ne doute pas que	subj.	indic.
17. Nous ne sommes pas sûrs que	subj.	indic.
18. Est-il probable que…?	subj.	indic.
19. Espérez-vous…?	subj.	indic.

11. La conférence de presse. Deux féministes célèbres font une conférence de presse sur votre campus. L'un(e) est positif (-ive), l'autre pas. Remplacez l'expression *en italique* par l'expression entre parenthèses. Faites les autres changements nécessaires et utilisez le subjonctif quand vous exprimez du doute.

Modèle: *Je pense* que la parité est une réalité. (Je ne pense pas)
Je ne pense pas que la parité soit une réalité.

1. *Il est probable* que le gouvernement fait de son mieux. (Il est possible)

____

2. *Je pense* que les livres de Simone de Beauvoir ont une influence remarquable sur les femmes d'aujourd'hui. (Je ne pense pas)

____

3. *Il est certain* que les hommes veulent éliminer l'inégalité. (Je doute)

____

4. *Nous savons* que les femmes de l'Europe du Nord opèrent des changements radicaux pour améliorer la condition féminine. (Nous doutons)

____

5. *Il ne fait aucun doute* que nous pouvons faire mieux. (Je ne crois pas)

____

6. *Je suis sûre* que la parité des salaires se produira bientôt. (Il est très douteux)

____

7. *Nous espérons* que la condition des femmes s'améliorera partout dans le monde. (Ça m'étonnerait)

____

8. *Il est vrai* que nous recevons beaucoup d'argent pour la cause des femmes. (Il n'est pas sûr)

____

9. *Il est certain* que les jeunes femmes d'aujourd'hui sont féministes. (Nous ne pensons pas)

____

10. *Je sais* que les femmes se lancent de plus en plus dans le domaine scientifique. (Il est peu probable)

____

12. Doucement! La Terre est fragile! *(Gently! The Earth is fragile!)* Que pouvez-vous faire pour aider l'environnement? Terminez les phrases avec le subjonctif ou l'indicatif.

Modèle: J'ai honte que
J'ai honte que nous buvions de l'eau en bouteille.

1. Il faudrait que je ______________________________
2. Je pense que nous ______________________________
3. Mon amie achète des vêtements d'occasion *(used)* parce que ______________________________

____

4. Je suis impressionné(e) que tu ______________________________
5. Je propose que nous ______________________________
6. Je fais des efforts pour recycler, bien que ______________________________

13. Au secours! *(Help!)* Vous faites du tourisme dans un pays francophone. Posez des questions à votre guide (votre partenaire) en utilisant le subjonctif quand c'est nécessaire. Il/elle répondra de même. Suivez le modèle.

Modèle: un magasin / prendre des dollars américains
— Y a-t-il un magasin qui prenne des dollars américains?
— Oui, il y a un magasin qui prend des dollars américains. Il est là-bas.
(ou:) **— Non, il n'y a pas de magasin qui prend des dollars américains. Je suis désolé(e).**

1. un cinéma / montrer des films américains

— ______________________________

— ______________________________

2. un kiosque / recevoir le *New York Times*

— ______________________________

— ______________________________

3. un restaurant / servir des plats végétariens

— ______________________________

— ______________________________

4. un pharmacien / vendre des médicaments naturels

— ______________________________

— ______________________________

5. un bus / aller au musée d'histoire

— ______________________________

— ______________________________

6. un hôtel / être climatisé (*air conditioned*)

— ____

— ____

7. un étudiant / vouloir apprendre l'anglais

— ____

— ____

8. un interprète / pouvoir m'aider

— ____

— ____

9. un magasin de chaussures / accepter la carte bleue (= la carte Visa)

— ____

— ____

10. un chanteur / faire un concert ce week-end

— ____

— ____

3. Subjonctif ou infinitif *(suite)*?

Sometimes, an infinitive is used in place of the subjunctive. Let us examine the situations in which this occurs.

a. After an impersonal expression (**Il est [adjectif]**), an infinitive construction is sometimes used instead of the subjunctive, in order to express a more general meaning. Compare:

Il est important **que tu réfléchisses** à ce que tu fais.

It is important ***for you*** *to think about what you're doing.*

Il est important **de considérer** les implications globales de ses actions.

It is important ***(in general)*** *to consider the global implications of one's actions.*

With all impersonal expressions except **il faut** and **il vaut mieux,** the infinitive must be introduced by the preposition **de.**

b. When the subject of the main clause is different from the subject of the dependent clause, you will use a conjugated verb in both clauses.

Je souhaite que **les Français** continuent à vendre du fromage artisanal.

I *hope that* ***the French*** *will continue to sell cheese made using traditional methods.* [**I** and **the French** are two different subjects, and **souhaite** and **continuent** are both conjugated verbs.)

However, when the subject of the main clause and the subject of the dependent clause would be the same, an infinitive is generally used instead of a conjugated verb in the second part of the sentence. Compare:

Les Français veulent **continuer** à vendre du fromage artisanal. (**Les Français** is the subject of the first verb, and would have been the subject of the second as well, so the second verb (**continuer**) is used in its infinitive form instead.

Jeanne est sûre de **venir.** (**Jeanne** is the subject of the first verb, and would have been the subject of the second as well, so the second verb (**venir**) is used in its infinitive form instead.

Je suis sûr(e) qu'**elle** viendra. (***I*** *am sure that* ***she*** *will come.* [**I** and **she** are two different subjects, so **suis** and **viendra** are both conjugated verbs.])

c. Most of the conjunctions that require the subjunctive have a similar form that is used to introduce an infinitive.

+ conjugated verb		*+ infinitive*
en attendant que	*until*	**en attendant de**
avant que	*before*	**avant de**
afin que, pour que	*in order that, so that*	**afin de, pour**
à condition que	*provided that*	**à condition de**
à moins que	*unless*	**à moins de**
sans que	*without*	**sans**
de crainte que, de peur que	*for fear that*	**de crainte de, de peur de**

Compare:

Je veux le voir **avant qu'il parte.** *(I want to see him before **he** leaves. [two different subjects])*

Je veux le voir **avant de partir.** *(I want to see him before **I** leave [or, "before leaving"—only one subject].)*

However, **jusqu'à ce que, pourvu que, bien que,** and **quoique** have no alternate form for introducing infinitives. So, even when you have the same subject in both clauses of your sentence, you will use the subjunctive.

J'étudierai **jusqu'à ce que je comprenne** le subjonctif.

One more thing about infinitives: When you negate them, place both the **ne** and the **pas** before the infinitive and before any object pronouns that accompany the infinitive.

Je préfère **ne pas** y aller.

Je regrette de **ne pas** comprendre.

Exercices

14. Des souhaits *(Wishes).* Créez des phrases en utilisant les sujets donnés pour exprimer les souhaits des personnes suivantes. Dans la deuxième partie de la phrase, utilisez trois fois un infinitif, et trois fois un verbe au subjonctif.

Modèle: Je **veux voyager un jour.**
Mes parents **exigent que mon frère leur téléphone s'il rentre tard.**

1. Je ______________________________
2. Mon/Ma meilleur(e) ami(e) ______________________________
3. Nos professeurs ______________________________
4. Mes parents ______________________________
5. Mes amis et moi, nous ______________________________
6. Tout le monde ______________________________

15. La fête de l'indépendance. Pierre s'installe dans un petit appartement car il commence bientôt ses études à l'université. Ses parents ont des exigences *(demands)*, mais Pierre n'est pas d'accord. Jouez les rôles de Pierre et de ses parents en utilisant le subjonctif ou l'infinitif selon les besoins de la phrase.

Modèle: nous envoyer des copies de toutes tes factures *(bills)*

LES PARENTS: **Nous voulons que tu nous envoies des copies de toutes tes factures.**

PIERRE: **Je ne veux pas vous envoyer des copies de toutes mes factures.**

Expressions de volonté que peuvent utiliser les parents

aimer (mieux)
préférer
proposer
demander
vouloir (bien)
ne pas vouloir
exiger
souhaiter
désirer
suggérer
trouver bon
trouver souhaitable
tenir à ce que
s'opposer à ce que
permettre
ne pas permettre

Expressions que peut utiliser Pierre dans ses réponses

refuser (de)
vouloir
ne pas vouloir
trouver ridicule (inadmissible, stupide, etc.) de
tenir à
tenir à ne pas + infinitif
préférer
préférer ne pas + infinitif
ne pas accepter de

1. se couchez toujours avant minuit

   Les parents: ____________________

   Pierre: ____________________

2. faire souvent le ménage chez toi

   Les parents: ____________________

   Pierre: ____________________

3. nous écrire une fois par semaine

   Les parents: ____________________

   Pierre: ____________________

4. prendre le bus pour faire des économies

   Les parents: ____________________

   Pierre: ____________________

5. rendre visite à ta grand-mère tous les jours

   Les parents: ____________________

   Pierre: ____________________

6. rentrer chez nous tous les week-ends

   Les parents: ____________________

   Pierre: ____________________

7. attendre l'année prochaine pour acheter des meubles *(furniture)*

   Les parents: ____________________

   Pierre: ____________________

8. ne pas inviter des amis chez toi

   Les parents: ____________________

   Pierre: ____________________

9. ???? (d'autres «suggestions» de votre choix)

   Les parents: ____________________

   Pierre: ____________________

16. Voilà, c'est ma vie. Complétez les phrases suivantes avec une proposition *(clause)* subordonnée (où le verbe est conjugué à l'indicatif ou au subjonctif) ou avec une construction à l'infinitif, suivant les besoins de la phrase.

Modèles: Je serai satisfait(e) de mon travail, à condition que…
Je serai satisfait(e) de mon travail, à condition qu'il soit intéressant.

Je serai satisfait(e) de mon travail, à condition de…
Je serai satisfait(e) de mon travail, à condition de faire quelque chose d'utile.

1. Le samedi soir, je sortirai avec mes amis pourvu que...

___

2. Je dors tard le dimanche matin à moins de…

___

3. Si je fais du bénévolat avec des amis, peut-être que nous…

___

4. Beaucoup de mes amis se sont arrêté de fumer de peur de…

___

5. Je me sens frustré(e) quelquefois bien que…

___

6. Dans mon université, on étudie beaucoup parce que…

___

7. Je ne serai pas content(e) jusqu'à ce que…

___

8. Mes parents ont travaillé dur pour…

___

9. Je me sens adulte depuis que…

___

10. J'essaie d'être très actif (-ive) sans…

___

17. Mes prochaines vacances. En pensant à vos prochaines vacances, complétez les phrases suivantes — soyez réaliste ou tout à fait fantaisiste! Attention! Faut-il utiliser un infinitif ou un verbe conjugué?

1. Je voudrais ______________________________
2. J'aimerais que mon meilleur ami / ma meilleure amie ______________________________
3. Mon ami(e) préférerait trouver un endroit *(place)* où ______________________________
4. Il faudrait que nous ______________________________
5. Nous serions ravi(e)s ______________________________
6. Nous y resterons jusqu'à ce que ______________________________

II. Le passé du subjonctif

A. Formation

Grammar Podcasts, Grammar Modules

The **passé du subjonctif** is a compound tense, meaning that it is comprised of an auxiliary (**avoir** or **être**) and a past participle. The auxiliary verb is conjugated in the *present subjunctive,* and all the rules governing the selection of **avoir** and **être** and past participle agreement are the same as the ones you learned for the other compound tenses (**passé composé, plus-que parfait**, etc.).

manger
que j'aie mangé
que tu aies mangé
qu'il/elle/on ait mangé
que nous ayons mangé
que vous ayez mangé
qu'ils/elles aient mangé

partir
que je sois parti(e)
que tu sois parti(e)
qu'il/elle/on soit parti(e)(s)
que nous soyons parti(e)s
que vous soyez parti(e)(s)
qu'ils/elles soient parti(e)s

s'amuser
que je me sois amusé(e)
que tu te sois amusé(e)
qu'il/elle/on se soit amusé(e)(s)
que nous nous soyons amusé(e)s
que vous vous soyez amusé(e)(s)
qu'ils/elles se soient amusé(e)s

B. Usage

The **passé du subjonctif** is used instead of the **présent du subjonctif** to describe actions that took place in a time frame *before* that of the main clause. Contrast:

Je regrette que Paul **parte.** — *I regret that Paul is leaving (now, or in the future).*
Je regrettais que Paul **parte.** — *I regretted that Paul was leaving (at that time).*
Je regrette que Paul **soit parti.** — *I regret (now) that Paul left (some time earlier).*

J'étais ravi que tu **aies offert** des fleurs à ta femme.
I was delighted [at a certain point] that you had given flowers to your wife (some time before).
J'étais triste qu'elle **refuse** de te voir.
I was sad that she was refusing [at that same time] / would refuse (in the future) to see you.

Just as was the case with the present subjunctive, it is necessary to use the "infinitive form" of the **passé du subjonctif** to avoid repeating the same subject in the two clauses of your sentence. The use or non-use of the preposition **de** and the position of the **ne** and the **pas** in negative sentences follow the same patterns as for the present subjunctive. The same rules of agreement of the past participle apply.

Je regrette **qu'elle ne soit pas venue à la fête.**
Elle regrette **de ne pas être venue à la fête.**

Nous sommes frustrés **que Marc n'ait pas compris** vos explications.
Nous sommes frustrés **de ne pas** les **avoir comprises.**

Tableau récapitulatif

	dependent clause in present / future time	***action of dependent clause happened first***
one subject	present infinitive (e.g., **faire**)	past infinitive (e.g., **avoir fait**)
two subjects	present subjunctive (e.g., **que je fasse**)	past subjunctive (e.g., **que j'aie fait**)

Exercices

 **18. Des excuses, toujours des excuses!** Avec un(e) partenaire, jouez les rôles d'Alain, qui a oublié d'offrir des fleurs à sa copine pour la Saint-Valentin, et de la copine qui exprime ses doutes.

Modèle: — Je ne t'ai pas offert de fleurs parce que… j'ai oublié mon portefeuille.
— Écoute, Alain! Je doute que tu aies oublié ton portefeuille!

— Je ne t'ai pas offert de fleurs parce que…

1. j'ai eu un pneu crevé.

 — ____________________

2. je me suis foulé la cheville *(sprained my ankle).*

 — ____________________

3. je suis tombé dans l'escalier.

 — ____________________

4. j'ai été frappé d'amnésie.

 — ____________________

5. le fleuriste a fermé plus tôt que d'habitude aujourd'hui.

 — ____________________

6. mes parents sont venus me voir au bureau.

 — ____________________

7. le directeur m'a renvoyé *(fired).*

 — ____________________

8. tu m'as dit que tu n'aimais pas les fleurs.

 — ____________________

9. les fleurs ont été volées *(stolen).*

 — ____________________

10. ??? (Qui peut inventer l'excuse la plus créative?)

 — ____________________

19. Une manifestation *(A demonstration).* Exprimez les opinions des participant(e)s à la manifestation pour les droits de la femme en utilisant le subjonctif passé ou un infinitif passé. Variez les expressions que vous utilisez.

Modèle: les femmes / être dominées si longtemps
C'est dommage que les femmes aient été dominées si longtemps.
(ou) **Elles sont furieuses d'avoir été dominées si longtemps.**

1. elles / parcourir tant de chemin en un siècle

 — ____________________

2. elles / rester silencieuses si longtemps

 — ____________________

3. elles / se mettre à revendiquer *(demand)* l'égalité

 — ____________________

4. elles / tellement influencer les hommes

 — ____________________

5. elles / être maltraitées pendant des siècles

 — ____________________

6. elles / réagir au 20e siècle

— ______________________________

7. elles / finalement obtenir le droit de vote

— ______________________________

8. ???

— ______________________________

20. On fait le bilan. ***(Summing things up.)*** Avant de mourir, différentes célébrités réfléchissent aux événements de leur vie. Écrivez cinq phrases au passé qui exliquent leurs sentiments (utilisant des constructions infinitives ou subjonctives). Variez les verbes et les expressions que vous utilisez.

Modèle: (George Washington:) **Je regrette d'avoir abattu le cerisier *(chopped down the cherry tree).***
(Bill Clinton:) **Je suis content que ma femme ait joué un rôle important dans la politique américaine.**

1. ______________________________
2. ______________________________
3. ______________________________
4. ______________________________
5. ______________________________

III. *Faire* causatif

In French, it is normally the subject that performs the action expressed by the verb.

Monsieur Betancourt récitait toujours le poème.
Monsieur Betancourt always recited the poem.

Les élèves de Monsieur Betancourt *récitaient toujours le poème.*
Monsieur Betancourt's pupils always recited the poem.

However, you can use a special infinitive construction to express the idea of *having someone else do something,* or *making someone else do something.*

- The verb **faire** should be conjugated in the appropriate tense. An infinitive is then added. (Although we sometimes call this construction **faire faire,** the second verb does not have to be **faire.**)

  Monsieur Betancourt **faisait** toujours **réciter** le poème.
  *Monsieur Betancourt always **had** the poem **recited.***

  Monsieur Betancourt **faisait** toujours **réciter** ses élèves.
  *Monsieur Betancourt always **had/made** his pupils **recite.***

- Note that when the verb has only one object, it is always a direct object, as in the examples above. When there are two objects in the same sentence, the entity performing the action of the infinitive becomes an indirect object and is is introduced by **à** (**par** is sometimes used instead of **à**).

  Monsieur Betancourt faisait toujours réciter le poème **à ses élèves.**
  *Monsieur Betancourt always had/made **his pupils** recite the poem.*

- The noun objects in ***faire* causatif** sentences can be replaced by direct and indirect object pronouns.

  Monsieur Betancourt faisait toujours réciter **ses élèves.**
  Monsieur Betancourt **les faisait** toujours réciter. (*Monsieur Betancourt always* ***had/made them*** *recite.*)

  Monsieur Betancourt **faisait** toujours réciter **le poème.**
  Monsieur Betancourt **le faisait** toujours réciter. (*Monsieur Betancourt always had* ***it*** *recited.*)

  Monsieur Betancourt faisait toujours réciter **le poème à ses élèves.**
  Monsieur Betancourt **le leur** faisait toujours réciter. (*Monsieur Betancourt always had/made* ***them*** *recite* ***it.***)

Remarque: In ***faire* causatif** constructions, the pronouns are placed before the conjugated verb **faire,** and in compound tenses (the **passé composé,** etc.), there is no agreement of the past participle.

Les rideaux? (*The curtains?*) Il **les a fait** faire. (*There is no final* ***-s*** *on* ***fait.***)

Exercices

21. De bons parents. Selon Charlotte, de bons parents «produisent» de bons adultes! Charlotte explique ce que ses parents font faire à leurs enfants pour les aider à développer de bonnes habitudes.

Modèles: J'aime manger des chips et boire des sodas. (manger correctement)
Ils me font manger correctement.
Mon frère n'aime pas éteindre son portable. (éteindre son portable pendant les repas (*during meals*) / l'éteindre pendant les repas)
Ils lui font éteindre son portable pendant les repas/ Ils le lui font éteindre pendant les repas.

1. Mon petit frère est désobéissant. (obéir)

   — ____________________

2. Mes sœurs n'aiment pas le sport. (courir trois fois par semaine)

   — ____________________

3. Ma chambre est en désordre. (ranger ma chambre / la ranger)

   — ____________________

4. Nous, les enfants, nous négligeons nos devoirs. (faire nos devoirs / les faire)

   — ____________________

5. Mon frère ne veut pas manger de légumes. (manger des légumes / en manger)

   — ____________________

6. Mes sœurs n'aiment pas mettre leurs beaux vêtements pour sortir avec la famille. (mettre leurs beaux vêtements / les mettre).

   — ____________________

22. Si j'étais riche… On a tous des tâches (*tasks*) qu'on n'aime pas faire. Si vous étiez riche, qu'est-ce que vous feriez faire (*what would you have done for you*)? Répondez pour vous-même, pour vos amis et pour différents membres de votre famille.

Modèle: **Si j'étais riche, je ferais faire ma lessive.**

Vocabulaire
tondre la pelouse (*mow the lawn*)
faire le jardinage (*do the gardening*)

entretenir la maison (*maintain the house in good repair*)
faire la lessive (*do the laundry*)
faire la cuisine
faire la vaisselle
laver les vitres
nettoyer la maison
déblayer la neige (*shovel snow*)
ramasser les feuilles mortes (*rake the leaves*)
d'autres tâches de votre choix

1. S'il (Si elle) était riche, mon père (ma mère) ______________________________
____
2. Si j'étais riche, je ______________________________
____
3. Si nous étions riches, mes amis (mes colocataires) et moi ______________________________
____
4. Si ______________________________
____
5. Si ______________________________
____
6. Si ______________________________
____

À l'écoute!

Un aperçu pessimiste sur la mondialisation. Le professeur Edmond a fait un cours magistral *(lecture)* sur les effets de la mondialisation. À la fin de sa présentation, il résume les points essentiels. Écoutez attentivement cette partie de son cours et répondez aux questions qui suivent.

Première écoute

Choisissez la bonne réponse d'après ce que vous avez entendu.

1. D'après le professeur Edmond, la mondialisation est…
   a. quelque chose qui a de bonnes et de mauvaises conséquences pour le monde.
   b. quelque chose de négatif pour le monde.
   c. quelque chose sans conséquences pour le monde.
2. En une décennie, la richesse globale est passée de…
   a. 7 milliards à 14 milliards de dollars.
   b. 14 milliards à 28 milliards de dollars.
   c. 20 milliards à 40 milliards de dollars.
3. Les dépenses quotidiennes *(daily)* de 50% de la population du monde sont de moins de (d')…
   a. 1 dollar par personne par jour.
   b. 2 dollars par personne par jour.
   c. 5 dollars par personne par jour.

4. Les huit pays les plus développés du monde (appelés le G-8) possèdent plus que…
   a. 15% de la richesse globale.
   b. 58% de la richesse globale.
   c. 63% de la richesse globale.
5. Deux-tiers des 125 millions d'enfants dans le monde qui ne vont pas à l'école sont…
   a. des filles.
   b. des garçons.
   c. des enfants du tiers monde.

Deuxième écoute

Lisez chaque déclaration et indiquez si elle est **«juste»** ou **«fausse»**.

Selon la Banque mondiale, la richesse globale a doublé et a réduit la pauvreté globale.	J	F
Presque 50% de la population du monde a un niveau de vie qui peut être qualifié de pauvre.	J	F
Les huit pays les plus riches du monde comptent 10% de la population mondiale.	J	F
Les femmes souffrent des conséquences les plus désastreuses de l'économie globale.	J	F

Troisième écoute

Répondez aux questions suivantes et expliquez votre réponse.

1. Selon le professeur Edmond, est-ce que la mondialisation contribue à l'égalité entre les nations? Si oui, dans quelle mesure? Est-ce que la mondialisation marginalise certains groupes de la population? Si oui, lesquels?

   ____

   ____

2. Quelles statistiques montrent les conséquences de la mondialisation pour les femmes et les enfants?

   ____

   ____

3. Quelle conclusion est-ce que le professeur Edmond tire de son analyse?

   ____

   ____

Atelier d'écriture

I. Le but: Rédiger un article d'environ 300 mots sur la mondialisation.

II. Le sujet: La mondialisation: représente-t-elle un risque réel d'homogénéisation des cultures?

III. Élaboration du sujet. Certains déplorent la façon dont la culture des jeunes évolue aujourd'hui. Ils estiment que la culture américaine exerce trop d'influence sur les jeunes dans d'autres pays et présente un danger d'uniformisation des cultures. D'autres pensent que la mondialisation des cultures favorise l'échange et le dialogue continuel entre les pays. Et vous? Pensez-vous que la mondialisation représente un risque ou une chance pour l'épanouissement *(blossoming)* des cultures? Limitez votre sujet, et expliquez vos opinions sous forme d'article. (Les expressions dans la section **Exprimons des opinions** ci-dessous vous aideront peut-être à écrire votre article.)

IV. Activités préparatoires. Avant d'écrire votre article, complétez les exercices suivants.

A. Remue-méninges.

a. Faites une longue liste. Créez une liste de phénomènes culturels qui ont débuté aux États-Unis mais qui se sont propagés *(spread)* partout dans le monde.

Le Coca-Cola, le blue-jean, ____

____

____

____

b. Faites une autre liste. Écrivez maintenant une liste de phénomènes culturels qui ont débuté dans d'autres pays mais qui jouent un rôle influent dans la culture américaine. Dans chaque cas, indiquez le pays ou le continent d'origine de chaque phénomène (cherchez les noms que vous ne savez pas dans un dictionnaire ou sur Internet).

Remarques:

Pour les pays masculins, on dit **Cela vient *du* Sénégal, *du* Mexique**, etc.

Pour les pays féminins, on dit **Cela vient *de* France, *d'*Australie**, etc.

Pour les continents, on dit **Cela vient *d'*Europe, *d'*Asie, *d'*Amérique (du Sud, du Nord), *d'*Afrique**, etc.

Pour les îles, on dit généralement **Cela vient *de* Porto Rico**, etc.

Phénomènes culturels étrangers:

la salsa (Cela vient d'Amérique du Nord)
le merengue (Cela vient de la République Dominicaine)
Harry Potter de J.K. Rowling (de Grande-Bretagne)
le manga (du Japon)

D'autres phénomènes culturels

les «dreadlocks»
les Beatles et les Rolling Stones
Hello Kitty
les jeux vidéo (PacMan, Mario, Pokémon, Final Fantasy)
les tresses *(braids)*
le tatouage
les bottes UGG
Rihanna
Adèle
les Neo Pets
la mini-jupe
l'anime
la musique reggae
les meubles «Ikea»
la musique afro-cubaine
les arts martiaux (le sport et les films [*Tigre et Dragon*, *Héros*, les films de Jackie Chan])
la culture «goth»
Pokémon

les briques Lego
les films/livres du *Seigneur des anneaux* de J.R.R. Tolkien
Harajuku (de Gwen Stefani) et la «mode lolita»
certaines émissions de télévision: *Iron Chef, American Idol, Queer as Folk, The Office, etc.*
le football
les tissus kente

B. Exprimons des opinions. Faites un commentaire sur les déclarations suivantes en commençant vos phrases avec l'une des expressions proposées. Attention à l'usage du subjonctif.

Je suis content(e) que	Je regrette que
J'ai l'impression que	Je suis persuadé(e) que
J'ai peur que	Je ne suis pas convaincu(e) que
Je crains que	Je suppose que
Je ne crois pas que	J'estime que
	Il est bon que

1. Les cultures des autres pays ont influencé la culture américaine.

   ____

2. Le jeune Américain ou Canadien ne se rend pas toujours compte *(doesn't always realize)* qu'il est influencé par des modes étrangères.

   ____

3. Les médias nous permettent de partager des idées et des modes de vie.

   ____

4. Il y a beaucoup de jeunes Européens, Africains et Asiatiques qui sont séduits par la culture américaine.

   ____

5. Tous les aspects de la culture des jeunes d'autres pays (la musique, la danse, les livres, etc.) exercent une même influence sur la culture américaine.

   ____

6. La culture des jeunes s'est transformée en une seule et unique culture, sans diversité.

   ____

V. Au travail! Rédigez un premier brouillon de 300 mots sur le sujet indiqué au début **(Le sujet).** Ensuite examinez votre texte en pensant aux questions suivantes.

- Ne peut-on pas couper une longue phrase en deux ou plus?
- Avez-vous vérifié l'accord sujet-verbe et nom-adjectif?
- Les temps sont-ils correctement utilisés? Avez-vous utilisé le mode indicatif quand il faudrait plutôt utiliser le subjonctif ou un infinitif?
- Les personnes ou les objets que les pronoms **il, elle, ils** et **elles** représentent sont-ils clairement identifiés?

CHAPITRE

7 Les déterminants; les pronoms démonstratifs et possessifs

Sommaire

GRAMMAIRE

- **I. L'article**
  - **A. L'article défini**
  - **B. L'article indéfini et l'article partitif**
  - **C. À savoir sur les articles**
- **II. Les expressions de quantité**
- **III. Les chiffres**
- **IV. L'adjectif démonstratif et le pronom démonstratif**
- **V. L'adjectif possessif et le pronom possessif**

www.cengagebrain.com

À L'ÉCOUTE!

ATELIER D'ÉCRITURE

- **I. Le but**
- **II. Le sujet**
- **III. Activités préparatoires**
- **IV. Au travail!**

Les déterminants

French nouns are almost always required to be preceded by a determiner. It can take the form of an *article* **(le, la, l', les; un, une, des; du, de la, de l', des)**, a *number* **(trois, soixante)**, a *demonstrative adjective* **(ce/cet, cette, ces)**, an interrogative adjective **(quel, quelle, quels, quelles)**, or a *possessive adjective* (**mon, ma, mes**, etc.). A determiner often indicates the noun's gender *(masculine* or *feminine)*, its number *(singular* or *plural)*, its state *(definite* or *indefinite)*, and other useful information about the noun. English requires fewer determiners, so you must get used to using them in French in a wider variety of situations. Be suspicious of any French sentence you generate that contains nouns without determiners—they do exist, but they are much less common in French than they are in English. Compare:

<u>Le</u> racisme me fait peur.	***Racism** scares me.*
Elle a **<u>des</u> amis** en Espagne.	*She has **friends** in Spain.*

One common situation where a noun is usually not preceded by a determiner is after an expression of quantity (**beaucoup de, peu de**, etc.).

Elle a peu d'amis.	*She has few friends.*
Ils boivent beaucoup de lait.	*They drink a lot of milk.*

I. L'article

Grammar Podcasts, Grammar Modules

There are three categories of articles: *definite*, *indefinite*, and *partitive*.

	definite		**indefinite**		**partitive**	
	masculine	**feminine**	**masculine**	**feminine**	**masculine**	**feminine**
singular	le l'*	la l'*	un	une	du de l'*	de la de l'*
plural	les		des			

* The article **l'** is used before masculine and feminine nouns beginning with a vowel or a mute *h*.

A. L'article défini

The definite article is often the equivalent of the English article *the*. It is used in two different ways:

1. To make sweeping general statements, almost proverbial statements, and to talk about general likes and dislikes.

Le lait est bon pour **les enfants.**	*Milk is good for children.* (*Milk* [in general] *is good for children* [in general]).
L'enfer, c'est **les autres.**	*Hell is other people.* (J.-P. Sartre)
Je n'aime pas **la musique hip-hop.**	*I don't like hip-hop music.*

Remarque: When you use the definite article like this, you are often talking about the entire class of the things to which you refer (e.g., from the sentences above: *all* children, *all* other people). One often finds definite articles in sentences containing verbs like **aimer, adorer, détester,** and **préférer,** since these verbs express general likes and dislikes (again, of an entire class of objects or people).

2. In addition to expressing ideas in the most sweeping and general of ways, the definite article is also used to refer to things that are "identifiable"—that is, objects whose identity is clear both to the speaker (writer) and to the listener (reader) to whom the utterance is addressed—both know which object(s) you are referring to.

   Passe-moi **le lait,** s'il te plaît.
   *Pass me **the milk,** please.* (in this case, not milk in general, but rather, the milk that is on the table in plain sight of the person speaking and the person to whom this request is addressed)

   (Regardant dans le frigo) Je ne trouve pas **le lait!**
   (Looking into the fridge) I can't find **the milk!** (i.e., the milk the listener[s] and I know we have)

Remarques:

- The definite articles **le** and **les** contract with the prepositions **à** and **de.**

à	+	le	=	**au**	de	+	le	=	**du**
à	+	les	=	**aux**	de	+	les	=	**des**

Je vais donner ces gâteaux **aux** enfants **d'Isabelle.**
*I'm going to give these cakes **to Isabelle's kids.***

Sais-tu le nom **du monsieur** là-bas?
*Do you know the name **of the man** over there?*

- When used with days of the week, the definite article refers to that day *in general.*

  Le samedi, je vais au cinéma.
  (On) Saturdays, *I go to the movies. (i.e., every Saturday)*

  When referring to one Saturday in particular, however, the article is omitted:
  Samedi, je vais au cinéma.
  (On this) Saturday, *I am going to the movies. (i.e., this coming Saturday)*

Exercices

1. **L'immigration: Comparaisons.** Lisez les phrases suivantes sur l'immigration en France et dites (en entourant «oui» ou «non») si l'on peut dire la même chose pour les États-Unis. (Faites attention à l'emploi de l'article défini dans chacune des phrases. Il est utilisé ici parce qu'on fait des généralisations.)

	En France…	**Aux États-Unis aussi?**	
1.	Les hommes et les femmes politiques français parlent beaucoup de l'immigration aujourd'hui.	Oui	Non
2.	Les immigrés qui viennent des pays hispanophones *(Spanish-speaking)* sont assez peu nombreux en France.	Oui	Non

3. Les réfugiés politiques qui veulent rester en France doivent démontrer qu'ils seront en danger s'ils rentrent chez eux. Oui Non

4. En France, tout le monde n'est pas d'accord sur ce qu'il faut faire en ce qui concerne les immigrés clandestins. Oui Non

5. En France, les problèmes auxquels doivent faire face les enfants d'immigrés sont beaucoup plus souvent d'ordre culturel que linguistique. Oui Non

6. La majorité des immigrés en France vient des anciennes colonies. Oui Non

7. Les immigrés viennent souvent en France à cause du chômage dans leur pays. Oui Non

8. En France, on donne plus ou moins facilement le permis de résidence selon le pays d'origine du demandeur. Oui Non

9. En France, les immigrés vivent surtout dans les grandes villes. Oui Non

10. Aujourd'hui en France, les immigrés d'Afrique du Nord semblent moins bien accueillis que les immigrés d'autres régions du monde. Oui Non

2. Axel, prends bien soin de toi! *(Take good care of yourself!)* Votre ami va vivre seul dans un appartement. Avec un(e) partenaire, faites une liste de ce qu'il doit ou ne doit pas faire pour l'entretien *(maintenance)* de son appartement. Vous allez probablement utiliser beaucoup d'articles définis parce que vous faites des généralisations.

Modèle: **Il faut respecter les voisins, tu sais?**
Il faut nettoyer la cuisine au moins une fois par semaine pour tuer les microbes!

1. ____
2. ____
3. ____
4. ____
5. ____
6. ____
7. ____
8. ____

3. Juste ou faux? Étudiez le dessin et dites si les phrases suivantes sont justes (J) ou fausses (F). (Remarquez l'emploi de l'article défini. Il s'emploie beaucoup parce qu'on pourrait identifier tous les objets et toutes les personnes dont on parle.) Justifiez chacune des réponses que vous avez données.

1. La famille africaine emménage *(is moving in)* dans la maison à droite. J F
2. Le quartier est plutôt pauvre. J F
3. Les enfants des deux familles s'entendent plus vite que les adultes. J F
4. La famille africaine a plus d'enfants que la famille blanche. J F
5. L'homme africain semble un peu plus réservé que les autres adultes. J F

4. Tout le monde est critique! Avec un(e) partenaire, choisissez un film ou une émission de télévision que vous avez vu(e) récemment, tous (toutes) les deux. Mentionnez vos réactions à six ou sept aspects différents du film / de l'émission. Sur quels points êtes-vous d'accord? Vous pouvez parler de l'intrigue (f. *plot*), du décor *(setting)*, de l'éclairage (m. *lighting*), des personnages (m. pl.), de l'actrice principale, de l'acteur principal, du dénouement (m. *resolution, ending*), de la musique, des effets spéciaux, du script, du maquillage, des costumes, du jeu des acteurs *(acting style)*…

Modèle: (vous avez choisi *Hercule*)
— J'ai bien aimé Dwayne Johnson, l'acteur principal, et les batailles étaient très crédibles.
— C'est vrai, mais je préfère les films avec plus de dialogue.

5. Mes préférences. Pour chacune des paires suivantes, dites quel élément vous préférez et pourquoi.

Modèle: les chats ou les chiens
— Que préfères-tu, les chats ou les chiens?
— Je préfère les chiens. Les chats sont trop indépendants.

1. les lacs ou les piscines
2. le football (européen) ou la boxe
3. les grosses voitures ou les petites voitures
4. les cheveux courts ou les cheveux longs
5. les maisons ou les appartements
6. les films ou les livres
7. l'automne ou le printemps
8. le jazz ou le hip-hop
9. les émissions de télé-réalité ou les émissions d'informations
10. la plage ou la montagne

6. **Qu'est-ce qu'on est difficile!** Votre partenaire et vous voyez seulement les défauts de votre université ou de votre ville. Dites ce que vous n'aimez pas. Ecrivez au moins 8 phrases.

   Modèle: (vous parlez de votre université)
   La nourriture du restaurant universitaire est mauvaise.
   Les chambres dans les résidences sont trop étroites.

B. L'article indéfini et l'article partitif

If the definite article is used to talk about things that are either blanket statements about an entire class of things, or about things that are identifiable for the listener(s) / reader(s) to whom they are addressed, the indefinite and partitive articles are used for that gray area in between the general and the identifiable. The speaker (writer) often uses them to present a noun for the first time in a conversation or a text, to identify it as a member or a "subset" of a certain class of objects, or to speak of an unspecified (or *indefinite*) quantity of the object in question. Here are some guidelines to follow for using indefinite or partitive articles.

- The singular indefinite article is the equivalent of the English *a* or *an.* The plural indefinite article (**des** in French) is frequently not used at all in English, although sometimes it is represented by the word *some.*

  C'est **un** problème incompréhensible. — *It's an unimaginable problem.*

  Ce sont **des** êtres humains, qui sont victimes d'humiliations extrêmes.
  These are human beings who are experiencing extreme humiliations.

  Je crois qu'il y a **des** organisations qui travaillent là-bas.
  I think there are (some) organizations who work there.

  Qu'est-ce que c'est? C'est **un** appareil photo numérique.
  *What is that? It's **a** digital camera.*

- The partitive article is the equivalent of the English word *some,* which is often omitted in English sentences. The partitive article usually appears only in the singular. Since it represents a part of a whole, it is not a "count noun" and thus cannot exist in the plural.

  Je voudrais **du lait** pour mon café. — *I'd like **some milk** for my coffee.*

  Veux-tu écouter **de la musique?** — *Do you want to listen to **some music?***

- In the same way that verbs expressing liking and disliking tend to elicit the use of the *definite* article, certain structures generally call for the use of the *indefinite* or *partitive* articles. These include:

  1. The expressions **c'est** and **ce sont,** when they are used to identify something as part of a class of objects. **(C'est *un* poète du 19e siècle. Ce sont *des* haricots verts.)**
  2. The expression **il y a,** since it is sometimes vague about the specificity and quantity of the noun it introduces **(Dans leur salon, il y a *des* fruits dans un bol.)**

3. Verbs of producing, consuming, and possessing, such as **acheter, avoir, boire, construire, écouter, écrire, faire, manger, mettre, porter, produire,** etc. (**Schubert a écrit *de la* musique de chambre.**) Here, you are not referring to all the chamber music in the world. You are referring to an unspecified subset of that chamber music that was written by Schubert.

- If the indefinite article and the partitive article are used in the same cases (to designate nouns in that gray area between general and identifiable), then what is the difference between them? The indefinite article is used to designate objects that can be counted. **Un** and **une** are used to designate *one* object, and the indefinite article **des** is simply the plural of **un** and **une**. Although **des** refers to an unspecified number of objects, these objects are perceived as discrete units (that *could* be counted).

  L'immigration est ***un* problème sérieux en France.**
  Immigration is a serious ***problem*** *in France.*
  (You can count problems—one problem, two problems, etc.)

  Il y a ***des* solutions** pourtant. — *There are* ***(some) solutions,*** *however.*
  (More than one—even though you're not counting them, you could.)

- Partitive articles (**du, de la, de l'**), on the other hand, are used when the noun you refer to cannot be counted. This could be because it is an abstract quality like patience, honesty, or affection. It could also be because the object is either a liquid (like water), an amorphous mass (like bread dough), or a substance that has such small pieces that you do not think of them as discrete items (like salt, sugar, sand, etc.). In addition, the partitive article is used when referring to a *part* of a larger whole.

  Il faut **de la patience** pour être pêcheur. — *You have to have* ***patience*** *to be a fisherman.*
  Il y a **de l'eau minérale** dans la carafe. — *There is* ***mineral water*** *in the carafe.*
  Voulez-vous **du thé** ou **du café**? — *Would you like* ***tea*** *or* ***coffee?***
  Elle fait **du tennis.** — *She plays* ***tennis.***
  Ce soir, je vais manger **du poulet.** — *Tonight, I'm having* ***chicken.*** (I'm only having a *part* of a chicken, not an entire chicken.)

C. À savoir sur les articles

1. La négation des articles indéfinis et partitifs

In negative sentences, the indefinite article (**un, une, des**) and the partitive article (**du, de la, de l'**) become **de (d')**.

Il y a **des** fruits. — Il n'y a pas **de** fruits.
Étienne, tu veux **du** sucre? — Étienne, tu ne prends pas **de** sucre?

Think of this as being like the change in English from "*There is* ***some*** *fruit*" to "*There isn't* ***any*** *fruit.*"

However, after **c'est…** and **ce sont…**, the indefinite and partitive articles do not change.

C'est **une** pipe. — Ce n'est pas **une** pipe.
Ce sont **des** Américains. — Ce ne sont pas **des** Américains.

2. Absence d'articles

We said earlier that a noun in French almost always needs some sort of determiner. However, there are cases in which the determiner is omitted. Here are some of the most important ones:

- ***before an adjective, in certain cases***
  The article **des** often changes to **de** before a plural adjective preceding a plural noun.
  Après la Deuxième Guerre mondiale, le gouvernement français a recruté **des** travailleurs de l'Afrique.
  Dans les années cinquante et soixante, la France a recruté **d'**autres travailleurs étrangers.

- ***with names (proper nouns)***
  Nouns referring to people do not usually require an article.

  Assia Djebar et **Leïla Sebbar** ont écrit des romans sur les expériences des femmes maghrébines.

  However, a proper noun does require an article:

  1. when it refers to the members of a family (note that, unlike English, the family name does not take an **s**):

     Hier, j'ai vu **les** Martin. *I saw the Martins yesterday.*

  2. When it refers to the work(s) of an artist:

     Il faut être riche pour acheter **un** Picasso.

     J'aimerais que tu joues **du** Chopin.

  3. When the name is qualified with a title:

     Le docteur Pascal n'est pas là aujourd'hui.

     Le général de Gaulle dirigeait des opérations militaires depuis *(from)* Londres.

- ***with names of cities***
  Although proper names denoting continents, countries, provinces, seas, etc. are preceded by articles (**l'Asie, la France, la Normandie, la Méditerranée**), articles are generally not used with names of cities (**Paris, Montréal, Dakar**).

  Tu as passé l'été **à Paris,** n'est-ce pas?

  However, in a few instances, the article is actually a part of the city name: **Le Havre, La Nouvelle-Orléans, Le Mans,** etc. These articles are therefore always used. The usual contractions after **à** and **de** apply to masculine and plural articles.

  Je suis allé **au Mans.** Et toi? Tu es bien allé **à La Nouvelle-Orléans,** n'est-ce pas?

  Even cities whose names do not contain an article will be preceded by an article in one particular circumstance—when you are talking about (1) one aspect of the city among others, or (2) about a *specific* time period, or (3) about the city as it is represented by a *specific* artist.

  Le célèbre poème de Carl Sandburg dépeint **un** Chicago dynamique et puissant.

  Cet artiste a peint **le** Berlin de l'époque de la Guerre froide.

- **être** + ***profession***
  In sentences like the following, the word designating the person's profession is really functioning like an adjective, so no article is used.

  Monet était peintre.

  If the name of the profession is modified by an adjective, however, an article is required:

  Monet était **un** peintre **célèbre.**

  En fait, c'était **le** peintre **le plus célèbre** de l'école impressionniste.

- **parler** + ***language***
  With the verb **parler,** the article is often omitted.

  Nous parlons français en classe.

- **avec** *or* **sans** + ***noun***
  Articles are often omitted after the prepositions **avec** or **sans.**

  Je le ferai **avec** plaisir.

  Il a fini sa dissertation **sans** difficulté.

  Ils sont **sans** papiers.

- ***noun + noun structures***
  Articles are also omitted when a noun modifies or "complements" another noun. This is often the equivalent of the English *noun + noun* (residence permit, night train, wool sweater, wineglass).

In the French version, a preposition (such as **de, en,** or **à**) precedes the second noun. You will have to learn which preposition goes with each, but when in doubt, use **de.** It is by far the most common.

un permis **de** séjour
un train **de** nuit
un pullover **en** laine
un verre **à** vin

Exercices

7. L'opposition gauche/droite. D'après ce que vous savez sur les partis politiques et sur la politique d'immigration en France, dites si c'est «la gauche» ou «la droite» politique qui aurait pu faire les déclarations suivantes. Remarquez l'emploi de l'article indéfini ou partitif.

1.	Je suis content qu'on ait déjà renvoyé des immigrants chez eux.	la gauche?	la droite
2.	Il n'y a aucune situation justifiable pour donner la citoyenneté à un immigré clandestin.	la gauche?	la droite
3.	Mon gouvernement essaie de donner une définition de l'identité nationale.	la gauche?	la droite
4.	Les lois de la République doivent s'appliquer de la même façon à un immigrant et à un Français.	la gauche?	la droite
5.	Les immigrés prennent du travail aux citoyens français.	la gauche?	la droite
6.	Un permis de séjour, ça ne devrait s'obtenir que pour un an.	la gauche?	la droite
7.	Nous devons intégrer tous les immigrés qui ont choisi de devenir des citoyens français.	la gauche?	la droite
8.	Une France française dans une Europe européenne!	la gauche?	la droite

8. Dans le frigo chez moi: jeu de mémoire. Avec un(e) ou plusieurs camarades de classe, commencez une phrase en disant: **Dans le frigo chez moi, il y a *du lait*.** Un(e) camarade de classe va ajouter un autre nom en disant: **Dans le frigo chez moi, il y a *du lait et un citron*.** Un(e) troisième camarade de classe va ajouter un troisième nom, etc. Attention! Choisissez bien entre l'article indéfini et le partitif — s'agit-il de choses «comptables» ou «non comptables»?

9. Un repas marocain. Lisez le passage suivant et justifiez l'emploi de chaque article que son auteur a utilisé — ou bien l'absence d'article!

La semaine (1) dernière, un ami (2) marocain m'a invité à dîner chez lui. J'étais curieux, parce que je ne connaissais pas du tout la cuisine (3) marocaine — il n'y avait pas de restaurants (4) maghrébins dans ma ville. Tout ce que je savais, c'était que la plupart des Marocains (5) ne mangent pas de porc (6), parce que l'islam (7) interdit la consommation (8) de porc (9), mais qu'ils peuvent manger du bœuf, du poulet et de l'agneau (10) quand même. J'attendais cette soirée avec impatience!

Quand je suis arrivé chez Ibrahim (11), je lui ai offert une bouteille (12) de vin (13). Erreur culturelle! J'avais oublié que les musulmans (14) ne boivent pas d'alcool (15) non plus. Mais il a ri et il m'a dit de garder la bouteille (16) pour mon prochain dîner.

Quand <u>le dîner</u> (17) a été prêt, nous nous sommes assis à <u>une table</u> (18) basse, sur laquelle il y avait <u>un énorme plat</u> (19) couvert de couscous, avec <u>une sauce</u> (20) qui contenait <u>des légumes</u> (21) et <u>du poulet</u> (22). Ce n'était pas très épicé, mais cela se sert avec <u>une autre sauce</u> (23) appelée <u>l'harissa</u> (24), qui est très pimentée *(hot, spicy)*. C'était délicieux!

Après <u>le repas</u> (25), nous avons mangé <u>des fruits secs *(dried)*</u> (26) et <u>des amandes</u> (27) *(almonds)*, et nous avons bu <u>du thé</u> (28) à la menthe très sucré dans <u>des verres</u> (29) <u>à thé</u> (30) dorés *(decorated with gold)*. Je ne l'ai pas beaucoup aimé parce que normalement, je préfère <u>le thé</u> (31) <u>sans sucre</u> (32), mais ce n'était pas grave.

Enfin, quelle belle soirée! *Inch'Allah* (ça veut dire «Si Dieu le veut» en arabe), Ibrahim m'invitera à revenir bientôt.

10. **Un bon film «classique».** Clara, une jeune Américaine qui vit en France, écrit une lettre à son ancien professeur de français aux États-Unis. Lisez sa lettre, en ajoutant un article défini **(le, la ou les)**, un article indéfini ou partitif **(un, une, des, du, de la, de l'), de (d')** ou rien du tout, selon le cas. Faites les contractions nécessaires.

Hier, chez un ami, j'ai vu un film qui est devenu un film culte, *Le fabuleux destin d'Amélie Poulain*. C'est un film français que ma famille d(e) _______________ (1) accueil *(host family)* m'a recommandé. Je savais que ce film français avait bien réussi (à) _______________ (2) États-Unis, et maintenant, je comprends pourquoi! Vous n'en connaissez pas _______________ (3) histoire? C'est _______________ (4) belle histoire d(e) _______________ (5) amour…

_______________ (6) Poulain, parents d'Amélie, étaient un peu étranges, et Amélie est donc devenue une jeune femme assez timide. Elle était _______________ (7) serveuse dans _______________ (8) café (à) _______________ (9) Paris. Elle avait _______________ (10) charme (*m.*), mais elle n'avait pas _______________ (11) amis. Le jour où elle a appris que _______________ (12) Diana, _______________ (13) femme d(e) _______________ (14) Prince Charles, était morte, elle a décidé qu'elle allait aider les autres à être heureux. Ayant _______________ (15) imagination, elle a inventé_______________ (16) excellentes ruses pour le faire, mais elle est restée timide et solitaire elle-même. Enfin, son vieux voisin, _______________ (17) peintre amateur, lui a rappelé qu'il fallait _______________ (18) courage pour être heureux, et qu'elle devrait prendre _______________ (19) risques elle-même pour être heureuse et pour trouver _______________ (20) amour.

Le film est très original et je l'ai adoré. Mais certains intellectuels français l'ont condamné, disant qu'il montrait _______________ (21) vision quasi-fasciste d(e) _______________ (22) monde qui soutient les attitudes d(e) _______________ (23) extrême droite. Le film dépeint _______________ (24) Paris d(e) _______________ (25) années 1990, mais c'est _______________ (26) Paris sans _______________ (27) graffiti, et sans diversité ethnique: comme si l'on suggérait que la France était plus belle quand il n'y avait pas _______________ (28) immigrés. J'ai été très surprise par cette interprétation. Il me semble que _______________ (29)

Français voient ______________ (30) implications idéologiques dans des situations où moi, je ne vois rien du tout!

11. **Un poème.** Écrivez un poème descriptif sur un sujet lié à l'immigration, à la xénophobie, au racisme, à l'intolérance, etc. Chaque vers *(line)* de votre poème doit commencer par un article défini, indéfini ou partitif, dans l'ordre suivant: **la (l'), un, une, des, les, du, de la, des, le (l').**

Modèle: **L'Irlande éternelle**
Un petit garçon catholique,
Une petite fille protestante,
Des actes de «vengeance» qui n'arrêtent jamais.
Les enfants apprennent vite que leur amitié est impossible.
Du sang sur le corps d'un enfant
De la douleur dans le cœur d'un autre
Des gens perdus qui courent, sans savoir ce qu'ils fuient
L'ennemi, c'est leur voisin…

II. Les expressions de quantité

Here are some examples of expressions of quantity:

assez de *(enough)*	**peu de** *(little)*
autant de *(as much as, as many as)*	**plus de** *(more than)*
beaucoup de *(a lot of)*	**tant de** *(so many)*
combien de *(how much / how many?)*	**trop de** *(too much / too many)*
moins de *(fewer, less)*	**un peu de** *(a little)*

Il a **moins de** temps que moi.

Tu veux **un peu de** gâteau?

Note that definite articles do not disappear after expressions of quantity; they are however contracted when necessary with the **de** that precedes them.

Combien *des* élèves dans cette classe parlent espagnol? *(les élèves spécifiques)*

Beaucoup *des* amis de Jean-Luc habitent Montréal. *(les amis spécifiques)*

but: **Beaucoup de gens** ne comprennent pas ce problème. *(une quantité non déterminée de gens)*

Other expressions designate weight or another specific quantity.

un kilo de, une tonne de, 500 grammes de...
une boîte de, un verre de, une poignée de *(a handful of)*, **une bouteille de**
un morceau de, une tranche de, une pièce de

Remarque: There are two expressions of quantity that do not lose their article: **bien (des)** *(a lot of)* and **la plupart (des).** They are usually but not always followed by a plural noun.

Bien des immigrés sont victimes du racisme.

La plupart des gens de mon quartier ont des enfants.

but: La plupart **du** temps, elles arrivent en retard.

- Note these expressions of quantity function as determiners and are thus followed directly by a noun.

divers(es) *(various)*
différent(e)s *(various, different)*
plusieurs *(several)*
quelques *(some, a few)*

Donnez-moi **quelques** pommes, s'il vous plaît.	*Please give me **a few** apples.*
Paul ne viendra pas pour **diverses** raisons.	*Paul will not come for **various** reasons.*

Exercices

12. Inventaire *(Inventory)*. Avec un(e) partenaire, vous faites «l'inventaire» de votre vie. À l'aide des catégories ci-dessous, «quantifiez» votre vie. Utilisez beaucoup d'expressions de quantité différentes (dans un sens affirmatif ou négatif).

Modèle: amis

— J'ai *beaucoup d'*amis. Tous les soirs, je sors avec *un groupe de* copains différents. Et toi? tu as *plusieurs* amis?

— Je pense que je n'ai pas *autant d'*amis que toi. Mais, ce que j'aime bien, c'est que j'ai *une grande quantité d'*amis d'enfance, y compris quelques-uns que je connais depuis l'âge de 3 ans. Et j'ai aussi *quelques* amis étrangers.

1. vêtements et chaussures
2. livres et CD
3. régime alimentaire *(diet)*
4. argent
5. temps, loisirs
6. cours à l'université

13. Un pique-nique. Vous allez faire un pique-nique impromptu avec deux autres amis. Dites ce que vous allez manger et discutez des quantités que vous allez acheter. Négociez avec votre partenaire et n'achetez que ce que vous aimez!

Expressions utiles:
Combien de?
un, une, des, deux, trois, quatre, plusieurs, quelques
assez de, autant de, beaucoup de, moins de, peu de, plus de, trop de, un peu de
un bocal *(jar)* de, une boîte *(box* or *can)* de, une bouteille de, un paquet *(package* or *packet)* de, un pot de, un sac de, un sachet *(little bag)* de, un tube de
un morceau de, une part *(portion)* de, une tranche de, une douzaine de
250 grammes de, un demi-kilo de, un kilo de

Modèle: **— Combien de jambon et de fromage est-ce que nous allons acheter?**

— Oh, 6 tranches de jambon et 350 grammes de fromage, peut-être?

— À mon avis, 350 grammes, c'est un peu trop. Je n'aime pas beaucoup le fromage et je ne vais probablement pas en manger beaucoup. Achetons-en plutôt 200 grammes.

1. coca, eau minérale, jus de… , vin, bière
2. petits pains *(rolls)*, pâtisseries, petits gâteaux
3. thon *(tuna)*, jambon
4. mayonnaise, moutarde
5. beurre, fromage, yaourt
6. fruits (poires? pommes? oranges? etc.), salade *(lettuce, head of lettuce)*, tomates, salade de carottes

14. Au restaurant. Complétez les phrases avec l'article défini **(le, la, les)**, indéfini **(un, une, des)**, partitif **(du, de la, de l')**, **de (d')** ou avec une autre expression de quantité **(divers[es], différent[e]s, quelques, plusieurs)**. Il y a parfois plus d'une réponse possible. Faites les contractions nécessaires avec l'article.

1. Un clochard *(street person)* arrive dans un restaurant où il y a _______________ clients qui dînent. Il s'approche d'un client qui mange _______________ steak et _______________ frites.
2. Il dit (à) _______________ client, «S'il vous plaît, monsieur. J'ai faim. Pourriez-vous me donner un peu _______________ argent pour acheter _______________ hot-dog?» Mais _______________ client ne lui donne pas _______________ argent; il a _______________ problèmes qui l'inquiètent et il est de mauvaise humeur.
3. _______________ clochard s'approche d(e) _______________ autre client qui a commandé un bol _______________ soupe et lui pose _______________ même question. Avec _______________ euros en poche, il pourrait acheter quelque chose à manger. Mais _______________ client a peu _______________ patience et il chasse _______________ clochard. (Il déteste _______________ clochards et il ne leur donne jamais _______________ argent!)
4. Ayant fini de dîner, _______________ troisième client prend _______________ tasse _______________ café. Il arrive souvent que _______________ gens soient plus calmes après _______________ bon repas et ce client-ci est un homme généreux. Il donne _______________ billets de banque *(bills)* (à) _______________ clochard et il lui fait même _______________ suggestions.
5. Il dit: «Prenez cet argent, mais ne prenez pas _______________ hot-dogs. Commandez plutôt _______________ poisson, _______________ jambon avec _______________ pommes de terre, _______________ poulet, _______________ salade ou _______________ rôti de porc. Et prenez un dessert — _______________ gâteau ou _______________ fruits!»
6. Le clochard s'installe à _______________ table. Quand _______________ garçon arrive, il commande beaucoup _______________ hot-dogs.
7. En fait, il n'aime pas _______________ jambon — ni _______________ autres plats que le client a recommandés. Il aime seulement _______________ hot-dogs!

III. Les chiffres

Just like articles, numbers function as noun determiners and "qualify" nouns by adding numerical information. Below, we will remind you how to spell certain French numbers.

- The round number 80 and multiples of 100 add a final -s: **quatre-vingts; deux cents,** etc. However, if they are followed by another number, they drop the "s": **quatre-vingt-un; deux cent un,** etc.
- **Mille** is never plural and it does not use the indefinite article **un** when it means *one* thousand.

  1 000 personnes **(mille personnes)** *one thousand people*
  2 000 personnes **(deux mille personnes)** *two thousand people*

- **Million** and **milliard** behave like other expressions of quantity; they are preceded by the indefinite article **un** or another number and take **de** when a noun follows them.

  un million **de** personnes *one million people*
  deux milliards **d'**euros *two billion euros*

- Ordinal numbers are formed by adding **-ième** to the cardinal number.

  2ᵉ = deux**ième**
  3ᵉ = trois**ième**
  4ᵉ = quatr**ième**
  18ᵉ = dix-huit**ième**
  21ᵉ = vingt et un**ième**
  100ᵉ = cent**ième**

  There are some notable exceptions:

  1er, 1ère **premier, première**
  5ᵉ **cinq*u*ième**
  9ᵉ **neu*v*ième**
  Also: **second(e)** (*alternate form of* **deuxième**)

  Numbers that end in **-e** (**quatre, onze** to **seize, trente, quarante,** etc.) drop the **-e:** before the ordinal ending: **quatre --> quatrième.**

Exercices

15. Trouvez votre numéro de sécurité sociale français! En France, le numéro de sécurité sociale n'est pas arbitraire. Répondez aux questions suivantes et écrivez vos réponses dans les cases *(boxes)* appropriées.

☐-☐ ☐ ☐ ☐-☐ ☐ ☐ ☐ ☐-☐ ☐ ☐

1 2 3 4 5 6 7 8 9 10 11 12 13

1. Dans la première case, mettez 1 si vous êtes un garçon et 2 si vous êtes une fille.
2. Dans les deuxième et troisième cases, mettez les deux derniers chiffres de l'année de votre naissance. Par exemple, si vous êtes né(e) en 1994, mettez un 9 dans la deuxième case et un 4 dans la troisième.
3. Dans les quatrième et cinquième cases, mettez le nombre correspondant au mois de votre naissance. Par exemple, si vous êtes né(e) en janvier, mettez un 0 dans la quatrième case et un 1 dans la cinquième (zéro un).
4. Dans les cinq cases suivantes (de 6 à 10), mettez le code postal *(zip code)* de la ville où vous êtes né(e). (Si vous ne connaissez pas ce numéro de code postal, mettez celui de votre adresse actuelle.)
5. Les cases 11 à 13 représentent l'ordre dans lequel vous êtes arrivé(e) au monde par rapport aux autres enfants nés dans votre code postal le même mois de la même année. Par exemple, si vous avez été le quatorzième garçon ou la quatorzième fille né(e) ce mois-là, dans votre code postal, les trois derniers chiffres de votre numéro de sécurité sociale sont 014 (zéro quatorze). (Inventez un chiffre plausible.)
6. Devinez le numéro de sécurité sociale de Florence Mafranc, née le 22 août 1993 à Compiègne (code postal: 60 610 [= soixante / six cent dix]). Elle était la cent soixante-quatorzième fille à être née ce mois-là.

   ☐-☐ ☐-☐ ☐-☐ ☐ ☐ ☐ ☐-☐ ☐ ☐

   1 2 3 4 5 6 7 8 9 10 11 12 13

7. Lisez votre numéro de sécurité sociale français à un(e) camarade de classe qui l'écrira. Vérifiez bien qu'il/elle a noté le numéro exact!

16. La population des immigrés en France en 2008. Regardez le tableau suivant sur l'immigration en France. Puis, répondez par écrit aux questions ci-dessous (écrivez les nombres en toutes lettres: **quatre millions**, etc.). Ensuite, lisez vos réponses à voix haute *(aloud)* à un(e) partenaire, qui va comparer ses réponses aux vôtres sans les regarder. Avez-vous écrit vos réponses correctement et les avez-vous lues correctement?

La population des étrangers et des immigrés* en France en 2008

Étrangers	**3 720 000**
Immigrés	**5 340 000**
Étrangers nés en France	**550 000**
Étrangers nés à l'étranger	**3 170 000**
Français par acquisition nés à l'étranger	**1 170 000**

Source: Insee, Recensement de la population 2008, exploitation principale

1. Quelle était la population étrangère en France en 2008?

____

2. Quelle était le nombre d'étrangers nés en France en 2008?

____

3. Quelle était en 2008 la population des personnes nées à l'étranger qui ont acquis la nationalité française?

____

4. Calculez la différence entre le nombre d'immigrés et le nombre d'étrangers en France en 2008.

____

IV. L'adjectif démonstratif et le pronom démonstratif

Grammar Podcasts, Grammar Modules

L'adjectif démonstratif

Another category of noun *determiners* is demonstrative adjectives (**ce, cet, cette, ces**). They point out a person or an object or refer to a person or object mentioned before. As is the case of articles, the demonstrative determiner reflects the gender and number of the noun it precedes.

	masculine	feminine
singular	ce garçon	cette maison
	cet enfant	
plural	ces garçons	
	ces enfants	
	ces maisons	

***Remarques*:**

- The demonstrative adjective **cet** (pronounced just like **cette**) is used before masculine nouns starting with a vowel or a mute *h*.

* Note these definitions:

Un étranger: quelqu'un qui n'a pas la nationalité française. Un étranger peut être né en France (des parents étrangers, par exemple), mais il est probablement né à l'étranger.

Un immigré: quelqu'un qui réside en France mais qui n'est pas né en France. Un immigré peut être citoyen d'un autre pays ou peut avoir acquis la nationalité française.

- The demonstrative adjective can be accompanied by **-ci** or **-là** to refer to something that is near (**-ci**), or to something that is farther away (**-là**).

  Ce livre-**ci** est plus intéressant que **ce** livre-**là.**

  ***This** book is more interesting than **that** book.*

- The demonstrative adjective is also used to designate moments in time. For past and future moments, **-là** is often added to the time expression.

  En **ce** moment, j'ai beaucoup de temps. *At this moment, I have lots of time.*

  À **cette** époque-**là,** nous vivions toujours en Algérie. *At that time, we still lived in Algeria.*

Le pronom démonstratif

The demonstrative words **ce, cet, cette,** and **ces** are adjectives and are always followed by nouns. If your listener or reader already knows what you are referring to, you may eliminate the noun and use a demonstrative *pronoun* instead.

J'aime bien **ce** jean, mais j'aime mieux **celui** que tu portais hier.

*I like **that** pair of jeans, but I prefer **the ones** you were wearing yesterday.*

The demonstrative pronoun has four forms: masculine singular **(celui),** feminine singular **(celle),** masculine plural **(ceux),** and feminine plural **(celles).** These words can refer to things or people, and are variously translated as *that one, this one, the one, the ones, these, those,* etc.

Although the demonstrative pronoun takes the place of a noun, it must be followed by something. This something can either be:

1. the word **-ci** or **-là**

   Laquelle de ces chemises préfères-tu? **Celle-ci** ou **celle-là?**

   *Which of these shirts do you like best? **This one** or **that one?***

2. a prepositional phrase (with **de, en,** etc.)

   Désolée, mais ma voiture est en panne. On va prendre **celle de** mon père.

   *Sorry, but my car is not working. We're going to take my father's (**the one of** my father).*

   Toundé aime beaucoup les bijoux et les vêtements. Il emprunte souvent **ceux de** son frère.

   *Toundé loves jewelry and clothes. He often borrows his brother's (**those of** his brother).*

   De toutes les bagues qu'il possède, c'est **celle en** or qui lui vient de son grand-père qu'il porte le plus.

   *Among all the rings he owns, it's **the one made of** gold that he inherited from his grandfather that he wears the most.*

3. A clause beginning with a relative pronoun

   Je n'ai plus rien à lire parce que j'ai fini mon livre. Tu veux bien me passer **celui que** tu as fini hier?

   *I don't have anything to read, because I have finished my book. Would you mind giving me **the one that** you finished yesterday?*

   Ma bague en or? C'est **celle que** j'aime le plus, **celle qui** me porte chance et **celle dont** je ne peux pas me séparer.

   *My gold ring? It's **the one (that)** I love the most, **the one that** brings me luck, and **the one (that)** I can't be separated **from (from which . . .).***

Remarque: **Celui-ci** and **celui-là** also convey the notion of "the latter" or "the former." **Celui-ci** always appears first in the French sentence, and it refers to the *closer* of the two nouns between which you are distinguishing; thus, in French, you are really saying "the latter . . . and the former . . ." (the opposite of what we say in English).

Non, tu confonds Amélie Poulain et Amélie Nothomb; **celle-ci** est une femme écrivain belge et **celle-là** est un personnage de film!

— Qu'est-ce que tu veux voir? La tour Eiffel ou la tour de Pise?

— Hum… **celle-ci** se trouve à Pise, **celle-là** à Paris… Difficile!

Exercices

17. Rien à déclarer? Le douanier *(customs officer)* examine les bagages d'un(e) touriste qui revient en France après des vacances passées en Asie. Il demande le prix de chaque vêtement ou objet que le/la touriste a acheté. Complétez les questions du douanier avec la forme appropriée de l'adjectif démonstratif.

Modèle: Combien ont coûté <u>ces</u> foulards en soie *(silk scarves)*?

1. Combien a coûté ________________ veste (f.) en cuir *(leather)*?
2. Combien a coûté ________________ serviette (f.) *(briefcase)*?
3. Combien a coûté ________________ sac (m.) à main?
4. Combien ont coûté ________________ bijoux (m.) *(jewelry)*?
5. Combien a coûté ________________ imperméable (m.)?
6. Combien a coûté ________________ service (m.) à thé?
7. Combien ont coûté ________________ valises (f.)?
8. Combien a coûté ________________ boîte (f.) laquée *(lacquered box)*?
9. Combien ont coûté ________________ statuettes (f.)?
10. Combien ont coûté tous ________________ articles (m.)?

18. Une visite. Imaginez qu'un(e) ami(e) français(e) vous rend visite et vous vous promenez sur votre campus et dans votre ville. Il/Elle vous posera des questions sur ce qu'il/elle voit en utilisant chaque fois un adjectif démonstratif. Vous donnerez une réponse appropriée pour votre campus / votre ville.

Modèle: ? / le parking / être suffisamment grand
— Est-ce que ce parking est suffisamment grand?
— Non, il n'y a pas assez de place pour toutes les voitures des étudiants.

1. ? / le campus / recevoir beaucoup d'étudiants étrangers
2. ? / les résidences universitaires là-bas / être confortables
3. ? / la salle de travail-ci / avoir des ordinateurs Mac ou PC?
4. ? / l'administration / encourager le recyclage?
5. ? / les cafés / être fréquentés par les étudiants?
6. ? / le quartier / être calme
7. ? / l'hôtel-là / coûter cher
8. ? / la ville / avoir un système de transports en commun

19. Où sommes-nous? Décrivez un endroit touristique célèbre sans mentionner le nom de l'endroit. Lisez votre description à la classe et faites-lui deviner *(to guess)* le nom de l'endroit.

Modèle: **Oh! regarde ce fleuve qui coupe la ville en deux! Et cette grande tour-là; qu'est-ce qu'elle est belle! Elle a été construite au 19e siècle, je parie *(I bet)*.**
— C'est Paris.

20. Nous ne sommes pas tous pareils! *(We're not all the same!)* Vous ressemblez peut-être à d'autres membres de votre famille en ce qui concerne l'apparence physique, le caractère, les possessions et les goûts. Choisissez quelques éléments de la liste suivante et comparez-vous à différents membres de votre famille en utilisant des pronoms démonstratifs.

Modèle:
peau — **Puisque je suis adoptée, ma peau est plus foncée *(darker)* que celle de mes parents.**
caractère — **Mon caractère est doux, comme celui de ma cousine Paula.**

1. yeux, cheveux, doigts, pieds, voix (*voice,* f.), habitudes alimentaires, caractère

____

2. idées politiques, intérêts, passe-temps (m. pl.), sens de l'humour (m.)

____

3. vêtements, voiture, collection de CD, appareil photo, appartement (maison, chambre)

____

4. rapports avec ma grand-mère (mon/ma patron[ne], mes ami[e]s)

____

21. Précisons. Quand vous voulez distinguer entre deux ou plusieurs objets pour en indiquer *un seul,* vous pouvez utiliser un pronom démonstratif et une phrase descriptive qui comprend *(includes)* une préposition. Étudiez bien le dessin *(drawing)* ci-dessous. Répondez aux questions en suivant le modèle.

Mots utiles: **à côté de, à droite de, à gauche de, au-dessous de, au-dessus de, animaux en peluche (m pl), contre, dans, derrière, devant, entre, parmi *(among),* par terre, sous, sur, tiroir *(drawer,* m), vase (m)**

Modèle: Laquelle des deux chaussures est trouée *(has a hole in it)*?
Celle qui est entre le lit et la commode.

1. Quelles fleurs sont fanées *(wilted)?*

2. Quels livres sont en meilleur état?

3. Des deux chatons *(kittens),* lequel dort?

4. Lequel des deux parapluies est cassé?

5. Quel poster représente la tour Eiffel?

6. Et quelle chemise est sale *(dirty)?*

22. C'est vous l'interprète! Vous êtes à l'ambassade américaine à Paris, où vous essayez d'aider un employé américain à communiquer avec une Française. Traduisez les phrases suivantes afin de l'aider avec tout ce qu'il ne sait pas dire.

1. Vous avez besoin d'un nouveau visa. (The one you have now is no longer valid *[valable].*)

2. Ce ne sont pas les bonnes lettres *(the right letters.)* (Where are the ones you received last week?)

3. Mais, je ne vois ici que votre acte *(m.)* de naissance *(birth certificate)* à vous. (Do you have your husband's too?)

____

4. J'ai plusieurs dépliants *(flyers, m.)* à vous proposer. (Here are the ones that explain our immigration policy **[politique d'immigration]**.)

____

V. L'adjectif possessif et le pronom possessif

A. L'adjectif possessif

Grammar Podcasts, Grammar Modules

Possessive adjectives (*my, your, her, their,* etc.) also function as noun determiners. The French possessive adjectives, listed below, give information about the "owner" of the object in question and also about the gender and number of the person or thing "owned." Here's an easy way to remember the various forms of the French possessive adjectives: the first letter of the adjective tells us who the "owner" is, and the rest of the word tells us more about the person or thing "owned."

owner	1st letter of the possessive adjective	masculine singular	feminine singular	plural
je	m	+ on = ***mon***	+ a = ***ma***	+ es = ***mes***
tu	t	+on = ***ton***	+ a = ***ta***	+ es = ***tes***
il/elle/on	s	+on = ***son***	+ a = ***sa***	+ es = ***ses***
nous	n	+ otre = ***notre***	+ otre = ***notre***	+ os = ***nos***
vous	v	+ otre = ***votre***	+ otre = ***votre***	+ os = ***vos***
ils/elles	l	+ eur = ***leur***	+ eur = ***leur***	+ eurs = ***leurs***

Remarques:

- With feminine nouns that start with a vowel, use the masculine form of the possessive adjective instead of the feminine, to make the combination easier to pronounce.

  J'ai rencontré **mon** amie hier. — *I met **my** (female) friend yesterday.*
  Ton écriture est parfaite! — ***Your** handwriting is perfect.*
  Son école est petite. — ***His/Her** school is small.*

- Even though **son, sa,** and **ses** can mean either *his, her, its,* or *one's,* their meaning is usually obvious because of the context in which they are used. If necessary, you may add **à lui** or **à elle** in order to clarify the adjective's meaning.

  J'aime **son** appartement **à elle,** mais **son** appartement **à lui** est trop petit.
  *I like **her** apartment, but **his** apartment is too small.*

- The definite article **(le, la, l', les)** is usually used instead of the possessive adjective when describing parts of the body, particularly in the following situations:

  1. When referring to something one does with a body part:
     Si vous voulez répondre, levez **la** main. — *If you want to answer, raise **your** hand.*
  2. When using a reflexive verb describing something done to a body part:
     Elle s'est brossé **les** cheveux. — *She brushed **her** hair.*

However, if you use an adjective to describe a body part, you must then use a possessive adjective.

Elle est fière de **ses** longs cheveux blonds.

B. Le pronom possessif

Possessive pronouns are the equivalent of *mine, yours, ours,* etc.

Tu n'aimes pas ta mère? **La mienne** est super. — *You don't like your mother? **Mine** is cool!*
Ne prends pas mes clés. **Prends les leurs.** — *Don't take my keys. Take **theirs.***

All French possessive pronouns are used with an article (**le, la,** or **les**) and vary in gender, number, and grammatical person. As is the case with the possessive adjectives, the first letter of the word tells you who the owner is; the **le/la/les** and the pronoun endings tell you whether the thing owned is masculine singular, feminine singular, masculine plural, or feminine plural.

person	1st letter of pronoun	masculine singular	feminine singular	masculine plural	feminine plural
je	m	le mien	la mienne	les miens	les miennes
tu	t	le tien	la tienne	les tiens	les tiennes
il/elle/on	s	le sien	la sienne	les siens	les siennes
nous	n	le nôtre	la nôtre	les nôtres	les nôtres
vous	v	le vôtre	la vôtre	les vôtres	les vôtres
ils/elles	l	le leur	la leur	les leurs	les leurs

Remarques:

- In the case of **nous, vous,** and **ils/elles,** as "owners," there is no distinction between masculine and feminine forms in the plural to describe what they "own" or are related to (**les nôtres, les vôtres, les leurs**).
- As always, **le** and **les** contract with the prepositions **à** and **de (aux miens, des vôtres).**

Exercices

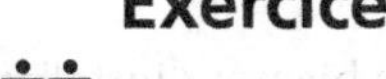

23. Une famille multiethnique. Rachid décrit les membres de sa famille à sa copine, mais Julie ne comprend pas très bien. Répondez aux questions de Julie avec les réponses correctes selon l'arbre généalogique ci-dessous.

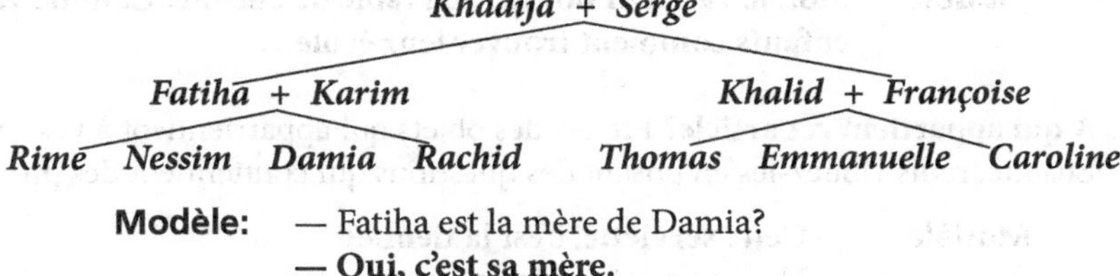

Modèle: — Fatiha est la mère de Damia?
— Oui, c'est sa mère.

1. Serge est le mari de Khadija?
2. Caroline est la mère d'Emmanuelle?
3. Karim est le cousin de Fatiha?
4. Thomas est le frère d'Emmanuelle et de Caroline?
5. Khalid et Françoise sont les parents de Thomas, d'Emmanuelle et de Caroline?

6. Fatiha et Karim sont les parents de Damia?
7. Serge et Khadija sont les beaux-parents de Françoise?
8. Nessim est le cousin d'Emmanuelle?

24. Quels sont tes goûts *(tastes)*? Avec un(e) partenaire, posez-vous les questions suivantes et répondez-y. Attention à la forme de l'adjectif possessif.

Modèle: acteur préféré
— Quel est ton acteur préféré?
— Mon acteur préféré est Denzel Washington. J'aime son air digne.

1. actrice préférée
2. chanteurs préférés
3. activité de loisir préférée
4. animal préféré
5. professeur préféré
6. saison préférée
7. plats *(dishes)* préférés
8. marque *(brand)* de vêtements préférée

25. Brochure touristique. Dans les guides *(guidebooks)* écrits en français, on trouve souvent des descriptions contenant beaucoup d'adjectifs possessifs: «Visitez la Floride! Découvrez **ses** plages ensoleillées, **ses** restaurants sympathiques…». Écrivez une description de votre université ou de votre ville en utilisant ce même style. Votre description peut être sérieuse ou amusante.

26. L'accident. Un soir, vous êtes seul(e) chez votre famille d'accueil *(host family)* française. Vous recevez un coup de téléphone annonçant que les neveux *(nephews)* de votre mère d'accueil ont eu un accident de voiture. Écrivez le message en français, en utilisant l'adjectif possessif quand cela est nécessaire!

1. Your nephews have had an accident.
2. Their car is damaged *(endommagée)*.
3. Paul broke his arm.
4. He also broke his glasses, and he had ten stitches *(points de suture)* in his right ear.
5. Pierre went to the hospital with him, but his injuries *(blessures* [f. pl.]) are less serious.
6. His head hurts, but that's all.

27. Un coup de main *(A helping hand)*. Une famille de réfugiés va bientôt s'installer dans votre ville et vos amis et vous allez les aider. Dites ce que chaque personne va faire pour la famille en utilisant au moins huit adjectifs possessifs dans votre description.

Modèle: **Moi, je vais leur donner ma table de cuisine. Camille va montrer aux enfants comment trouver leur école…**

28. À qui appartient cet article? Prenez des objets qui appartiennent à vos camarades de classe. Ensuite, redistribuez-les en posant des questions qui contiennent des pronoms possessifs.

Modèle: **— Cette serviette, c'est la tienne?**
— Non, ce n'est pas la mienne.
— *(En montrant un autre étudiant)* C'est peut-être la sienne?
— Oui, je crois bien.
— Et ces chaussures?
— Celle de droite, c'est la mienne, mais celle de gauche est à Julie.

29. Mon colocataire. Dans ce message électronique, Hassan décrit son colocataire à ses parents. Complétez ses phrases avec des pronoms possessifs. N'oubliez pas de faire les contractions nécessaires.

Maman, papa, vous m'avez demandé de vous décrire mon colocataire et de comparer son comportement (à) ________________ *(1. mine)*. Voici une courte description de lui.

C'est un type fort sympa. Son caractère et ________________ *(2. mine)* sont assez semblables. Si vous pensez que mes idées politiques sont très libérales, il faut que je vous parle un jour (de) ________________ *(3. his)*!

Il a une copine qui habite dans le même bâtiment, mais je dois vous dire que ________________ *(4. mine)* est plus charmante que ________________ *(5. his)*. Il porte des vêtements qui sont certainement plus chic que ________________ *(6. mine)*. Et il me rappelle toujours: «Ma voiture est plus neuve que ________________ *(7. yours)*.»

Nous habitons dans un appartement plus grand que ________________ *(8. yours)*. Mais________________ *(9. ours)* est beaucoup plus sale! Puisque mon anniversaire *(m.)* et ________________ *(10. his)* sont à quelques jours l'un de l'autre, voulez-vous nous offrir un aspirateur *(vacuum cleaner)?*

À la semaine prochaine!

Hassan

30. Ça commence bien! *(We're off to a good start!)* Votre famille et vous partez demain en vacances, mais personne n'est prêt *(ready)*! Votre frère et vous essayez d'organiser un peu les choses. Quand il vous demande si un objet appartient *(belongs)* à un certain membre de votre famille, vous dites que «non». (Pour continuer la conversation, dites à qui il appartient, et justifiez votre réponse.)

Modèle: — Ce sont tes affaires *(f)*?
— Non, ce ne sont pas les miennes. Ce sont probablement celles de Thomas. Les miennes sont mieux organisées que les siennes.

— C'est le maillot de bain de Julie?
— Non, ce n'est pas le sien, c'est le mien. Celui de Julie est beaucoup plus petit!

1. — Ce sont nos valises *(f.)*?

— ____

2. — C'est la raquette de tennis de papa?

— ____

3. — Ce sont mes lunettes (f.) de soleil?

— ____

4. — C'est ta crème solaire?

— ____

5. — C'est le passeport de maman?

— ____

6. — Ce sont les rollers (m.) *(in-line skates)* de Thomas et Julie?

   — ____

7. — C'est l'appareil photo (m.) de maman et papa?

   — ____

8. — C'est notre tente (f.) à nous? Je ne l'ai jamais vue!

   — ____

31. Objets trouvés. Quelques passagers à l'aéroport cherchent des objets perdus. Complétez les phrases suivantes avec des pronoms possessifs.

1. *Une dame qui cherche une boucle d'oreille*

   — J'ai perdu une boucle d'oreille au Terminal 1.

   — J'en ai plusieurs. Est-ce que vous pouvez décrire ________________ (1)?

   — ________________ (2) est comme celle-ci.

   — Je n'ai rien comme cela.

2. *Un garçon qui cherche le portable de son père*

   — Pardon, madame, vous avez trouvé un portable?

   — Nous en avons plusieurs. De quelle couleur est ________________ (3)?

   — Ce n'est pas ________________ (4). C'est celui de mon père.

   — Où est-ce qu'il a perdu ________________ (5)?

   — Au café, là-bas.

   — Voici un Nokia. C'est ________________ (6)?

   — Oui, merci, madame.

3. *Une jeune fille qui cherche des gants*

   — J'ai perdu des gants.

   — J'ai une boîte pleine de gants. Comment sont ________________ (7)?

   — ________________ (8) sont en cuir.

   — J'en ai plusieurs en cuir. De quelle couleur sont ________________ (9)?

   — Si vous le permettez, je vais essayer de trouver ________________ (10) dans la boîte.

   — Allez-y.

4. *Un couple qui cherche des billets*

   — Mon mari et moi, nous avons perdu nos billets.

   — Quel est votre nom?

   — Leclair.

   — Ces billets Air France sont peut-être _______________ (11)?

   — Oui, oui, ce sont _______________ (12).

À l'écoute!

Langue maternelle et langues ennemies. Dans le texte que vous allez écouter, une écrivaine d'origine hongroise *(Hungarian)*, Agota Kristof, raconte ses premières rencontres avec des langues autres que sa langue maternelle, le hongrois. Agota Kristof est née en Hongrie en 1935 et arrive en Suisse en 1956, où elle travaille dans une usine. Elle apprend le français et écrit pour le théâtre. En 1987, elle devient célèbre avec son premier roman, *Le Grand Cahier,* qui reçoit le Prix du Livre Européen. Écoutez le texte et ensuite faites les activités qui suivent.

Première écoute

1. Quel âge avait l'auteur quand elle a rencontré pour la première fois une population qui parle l'allemand? _______________
2. Quel âge avait l'auteur quand elle a entendu pour la première fois la langue russe? _______________
3. Quel âge avait l'auteur quand elle a rencontré pour la première fois des gens qui parlent français? _______________
4. Dans quel pays est-ce que l'auteur a découvert la langue française? _______________
5. Est-ce que l'auteur parle français sans faute après trente ans d'apprentissage du français? Oui? _______________ Non? _______________

Deuxième écoute

1. Pendant sa jeunesse, l'auteur considérait l'allemand et le russe comme des «langues ennemies». Pourquoi leur donne-t-elle cette qualification?

   ____
2. Pourquoi est-ce que les élèves en Hongrie devaient tous apprendre le russe? Qui enseignait le russe?

   ____
3. Pourquoi les élèves hongrois n'avaient -ils aucune envie d'apprendre le russe?

   ____
4. L'auteur a aussi qualifié le français de «langue ennemie». Pourquoi?

   ____

Troisième écoute

1. Pourquoi est-ce que l'auteur utilise les mots en italique?
«*j'affronte* une langue»

____

____

«C'est ici que commence ma *lutte* pour *conquérir* cette langue, une *lutte* longue et *acharnée*…» _______________________________

____

2. Dans le cas de l'apprentissage du russe, l'auteur parle d'un «sabotage intellectuel national». Qu'est-ce qu'elle veut dire par cette expression?

____

____

3. Vers la fin du texte, l'auteur révèle qu'après plusieurs années d'apprentissage du français, elle n'a pas «conquis» cette langue et qu'elle parle toujours en faisant des fautes. En deux ou trois phrases, racontez votre apprentissage de la langue française.

____

____

____

____

Atelier d'écriture

L'immigration chez moi

I. Le but: Rédiger une lettre d'à peu près 300 mots sur la situation de l'immigration dans votre propre pays. Imaginez que cette lettre sera affichée dans la section «courrier des lecteurs» d'un site Internet.

II. Le sujet: L'immigration chez moi. Depuis des siècles, la France attire des citoyens de divers pays qui, pour une raison ou une autre, ont choisi de quitter leur pays d'origine et de vivre en France. Aujourd'hui, le nombre de ces «invités» a augmenté et fait l'objet de débats politiques et idéologiques. Écrivez une lettre où vous exprimez vos propres sentiments sur les problèmes ou les avantages de l'immigration.

Voici une liste de questions qui peuvent vous aider à rédiger votre lettre:

- Est-ce que la situation de l'immigration dans votre propre pays est similaire à celle de la France ou est-ce qu'elle est différente?
- Considérez-vous que l'immigration dans votre région est excessive?
- Faut-il freiner les migrations parce qu'elles engendrent, selon certains hommes et femmes politiques, des effets négatifs dans le pays d'accueil (perte d'emplois des travailleurs nationaux, baisse des salaires, etc.)?
- Faut-il encourager les migrations comme le proposent d'autres hommes et femmes politiques, puisque la diversité joue un rôle important dans la création de la richesse économique et culturelle d'un pays?

III. Activités préparatoires. Avant d'écrire votre lettre, faites les exercices suivants.

A. Le lexique de l'immigration. Cherchez dans votre texte, dans un dictionnaire ou sur Internet le sens des expressions suivantes. Écrivez une petite définition en français.

1. la carte de résidence ______________________
2. le code de la nationalité ______________________
3. le droit du sang ______________________
4. le droit du sol ______________________
5. les «sans-papiers» ______________________
6. les immigrés clandestins ______________________
7. un permis de séjour ______________________
8. le rapatriement ______________________

B. Déterminez les noms. Ajoutez les déterminants (si nécessaires) des noms dans les phrases suivantes tirées d'un forum sur l'immigration en France. Il y a parfois plus d'une réponse logique.

1. L'Islam est devenu ______________ deuxième religion de France.
2. ______________ immigration apporte ______________ richesse culturelle exceptionnelle.
3. Vive ______________ France de la diversité!
4. L'immigration sans ______________ intégration, c'est une blague *(joke)*.
5. Je suis tout à fait d'accord avec vous quand vous dites que ______________ immigrants sont ______________ force *(a source of strength)* pour la France qui, de tout temps *(historically)*, a été prête à les accueillir *(has always been prepared to welcome them)*.
6. «Tout homme a ______________ patries, la sienne et ______________ France.» *(Adam Mickiewski)*
7. Je n'ai que 75 ans, mais ______________ grand-père, un marchand de bestiaux, disait qu'un homme était étranger s'il lui fallait plus d'un jour (à pied) pour se rendre à ______________ foire. *(I'm only 75, but my grandfather, a cattle dealer, used to say that a man was a foreigner/stranger if it took him more than a day [on foot] to get to the fair.)*
8. L'accueil de l'étranger a déjà été défini dans ______________ Bible, lorsque Dieu rappelle au peuple d'Israël qu'il est lui-même étranger en Terre promise et que ______________ terre de Canaan lui a été prêtée mais jamais donnée. Nous devons nous dire que partout dans ______________ monde, nous sommes ______________ étrangers.

C. Réflexion préliminaire. Répondez aux questions suivantes et donnez quelques détails ou précisions dans votre réponse.

1. Est-ce que votre communauté est multiraciale et diverse, du point de vue ethnique? Expliquez la situation.

   ____

   ____

2. De quelles catégories professionnelles sont les immigrés? Est-ce que ce sont généralement des travailleurs très qualifiés ou peu qualifiés?

   ____

   ____

3. **Existe-t-il dans votre communauté de petits «espaces culturels» (quartiers ethniques)? Expliquez.**

4. **Est-ce que les immigrés prennent les emplois de citoyens américains dans votre région?**

5. **Estimez-vous que les gens de votre région ont le droit de connaître le nombre exact d'immigrés et le nombre exact d'étrangers en situation irrégulière?**

6. **Pensez-vous que les immigrés peuvent respecter les coutumes de leur pays d'origine, tout en vivant dans un nouveau pays?**

7. **Dans quelles circonstances est-ce que les immigrés séjournant dans votre pays devraient-ils être expulsés en cas de crime? (Pour quels crimes: Vols, attentats, incendies, meurtres, viols, insultes au drapeau, insultes aux forces de l'ordre... ?)**

8. **Est-ce que la plupart des immigrés de votre communauté viennent seulement pour y travailler ou avec le désir de s'intégrer à la société? Que pensez-vous du slogan «Immigration sans intégration»?**

9. **Estimez-vous que le pays d'accueil doit accorder aux immigrés la nationalité, l'accès à l'école pour leurs enfants, l'allocation chômage, etc.?**

10. **Estimez-vous que les étrangers accueillis dans votre pays doivent être soumis à une période probatoire prouvant qu'ils sont dignes de s'installer dans votre pays?**

11. **Pouvez-vous nommer des hommes ou des femmes politiques, des acteurs ou des actrices de cinéma, d'autres personnes du monde du spectacle, du sport ou de la littérature, qui sont issus de l'immigration?**

12. Estimez-vous que votre pays a une attitude et une politique généreuses dans le domaine de l'immigration ou, au contraire, que la plupart des gens sont xénophobes ou racistes?

____

____

13. Estimez-vous que les États-Unis devraient être considérés comme un pays bilingue (anglais-espagnol)?

____

____

IV. Au travail! Rédigez un premier brouillon de votre lettre (300 mots). Ensuite, examinez votre texte et faites attention à votre emploi de déterminants.

CHAPITRE

8 Les pronoms relatifs

Sommaire

Some of the signs that you are making progress in French are your ability to avoid redundancy and your ability to form longer and more complex sentences. These longer sentences are sometimes made possible by the use of a relative pronoun (**qui, que, dont**, etc.).

J'ai acheté le livre. Tu as recommandé ce livre.
I bought the book. You recommended the book.

J'ai acheté le livre **que** tu m'as recommandé.
I bought the book (that) you recommended.

The longer sentence above contains a *main clause* **(J'ai acheté le livre)** and a *relative clause* **(… que tu m'as recommandé),** so called because it begins with a relative pronoun.

In English grammar books, relative clauses are often called *adjective clauses;* even though they are an entire sentence, they function like adjectives, because they modify a noun in the main clause. (*Which book did I buy? The* ***blue*** *book, the* ***interesting*** *book, the book* ***that you recommended.***) Just as adjectives most often come after nouns in French, relative clauses also come after the noun they modify (here, **livre**); this noun is called the *antecedent* (from the Latin *ante-*, "before"), because it appears *before* the relative clause.

I. Les pronoms relatifs *qui* et *que*

Grammar Podcasts, Grammar Modules

When you construct a sentence containing a relative pronoun, your choice of the *correct* relative pronoun allows your listener to:

1. "see" the relative clause for a split second as if it were a separate sentence.
2. understand the function of the antecedent in that separate sentence (subject, direct object, etc.).

Let's illustrate this by looking at **qui** and **que,** the relative pronouns you probably know best from your previous study of French.

If you say **J'ai une amie *qui* parle quatre langues,** your use of **qui** allows your listener to understand that you're really saying **J'ai *une amie* et *cette amie* parle quatre langues.** (That is, if you were to repeat **cette amie,** it would be the *subject* of your second sentence.) Here's another sentence that follows the same principle:

Léopold Sedar Senghor écrivait en français, **qui** est la langue officielle du Sénégal.

Now, what about **que**?

Le Québec, c'est la province canadienne **que** je connais le mieux.

In this sentence, you're saying **C'est *la province*** and **Je connais *cette province* le mieux.** By using **que,** you are indicating that **cette province** would be the *direct object* in your second sentence. Here's another example:

Martin Short, c'est un acteur canadien **que** j'aime bien.

Remarques:

- **Qui** and **que** refer to people, things, or concepts.
  The use of **qui** or **que** is determined by the grammatical function of the word replaced in the relative clause (subject or direct object). *It has nothing to do with whether that word refers to a person or a thing, as would be the case in English.*
- Unlike *whom, that, which* in English, **que** may not be omitted in French.
  Le Vieux-Port à Montréal est un quartier pittoresque **que** nous avons visité pendant les vacances l'année dernière.
  Old Harbor in Montreal is the picturesque district ***(that)*** *we visited on our vacation last year.*
- Since **qui** *(who, that, which)* replaces a *subject,* it is usually followed by a verb.
  Ma correspondante québécoise a des ancêtres **qui *sont*** français.
- Since **que** *(whom, that, which)* replaces a direct object, it is usually followed by a noun or a pronoun and a verb.
  Il parle avec un accent **que *j'ai*** du mal à comprendre.

Be careful, though! Since **que** clearly indicates how the relative clause relates to the main clause, the word order **que** + *noun or pronoun* + *verb* is not obligatory. In fact, it is rather common in French to find sentences like this one:

J'aime les chansons politiques **que** chantaient *(verb)* les chanteurs québécois des années soixante *(subject)*.

*I like the political songs **that** the Québécois singers of the sixties used to sing.*

Que tells you that you haven't yet seen the subject of this clause. If it doesn't appear right after the relative pronoun, you're going to have to look for it further on in the sentence! One often finds this construction in cases such as the one above, where there is a very long subject and a very short verb.

- Notice that the relative clause does not have to follow the main clause. It can also be embedded within it. The relative pronoun still directly follows its antecedent, however:

  La pêche sous la glace (**qui** est une coutume héritée des Amérindiens) se pratique un peu partout au Québec.

- The verb that follows the pronoun **qui** always agrees with its antecedent.

  Ce sont **les Canadiens** *(pl.)* **qui** jouent *(pl.)* au hockey à Montréal.

- Since **que** is a direct object (relative) pronoun that precedes the verb in the relative clause, it requires you to make the past participle agree in compound tenses like the **passé composé** (see pp. 46–48).

  La Nouvelle-France est **le premier nom** *(masculine singular)* **que** les colonisateurs français ont donné (*no need to add -e or -s*) au Québec.

  Au parc de la Jacques-Cartier, on peut faire des randonnées pédestres sur **les pistes** *(feminine plural)* **que** les anciens explorateurs ont utilisées (**utilisé + e + s**).

Exercices

1. Êtes-vous cultivé(e) ***(cultured)?*** **Test 1.** Montrez vos connaissances culturelles en répondant aux questions suivantes. Attention au sens des phrases qui contiennent **que**!

Modèle: Nommez un tableau que Pablo Picasso a peint.
Guernica.

1. Nommez un artiste français qui était impressionniste.
2. Nommez un opéra que Mozart a composé.
3. Nommez une chanson qu'a chantée Adele.
4. Nommez un Américain célèbre qui était architecte.
5. Nommez l'auteur français qui a écrit *Le Petit Prince.*
6. Nommez une sculpture célèbre qui se trouve au musée du Louvre et qui n'a pas de bras *(arms).*
7. Nommez un roman qu'a écrit Victor Hugo.
8. Nommez une comédie musicale qui est basée sur une pièce de théâtre ou un opéra.

2. Un vernissage *(An art opening).* À un vernissage, vous présentez des gens que vous connaissez. Si le sujet est un prénom, utilisez **un(e) ami(e)**. Autrement, utilisez **une jeune fille, un homme** ou **une jeune femme.**

Modèles: M. Boucher (*Il* travaille au Musée des Beaux-Arts.)
Je vous présente M. Boucher. C'est un homme qui travaille au Musée des Beaux-Arts.

Caroline (L'artiste *l'*a utilisée comme modèle.)
Je vous présente Caroline. C'est une amie que l'artiste a utilisée comme modèle.

1. Laurent (*Il* aime le jazz, comme vous.)

   ____

2. Mlle Delaborde (Vous *l'*avez rencontrée au mariage de mon frère.)

   ____

3. Julie (*Elle* vient du Québec, et *elle* est parfaitement bilingue.)

   ____

4. M. Delpêche (Je *l'*admire beaucoup, surtout pour son sens de l'humour.)

   ____

5. Maintenant, pensez à quatre amis et/ou à des membres de votre famille. Que diriez-vous pour les présenter à quelqu'un au vernissage?
   - ______________________________
   - ______________________________
   - ______________________________
   - ______________________________

3. Le lendemain de la fête. Hier soir, Suzanne a donné une fête. Aujourd'hui, elle demande à son amie Marie ce qu'elle pense de la soirée. Avec un(e) partenaire, posez des questions et donnez des réponses en suivant le modèle. Utilisez les pronoms relatifs **qui** et **que** de façon appropriée.

Modèle: les gens; je *les* ai invités (sympas / prétentieux / ?)
— Qu'est-ce que tu penses des gens que j'ai invités?
— Ils étaient sympas (*ou:* Ils étaient prétentieux. *ou:* Ils étaient _____.)

1. les hors-d'œuvre; je *les* ai préparés (bons / mauvais / ?)

   ____

   ____

2. mes amis belges; *ils* étaient en retard (décontractés *[relaxed]*; impolis / ?)

____

____

3. le garçon; *il* parlait fort *[was loud]* (gentil / agaçant (*annoying*)/ ?)

____

____

4. la robe; Marie-Thérèse *la* portait (trop courte / seyante *[becoming]* / ?)

____

____

5. la musique; je *l'*ai choisie (assez variée / trop techno / ?)

____

____

6. les boissons *[drinks]*; *elles* étaient disponibles au bar (trop sucrées / trop alcoolisées / ?)

____

____

4. Le Grand Nord *(The Great White North.)* Complétez le passage suivant en ajoutant **qui** ou **que** aux endroits appropriés.

Pendant les années 80, il y avait une émission ______________ (1) je regardais souvent à la télévision. Elle s'appelait *SCTV.* Elle était tournée au Canada et la plupart des acteurs ______________ (2) jouaient dans cette émission étaient canadiens. Mais c'était une émission ______________ (3) le public américain appréciait autant que ses voisins canadiens.

L'émission était diffusée au Canada aussi, mais il y avait une chose ______________ (4) gênait les producteurs canadiens — il n'était pas clair que l'émission était «canadienne». Ils ont insisté pour qu'une partie de chaque émission ait un contenu ______________ (5) soit «canadien». Les créateurs de l'émission ont trouvé cet «ordre» ridicule et ils ont décidé de s'en moquer. Ils ont créé une série de petits sketchs ______________ (6) ils appelaient *The Great White North* — une causerie *(talk show)* imaginaire ______________ (7) contenait tous les stéréotypes imaginables sur les Canadiens. Les deux personnages, ______________ (8) étaient joués par Rick Moranis et Dave Thomas, étaient très drôles. Ces deux «Canadiens typiques», les «frères McKenzie» (Bob et Doug) buvaient constamment de la bière et mangeaient du *back bacon.* Ils parlaient avec des accents canadiens exagérés et parsemaient leurs phrases de l'interjection «eh?». Les vêtements ______________ (9) portaient ces deux «bouffons» ressemblaient à ceux des bûcherons *(lumberjacks)*!

Ces sketchs humoristiques contenaient cependant un petit message sérieux: Bien que les stéréotypes ______________ (10) on se fait des Canadiens ne soient pas vrais, il y a quand même une identité canadienne qu'on doit reconnaître et respecter.

II. Le pronom relatif *dont*

Grammar Podcasts, Grammar Modules

The relative pronoun **dont** indicates to the reader or listener that if the adjective clause were separated from the main clause, the word it shared with the main clause would be preceded by the preposition **de.**

J'ai assisté à **la fête foraine.** Le professeur nous avait parlé ***de* la fête foraine.**
J'ai assisté à la fête foraine **dont** le professeur nous avait parlé.
I attended the fair ***about which*** *our professor had told us (. . .* ***that*** *our professor had told us* ***about****).*

La Route des baleines traverse **la région de Charlevoix.** Les paysages grandioses ***de* la région de Charlevoix** ont inspiré beaucoup d'artistes.
La Route des baleines traverse la région de Charlevoix **dont** les paysages grandioses ont inspiré beaucoup d'artistes.
The Whale Route crosses the Charlevoix region, ***whose*** *grandiose landscapes have inspired many artists.*

Remarques:

- As is the case with **qui** and **que,** the pronoun **dont** may refer to people, things, or ideas.
- **Dont** is used with verb constructions and adjectives that are followed by **de,** such as:

avoir besoin **de**	*to need*
avoir envie **de**	*to want*
avoir honte **de**	*to be ashamed of*
avoir peur **de**	*to be afraid of*
parler **de**	*to talk about*
entendre parler **de**	*to hear about*
profiter **de**	*to take advantage of; to profit from*
se servir **de**	*to use*
se souvenir **de**	*to remember*
être certain(e) **de**	*to be certain of*
être content(e) **de**	*to be happy with*
être fier (fière) **de**	*to be proud of*
être sûr(e) **de**	*to be sure of*

Alors, là, c'est un jour **dont** je me souviens très bien! (Je me souviens très bien **de ce jour!**)
Now, ***that's*** *a day I remember very well!*

C'est un devoir **dont** il est très fier. (Il est très fier **de ce devoir.**)
That's *an [homework] assignment he's very proud* ***of.***

- You will remember from your earliest study of French that you use **de** to indicate possession of something (**C'est la voiture *de* mon père; C'est le livre *de* Julie,** etc.) Quite logically, then, **dont** is also used to replace **de** + *a noun referring to an "owner"* in these sorts of sentences, thus expressing the equivalent of *whose* in English.

Voici l'ami québécois **dont** j'ai visité la ville pendant les vacances.
(Voici mon ami québécois. J'ai visité la ville **de cet ami** pendant les vacances.)
This is the Québécois friend ***whose*** *city I visited during vacation.*

C'est un village **dont** les maisons historiques sont bien préservées.
(C'est un village. Les maisons historiques **de ce village** sont bien préservées.)
It's a village ***whose*** *historic houses are well preserved.*

- We noted above that you have some freedom regarding word order with the relative pronoun **que.** There's no freedom here! You must use the following word order for your relative clause.

  dont + subject + verb

  In sentences where **dont** means *whose,* this sometimes produces a word order that is different from that of English. Compare:

  C'est une femme **dont** j'admire l'**honnêteté.**

  *That's a woman **whose honesty** I admire.*

  In English, it has become increasingly acceptable to end a sentence with a preposition.

  *That's the movie I was telling you **about.***

  In French, that practice is not acceptable.

  C'est le film **dont** je vous parlais.

  lit. *That's the film **about which** I was telling you.*

Exercices

En groupes de deux, chaque étudiant(e) doit faire une phrase vraie. Le/La gagnant(e) est celui ou celle qui pourra faire le plus de phrases exactes.

5. Êtes-vous cultivé(e)? Test 2. Montrez vos connaissances culturelles en répondant aux questions suivantes avec des phrases complètes. Utilisez **dont** et montrez votre vaste savoir culturel.

Modèle: Nommez un acteur ou une actrice dont les rôles ont été très différents les uns des autres.
Dustin Hoffman (Johnny Depp, Jack Nicholson, Morgan Freeman, Russell Crowe, Catherine Zeta-Jones) est un acteur/une actrice dont les rôles ont été très différents les uns des autres.

1. Nommez le pays africain dont la capitale est Abidjan.

   ____

2. Nommez un roman dont l'auteur est allemand.

   ____

3. Nommez un artiste dont les tableaux contiennent beaucoup de formes géometriques.

   ____

4. Nommez un homme ou une femme politique européen(ne) dont les idées sont conservatrices ou réactionnaires.

____

5. Nommez un homme ou une femme dont les idées sur la paix ont eu beaucoup d'influence sur le monde au 20e siècle.

____

6. Nommez le personnage mythologique dont le fils s'appelait Icare.

____

7. Nommez un sport dont les joueurs sont souvent blessés *(hurt)*.

____

8. Nommez un philosophe grec dont les idées ont beaucoup influencé le monde occidental.

____

6. ***Jeopardy!*** Comme dans l'émission télévisée *Jeopardy!* vous devez donner la réponse sous forme de question.

Modèle: C'est un objet dont on a besoin pour faire la cuisine.
Qu'est-ce que c'est qu'une casserole (une spatule, une cuillère, etc.)?

1. C'est une notion grammaticale dont on parle en classe en ce moment.

____

2. C'est une nourriture dont on a envie quand on est triste ou déprimé.

____

3. C'est une date dont les Américains se souviennent bien.

____

4. C'est une qualité dont un dirigeant *(leader)* a besoin.

____

5. C'est un fait dont la communauté scientifique est certaine.

____

6. C'est un événement d'actualité *(current event)* dont on parle en ce moment.

____

7. C'est un animal dont on a souvent peur.

____

7. Au retour du Québec. De retour chez vous après des vacances au Canada, vous ouvrez vos valises et vous identifiez les objets que vous montrez à votre colocataire. Suivez le modèle, en utilisant **qui, que** ou **dont.** Faites attention aux accords!

Modèle: J'ai acheté cette montre au Québec.
Voici la montre que j'ai achetée au Québec.

1. Il faisait froid à Tadoussac. J'avais besoin *de ce pull.*

Voici le pull _______________

2. *Cet imperméable* a remplacé mon vieux manteau.

   C'est le nouvel imperméable ______________________________

3. J'ai acheté *cette valise* rue Sainte-Catherine à Montréal.

   Je suis très content(e) de cette valise ______________________________

4. J'ai lu *ces cinq romans québécois* pendant mon séjour.

   Voici les cinq romans québécois ______________________________

5. Je me suis beaucoup servi *de ces cartes routières (road maps)* pendant la dernière semaine des vacances.

   J'ai gardé les cartes routières ______________________________

6. *Ce sirop d'érable (maple syrup)* m'a coûté 25 dollars.

   On va partager *(share)* ce sirop d'érable ______________________________

7. J'ai oublié le prix *de cette statuette inuite.*

   J'adore cette statuette inuite ______________________________!

8. J'ai beaucoup entendu parler de ce groupe, *La Bottine souriante.*

   Tiens, je t'ai apporté le CD de *La Bottine souriante,* un groupe ______________________________

III. Le pronom relatif *où*

Grammar Podcasts, Grammar Modules

The relative pronoun **où** is used with expressions of location (the place *where*) and time (the moment *when*).

> Nous sommes passés par les Laurentides, **où** il y a une grande concentration de stations de ski.
> *We passed through (crossed) the Laurentians,* ***where*** *there is a large concentration of ski resorts.*

> 1976, c'est l'année **où** les Jeux Olympiques se sont déroulés à Montréal.
> *1976 was the year* ***when*** *(in which) the Olympic Games took place in Montreal.*

Remarque: Just because you use the name of a place in a sentence doesn't mean you will use the relative pronoun **où** if you modify the place name with an adjective clause. Your sentence *must* mean *[the place]* ***where.*** Compare the three sentences below:

> Le Sénégal, c'est un pays **qui** est une ancienne colonie française. *(a country* ***that*** *is a former French colony)*
>
> Le Sénégal, c'est un pays **que** je voudrais visiter un jour. *(a country* ***[that]*** *I would like to visit one day)*
>
> *but:*
>
> Le Sénégal, c'est un pays **où** on parle français et plusieurs langues indigènes. *(a country* ***where*** *they speak French and several indigenous languages)*

Exercices

8. Êtes-vous cultivé(e)? Test 3. Expliquez la signification des dates données ci-dessous. Utilisez **le jour où, le mois où, l'année où.**

Modèle: le 14 février?
C'est le jour où l'on offre des fleurs ou des chocolats à la personne qu'on aime.

la Bourse (*stock market*) américaine a chuté de 12%
un homme a marché sur la Lune
les «Pèlerins» ont débarqué à Plymouth
Abraham Lincoln a signé la Proclamation d'émancipation
la Révolution russe a commencé
les Japonais ont attaqué Pearl Harbor
le Titanic a fait naufrage
le mur de Berlin est tombé
le président Obama a été réélu
les ouvriers et les étudiants en France ont fait une grève massive
la Révolution française a commencé
les Normands ont gagné la bataille d'Hastings

1. 1620
2. le 7 décembre 1941
3. mai 1968
4. le 20 juillet 1969
5. le 1er janvier 1863
6. 1789
7. 1066

8. le 9 novembre 1989

9. 1917

10. novembre 2012

11. le 15 avril 1912

12. le 29 octobre 1929 («Black Tuesday»)

Maintenant, écrivez quatre dates précises qui sont importantes pour vous. Montrez ces dates à votre partenaire qui va essayer d'en deviner la signification.

Modèle: le 28 août 2013
— C'était ton premier jour d'école?
— Non, c'est le jour où ma nièce, Sarah, est née.

9. Souvenirs d'enfance. Vous vous promenez avec un(e) ami(e) dans la ville où vous êtes né(e). Expliquez ce que représentent pour vous les endroits que vous voyez.

Modèle: Voilà le quartier. J'ai vécu toute mon enfance *dans ce quartier.*
Voilà le quartier où j'ai vécu toute mon enfance.

1. Voilà l'hôpital. Je suis né(e) *dans cet hôpital.*

2. Voilà l'école. J'ai appris à lire *dans cette école.*

3. Voilà le parc. J'allais souvent *dans ce parc* avec mes amis.

4. Voici la place. Nous faisions du skateboard *sur cette place.*

5. Voici le restaurant. Ma famille mangeait *dans ce restaurant* après la messe.

6. Voilà le cinéma. J'ai vu «Le monde de Nemo» *dans ce cinéma.*

7. Voilà la banque. Mon père travaillait *dans cette banque.*

8. Voici la maison. Nous habitions *dans cette maison.*

Maintenant, posez des questions à votre partenaire pour obtenir plus de détails sur son enfance.

Modèle:
— Comment s'appelle l'hôpital où tu es né(e)?
— L'hôpital où je suis né(e) s'appelle Abbott Hospital. (*ou:* Je ne me souviens pas du nom de l'hôpital où je suis né[e].)

10. ***Les Lettres chinoises.*** Lisez le passage suivant et ajoutez les pronoms relatifs qui manquent (**qui, que, dont, où**).

Je viens de lire un très bon livre ______________ (1) l'auteur s'appelle Ying Chen. C'est une immigrée chinoise ______________ (2) vit actuellement à Vancouver, ______________ (3) elle s'est installée après avoir quitté la Chine en 1989. Bien qu'elle soit d'origine chinoise, elle écrit en français.

Dans le roman, il s'agit d'un jeune homme chinois, Yuan, ______________ (4) part pour faire des études au Canada, ______________ (5) il voit un peu comme la Terre Promise. Le jour ______________ (6) il part, il jure à sa fiancée Sassa (______________ [7] hésite à le suivre) qu'il lui écrira souvent. Le roman est une compilation des lettres ______________ (8) s'écrivent ces jeunes amoureux. Un jour, une autre jeune Chinoise arrive à Montréal — c'est Da Li, une amie ______________ (9) Yuan et Sassa connaissent depuis longtemps. C'est ainsi qu'un «triangle amoureux» est créé… Ne t'inquiète pas, je ne vais pas te dire ce qui se passe à la fin — je ne veux pas la gâcher (*spoil*) pour toi.

J'ai adoré ces lettres ______________ (10) sont pleines de remarques délicates et de sentiments cachés. Tu sais, je crois que c'est le premier roman francophone ______________ (11) j'ai lu uniquement pour le plaisir, et ça, c'est quelque chose ______________ (12) je suis très fière!

IV. Les pronoms relatifs *qui* et *lequel* après une préposition

Grammar Podcasts, Grammar Modules

A. *Qui*

Sentences in which the relative pronoun is preceded by a preposition are the only ones in which you might distinguish between a person and a thing. When referring to a person, **qui** is preferred in most circumstances:

Qui est l'homme **avec qui** elle danse?

Who's the man **(*whom/who/that*)** *she's dancing* ***with?*** */ Who's the man* ***with whom*** *she's dancing?*

Note once again that it is possible to leave out the relative pronoun in the English sentence; this is not possible in French. Furthermore, although standard American English has come to accept sentences ending with prepositions *(France has laws against anglicisation* ***(that)*** *I do not agree* ***with*)**, this does not work in French.

B. *Lequel*

The relative pronoun **lequel** is used after a preposition when you are referring to a *thing.* It actually has four forms, depending on whether its antecedent is masculine or feminine, singular or plural.

	singular	plural
masculine	lequel	lesquels
feminine	laquelle	lesquelles

Since there are two kinds of prepositions in French, we'll present this explanation in two steps.

1. ***Lequel* after simple prepositions**

Simple prepositions are one-word prepositions.

à *at, in, to*
après *after*
avant *before*
avec *with*
contre *against*
dans *in, into*
derrière *behind*
devant *in front of*
durant *during*
entre *between*
envers *towards*
malgré *despite*
par *by*
parmi *among*
pendant *while, during*
pour *for, in order to*
sans *without*
selon *according to*
sous *under*
suivant *according to*
sur *on*
vers *toward*

When the relative pronoun refers to a thing or an idea and is preceded by any simple preposition other than **de** (which requires the use of **dont**), use the appropriate form of **lequel.**

C'est ***le*** *film pendant* **lequel** j'ai dormi.
Voilà ***la*** *maison dans* **laquelle** je vivais.
Voici ***les*** *exercices sur* **lesquels** je travaille.
Ce sont ***des*** *injustices (f.pl.) contre* **lesquelles** je lutte.

Remarques:

- As in the case of the article **le,** the pronoun **lequel** is contracted when preceded by the proposition **à.**

à + lequel = **auquel**
à + laquelle = **à laquelle**
à + lesquels = **auxquels**
à + lesquelles = **auxquelles**

— Tu as présenté ton travail à ce jury?
— Oui, oui, c'est le jury **auquel** j'ai présenté mon travail.

- If you can train yourself to say consistently **C'est la raison pour laquelle…,** you will impress everyone who ever hears you speak French.

Voilà la raison **pour laquelle** je suis venu(e) vous voir.
This is the reason (why) I came to see you.

2. ***Qui* and *lequel* after compound prepositions**

Compound prepositions contain more than one word: **d'après** *(according to)*, **à travers** *(across)*, **grâce à** *(owing to)*, **jusqu'à** *(until, up to)*, **autour de** *(around)*, **à cause de** *(because of)*, **à côté de** *(next to)*, **au delà de** *(beyond)*, **au-dessous de** *(under)*, **au-dessus de** *(above)*, **en face de** *(in front of)*, **au lieu de** *(instead of)*, **près de** *(close to)*, **à propos de** *(about, on)*, **au sujet de** *(on, about)*. . .

Once again, if your antecedent is a person, simply use the relative pronoun **qui** after a compound preposition.

Jean, je te présente Sandrine, **grâce à qui** j'ai réussi à mon examen de maths.

*Jean, meet Sandrine, **thanks to whom** I passed my math test.*

If you are referring to a thing, you will use the appropriate form of the relative pronoun **lequel** after a compound preposition, *even if the preposition contains **de**.* Do not use **dont** after a compound preposition.

— Paul habite près d'ici?

— Oui, voilà le bâtiment **à côté duquel** il habite.

It will probably not surprise you to learn that compound prepositions ending in **de** or **à** will contract with **lequel, lesquels,** and **lesquelles:**

à + lequel = **auquel**	de + lequel = **duquel**
à + laquelle = **à laquelle**	de + laquelle = **de laquelle**
à + lesquels = **auxquels**	de + lesquels = **desquels**
à + lesquelles = **auxquelles**	de + lesquelles = **desquelles**

Exercices

11. Êtes-vous cultivé(e)? Test 4. Choisissez la (les) réponse(s) correcte(s) pour chaque question ci-dessous.

Modèle: Quelle est l'altitude approximative au-delà de laquelle un être humain a besoin d'oxygène supplémentaire?
a. 3 000 m. b. 6 000 m. c. 9 000 m. **(Réponse: a)**

1. Quels étaient les médicaments grâce auxquels il y a eu moins de morts causés par les infections pendant la Deuxième Guerre mondiale que pendant les guerres précédentes?

   a. les antibiotiques b. les stéroïdes c. les analgésiques

2. À Paris, quel est l'édifice au sommet duquel il y a une antenne de radio?

   a. Notre-Dame de Paris b. la tour Eiffel c. la tour Montparnasse

3. Quels sont les États à côté desquels se trouve l'Orégon?

   a. l'Idaho b. le Nevada c. l'Utah d. la Californie
   e. l'État de Washington

4. Quelles sont les planètes autour desquelles il y a des anneaux?

   a. Saturne b. Vénus c. Uranus d. Jupiter

5. Aujourd'hui, quel est l'âge moyen jusqu'auquel une Américaine peut espérer vivre?

   a. 67 ans b. 81 ans c. 87 ans d. 92 ans

6. Quelle est la chaîne de montagnes auprès de laquelle se trouve la ville de Katmandou?

   a. le T'ien-Chan b. l'Himalaya c. l'Oural d. le Saïan

7. Quel est le fleuve au-dessus duquel on peut facilement sauter à sa source dans le nord du Minnesota?

   a. le Mississippi b. le Missouri c. la Rivière rouge d. la Sainte-Croix

8. Quelle est la religion contre laquelle Martin Luther a écrit ses 95 Thèses?

   a. le protestantisme b. le catholicisme c. l'anabaptisme

9. Quel est le scandale à cause duquel Richard Nixon a été obligé de démissionner de la présidence des États-Unis?

   a. l'affaire Alger Hiss b. l'affaire «Checkers» c. l'affaire du Watergate

12. Qui l'eût cru? ***(Who knew?)*** Utilisez les éléments donnés pour décrire des emplois «insolites» *(unusual)* d'objets ou de produits ordinaires. Utilisez **avec** et la forme appropriée de **lequel** dans chacune de vos phrases.

Modèle: un fer à repasser *(iron)* / faire un croque-monsieur
Un fer à repasser, c'est un appareil avec lequel on peut faire un croque-monsieur.
Mots utiles: un aliment, une boisson, un objet, une chose, un appareil, une machine, un produit, un instrument, un outil *(a tool)*, une pâte *(paste)*, des déchets *(waste)*

1. le dentifrice / nettoyer les touches *(keys)* d'un piano

   ____

2. la bière / tuer les souris *(mice)*

   ____

3. les peaux de banane / polir les chaussures

   ____

4. le Coca-Cola™ / se débarasser de l'odeur d'une mouffette *(skunk)*

   ____

5. le beurre de cacahuètes *(peanut butter)*

6. un vieux CD

7. ??

8. ??

13. Rapports divers. Écrivez quatre phrases décrivant vos relations avec différentes personnes en choisissant chaque fois un élément de chaque liste. Ensuite, faites un peu de commérage *(gossip)* et écrivez quatre phrases dans lesquelles vous parlez des relations personnelles des autres!

Modèles: Mon oncle Robert est une personne sur qui je peux toujours compter. Justin Bieber, c'est un chanteur qui a eu quelques petits problèmes avec la police.

quelqu'un	s'entendre mal avec
un(e) ami(e)	aller souvent chez
une personne	téléphoner souvent à
une connaissance	avoir beaucoup d'admiration pour
une personne de ma famille	bien s'amuser avec
un professeur	pouvoir compter sur
un(e) colocataire	éprouver du respect pour
un(e) camarade de classe	éprouver de l'amitié pour
des gens	avoir confiance en
une star / un acteur / une actrice	s'entendre bien avec
un homme / une femme politique	ne pas être d'accord avec
un(e) athlète	ne pas pouvoir vivre sans
un chanteur / une chanteuse	sortir avec
???	être marié(e) avec
	rompre avec *(to break up with)*
	divorcer avec

14. Pour mieux vous connaître. Répondez à chaque question en utilisant un pronom relatif. Imitez le modèle pour produire la structure correcte de la phrase.

Modèle: Êtes-vous prêt(e) à protester *contre* certains *phénomènes* (*m.pl.*)? Nommez-en deux.
La faim et l'injustice sont deux phénomènes contre lesquels je suis prêt(e) à protester.

1. Êtes-vous fatigué(e) *après* certaines *activités?* Nommez-en une.

____

2. Vous êtes-vous jamais endormi(e) *pendant un concert, un film ou un cours?* Lequel?

____

3. Est-ce que vous vous intéressez *à* beaucoup de *choses?* Nommez-en deux.

____

4. Avez-vous écrit un très bon devoir *(paper)? Sur* quel *sujet?*

____

5. Est-ce qu'on vous a photographié(e) *devant* des *monuments* bizarres ou exotiques? Nommez-en deux.

____

6. Est-ce que vous ne pouvez pas vivre *sans* certaines *choses?* Nommez-en deux.

____

15. Scènes de crime. Un agent de police fait un rapport sur une arrestation qu'il vient de faire. Traduisez ses remarques en français en utilisant les formes appropriées de **lequel.**

Modèle: June was the month during which the thief came to the bank six times and we became suspicious.
Juin, c'était le mois pendant lequel le voleur est venu à la banque six fois et nous sommes devenus soupçonneux.

1. Here is the revolver **(le revolver)** with which he threatened **(menacer)** the people in the bank.

____

2. In this photo **(Sur cette photo),** you can see the sacks in which he put the money.

____

3. And there is the door by which he escaped **(s'échapper).**

____

4. Those are the desks behind which my officers hid to capture him **(attraper).**

____

5. Here is a photo of his capture (**capture,** *f*.), after which we questioned him for two hours.

____

6. We are going to watch **(surveiller)** the warehouse (**l'entrepôt,** *m.*) he called before the robbery.

____

7. All of this is evidence without which we would never have been able to arrest the criminal **(arrêter le criminel).**

Tout ceci forme l'ensemble des preuves (*f*) ______________________________

16. Potpourri canadien. Complétez ces phrases sur le Canada en ajoutant la forme appropriée de **lequel.**

1. Un beau symbole du Canada, c'est son drapeau, au milieu (de) ________________ il y a une feuille d'érable rouge.
2. Le français canadien et la culture québécoise sont des phénomènes grâce (à) ________________ le Québec et la France sont restés liés.
3. Québec est une belle ville au centre (de) ________________ on trouve la plus vieille église d'Amérique du Nord.
4. La population du Canada comprend beaucoup de peuples indigènes. Malheureusement, la variole *(smallpox)*, la tuberculose, la grippe et la pneumonie sont des maladies «européennes» à cause (de) ________________ beaucoup d'indigènes sont morts.
5. La Route des baleines, c'est une route le long (de) ________________ on voit beaucoup de beaux paysages.
6. La pluie acide et la pollution de l'air ainsi que de la mer sont des problèmes écologiques au sujet (de) ________________ l'État canadien se fait beaucoup de soucis.

17. *Volkswagen Blues.* Lisez le passage suivant et ajoutez les pronoms relatifs qui manquent. Utilisez **qui, que, dont, où** ou la forme qui convient de **lequel.**

Volkswagen Blues, de Jacques Poulin, est un roman canadien qui ressemble à un «road movie». C'est l'histoire d'un écrivain ________________ (1) s'appelle Jack Waterman, et ________________ (2) le frère aîné a disparu il y a plusieurs années. Jack trouve une vieille carte postale ________________ (3) Théo lui a écrite quelques années après son départ et il décide de partir à sa recherche.

L'histoire commence au Québec, dans un camping près de la baie de Gaspé ________________ (4) Jack a passé la nuit dans son vieux minibus Volkswagen. Partant tôt le matin, il s'arrête pour prendre une jeune fille ________________ (5) fait de l'auto-stop avec son chat. Il lui montre la carte mystérieuse, sur ________________ (6) il y a une écriture ancienne presque illisible. La fille suggère qu'ils s'arrêtent au musée de Gaspé ________________ (7) Jack va peut-être trouver l'explication ________________ (8) il a besoin. Là, les protagonistes découvrent qu'il s'agit de l'écriture de Jacques Cartier — c'est le récit du jour ________________ (9) ses hommes et lui ont débarqué sur le continent américain au 16e siècle. Mais ils trouvent aussi un indice *(clue)* ________________ (10) suggère où il faut chercher Théo.

C'est ainsi que commence un long voyage au cours (de) ________________ (11) ils vont traverser l'Amérique du Nord, de Gaspé à San Francisco, à la recherche de ce frère disparu. À chaque endroit ________________ (12) ils s'arrêtent, ils trouvent des traces ________________ (13) a laissées Théo, mais ils trouvent aussi des traces d'explorateurs français et d'événements historiques ________________ (14) ont formé le caractère des États-Unis.

Jack et sa compagne font plusieurs découvertes, grâce (à) _______________ (15) ils réfléchissent sur les héros _______________ (16) on choisit et sur les raisons pour _______________ (17) on les admire. Les deux voyageurs, _______________ (18) étaient tous les deux un peu perdus au début, finissent par découvrir leur véritable identité. Est-ce qu'ils retrouvent Théo, sans _______________ (19) ils n'auraient jamais fait ce voyage? Je ne vous le dis pas, mais je vous assure que l'histoire a une fin _______________ (20) vous vous souviendrez très longtemps!

18. Ô, Canada! Complétez les phrases suivantes en utilisant chaque fois un pronom relatif. Il faut utiliser au moins une fois: **qui, que, dont, où** et une forme de **lequel.**

Prépositions utiles: **à, après, autour de, avec, à cause de, contre, dans, durant, entre, grâce à, malgré, par, pendant, près de, sans, suivant, à travers**

1. Le Québec et le Manitoba sont deux provinces…

____

2. Le Lac Louise est un lac…

____

3. Les «voyageurs» étaient des hommes…

____

4. L'hiver est une saison…

____

5. L'année 1534, c'est l'année…

____

6. Le hockey sur glace est un sport…

____

7. Keanu Reeves est un acteur…

____

8. Les «Canadiens de Montréal» sont une équipe de hockey sur glace…

____

9. Les ours blancs, les loups et les caribous sont des animaux…

____

10. Les Rocheuses sont des montagnes…

____

V. Les pronoms relatifs avec l'antécédent *ce*

Grammar Podcasts, Grammar Modules

In certain cases, relative pronouns are not preceded by a noun antecedent.

- In some situations, the person or thing the relative pronoun refers to is mentioned *after* the relative pronoun.

  Ce que je cherche, c'est un **roman** par un auteur canadien.

  ***What** I'm looking for is a **novel** by a Canadian author.*

- In other situations, the speaker or writer may not know exactly what the relative pronoun refers to, and is essentially asking another person to supply that information:

  (Je sais que tu veux **quelque chose.**) — Dis-moi **ce que** tu veux.

  *(I know you want **something.**)* — *Tell me **what** you want.*

- And in still others, the speaker or writer knows more or less what he/she is referring to, but isn't narrowing it down to a specific, one-word antecedent.

  (Something happened: an event, an accident, a crisis, a situation, an incident, etc.)

  Il m'a expliqué **ce qui** s'est passé.

  *He explained to me **what** happened.*

- Finally, the antecedent can be an entire idea, instead of just one word.

  Personne ne lui demande jamais de faire quoi que ce soit, **ce qui** m'agace!

  *Nobody ever asks him to do anything, **which** drives me crazy!*

These examples show us two important things. First, if a relative pronoun is not preceded by a noun antecedent, it is generally preceded by **ce.** Second, these **ce qui, ce que, ce dont** combinations are all translated into English as *what* or *which.* These are not the question words *what?* or *which?;* instead, they mean *that which, the thing or idea which,* etc.

RELATIVE PRONOUN	MEANING	USE
ce qui	*what (= [that] which)*	subject of verb
ce que / ce qu'	*what (= [that] which)*	object of verb
ce dont	*what (= [that] of which)*	with expressions taking **de**

You will decide whether to use **ce qui, ce que,** or **ce dont** by determining whether it refers to a subject, a direct object, or the object of the preposition **de,** just as you did in the case of relative pronouns *with* an antecedent. Complete the following sentences with either **ce qui, ce que,** or **ce dont** just to get a sense of how these constructions work:

Sentences with **ce qui:**

Quelque chose est arrivé.	J'ai vu **ce qui** est arrivé.
Quelque chose est drôle.	**Ce qui** est drôle, c'est son accent.
Quelque chose te gêne *(bothers you).*	Je comprends ________________.
Quelque chose me rend malade.	________________, c'est son attitude.

Sentences with **ce que:**

Il dit *quelque chose.*	________________ me semble injuste.
Tu as fait *quelque chose.*	J'apprécie ________________.
Il représente *quelque chose.*	________________, nous le détestons.

Sentences with **ce dont:**

J'avais besoin *de quelque chose.*	C'est **ce dont** j'avais besoin.
Ils ont peur *de quelque chose.*	________________, ce sont les serpents.
Elle est fière de *quelque chose.*	Je vois très bien ________________.

Exercices

19. À vous de choisir! Complétez les phrases en employant **ce qui, ce que** ou **ce dont** selon le besoin.

1. Le professeur explique à ses étudiants _______________ **il veut.**

   _______________ **ils doivent faire.**

   _______________ **il a besoin.**

   _______________ **est important à retenir.**

2. Les étudiants lui disent _______________ **ils ont peur.**

   _______________ **ils ne comprennent toujours pas.**

   _______________ **ils sont contents.**

   _______________ **leur semble difficile.**

3. Un étudiant a triché *(cheated)*. Il explique au professeur _______________ **il a fait.**

   _______________ **il a honte.**

   _______________ **il a peur.**

   _______________ **il regrette.**

Note that you can add **tout** to any of these expressions with **ce** to mean *everything that, all that.*

Dis-moi **tout ce que** tu sais de cette affaire.
*Tell me **everything (that)** you know about this case.*

20. Des courses réussies? *(A successful shopping trip?)* Vous venez de faire du shopping et vous parlez de votre «excursion» avec un(e) ami(e) après votre retour. Ajoutez une conclusion logique qui commence par **ce qui, ce que** ou **ce dont** à chacune des phrases suivantes.

Modèle: Est-ce que tu sais **ce que j'ai fait aujourd'hui? Du shopping!**

1. Je vais te montrer…

   ____

2. J'ai trouvé presque tout…

   ____

3. Caroline m'a donné une liste et j'ai acheté tout…

   ____

4. Ne regarde pas… C'est un cadeau pour toi!

   ____

5. Maman m'avait envoyé de l'argent, alors j'ai acheté tout…

   ____

6. Oh là là, j'ai dépensé presque 500 euros,…

   ____

Synthèse				
	antecedent			
	persons	**things**	**place or time**	**absent or indefinite antecedent, idea**
subject	QUI Voici un étudiant **qui** parle deux langues.	QUI Le français est une langue **qui** se parle en Afrique.	QUI Le Sénégal, c'est le pays **qui** est le plus à l'ouest de l'Afrique.	CE QUI **Ce qui** m'ennuie, c'est que je n'ai pas de vacances.
direct object	QUE (QU') C'est l'acteur **que** j'aime le plus.	QUE (QU') Paris est la ville **que** je préfère.	QUE (QU') Le Togo est le pays **que** j'ai visité.	CE QUE (CE QU') **Ce que** tu dis est vrai.
object of *de*	DONT L'homme **dont** je parle vient d'arriver.	DONT Où est le dictionnaire **dont** j'ai besoin?	DONT C'est le pays **dont** je rêve.	CE DONT **Ce dont** on a besoin en Afrique, c'est de médecins.
object of all other prepositions	QUI (LEQUEL) C'est l'ami avec **qui (lequel)** je voyage.	LEQUEL LAQUELLE LESQUELS LESQUELLES Je vais passer l'examen pour **lequel** j'ai tant étudié	OÙ (LEQUEL) Voici la salle **où (dans laquelle)** j'étudie. Le jour **où** vous viendrez, appelez-moi.	

21. Conseils culturels. Complétez la lettre que François a écrite à son ami Alain en choisissant les pronoms relatifs qui conviennent dans la liste suivante. Un pronom peut s'employer plus d'une fois.

qui	**que**	**dont**	**où**
à qui	**ce qui**	**ce que**	**ce dont**
lequel	**laquelle**	**lesquels**	**lesquelles**

Cher Alain,

Alors, c'est sûr, tu vas passer un an au Québec! C'est trop bien! ________________ (1) tu devrais faire pour t'adapter, c'est beaucoup regarder la télévision une fois arrivé. Je te conseille de regarder toutes les émissions d'actualités *(news, current events)*, ________________ (2) pourrait t'aider à comprendre la culture québécoise. Bien sûr, il y a des émissions ________________ (3) on passe tous les jours et d'autres ________________ (4) sont hebdomadaires *(weekly)*. On y montre le point de vue canadien sur tout ________________ (5) se produit (*happens*) dans le monde ce jour-là et on y fait des reportages sur des événements ________________ (6) sont uniquement canadiens. Les présentateurs, ________________ (7) la prononciation est très claire, sont des journalistes ________________ (8) savent très bien expliquer et analyser les phénomènes ________________ (9) ils parlent.

À Québec, tu rencontreras ma cousine Chantal, ________________ (10) le mari est originaire de Montréal et ________________ (11) j'ai annoncé ton arrivée au Québec. Elle est très gentille et elle t'attend avec impatience. Va la voir et dis-lui les endroits ________________ (12) tu veux aller et ________________ (13) tu veux voir. Je suis sûr qu'elle t'aidera avec tout ________________ (14) tu as besoin.

Chantal habite une grande maison dans ________________ (15) elle donne des cours de musique. Tu seras surpris quand tu verras les photos des chanteuses célèbres avec ________________ (16) elle a travaillé. Si tu as de la chance, elle te présentera à quelques-unes d'entre elles. Moi, ________________ (17) je me souviens surtout de mon dernier passage chez Chantal, c'est le jour ________________ (18) j'ai rencontré la chanteuse canadienne, Céline Dion, avec ________________ (19) j'ai échangé quelques mots — c'était une rencontre ________________ (20) m'a beaucoup impressionné, à cause de la gentillesse avec ________________ (21) elle m'a parlé. J'étais tout à fait ravi parce que c'est Céline ________________ (22) je préfère parmi tous les chanteurs québécois.

Alain, écris-moi de temps en temps pour me raconter tout ________________ (23) tu fais au Québec. Je penserai à toi et je te souhaite un très bon voyage!

Amitiés,

François

22. Un nouveau film. Vous êtes cinéaste et vous avez décidé de tourner un film sur le Canada. Vous essayez d'intéresser des producteurs éventuels *(potential producers)* à votre projet. Complétez chacune des phrases suivantes en ajoutant une proposition relative. Utilisez huit pronoms relatifs différents. Pronoms relatifs possibles: **qui, que, dont, où, lequel (laquelle, lesquels, lesquelles), ce qui, ce que, ce dont.**

Modèle: Je propose de tourner un film…
Je propose de tourner un film auquel vous êtes sûrs de vous intéresser (qui est sûr de plaire au public, ce qui n'est pas une tâche facile, dont nous pourrons tous être très fiers,…).

1. Ce sera un film…

____

2. Je voudrais présenter le *vrai* Canada aux habitants des États-Unis…

____

3. Dans le film, on verra…

____

4. Pour que les spectateurs voient la beauté de la nature au Canada, on va filmer des endroits…

5. Je voudrais aussi recréer des moments historiques…

6. Il faut aussi faire le portrait du peuple canadien…

7. Nous n'allons pas oublier les peuples indigènes…

8. Je chercherai des acteurs…

9. Le film coûtera assez cher…

10. Mais c'est un projet…

À l'écoute!

Le 23 juillet 1967, le général Charles de Gaulle arrive au Canada pour une visite officielle à l'occasion des festivités de l'Expo 67. Le lendemain de son arrivée, il donne un discours à Montréal, en face de l'hôtel de ville (*city hall*), durant lequel il prononce cette phrase devenue fameuse: «Vive le Québec libre!» Le message attribué à cette phrase a suscité beaucoup d'émotion et a créé une crise politique entre la France et le Canada. Deux jours plus tard, le général reprend l'avion et rentre en France sans avoir rencontré le chef du gouvernement canadien. Écoutez attentivement cette partie de son discours et répondez aux questions qui suivent.

Première écoute

Indiquez si les phrases suivantes sont justes ou fausses:

1. De Gaulle est un peu attristé *(saddened)* par ce qu'il voit au Québec. J F
2. Il propose de reprendre le Québec et d'en refaire une partie de la France. J F
3. Il dit que le Québec aide beaucoup la France et il le remercie. J F
4. Il dit que la France va aider le Québec. J F
5. Il est pour un Québec indépendant. J F

Deuxième écoute

1. Selon Charles de Gaulle, pourquoi est-ce particulièrement approprié qu'il prononce son discours à Montréal?

2. Au début du discours, Charles de Gaulle parle de l'affranchissement *(freeing, independence)* du Québec. À son avis, qu'est-ce qui semble nécessaire pour qu'un pays «s'affranchisse»?

____

____

3. De Gaulle dit que les Français ressentent beaucoup d'affection et de solidarité pour les Québécois. Citez quelques mots ou phrases qui illustrent ces sentiments. À votre avis, quelle est la source de ces sentiments de solidarité? Expliquez votre réponse.

____

____

4. De Gaulle parle d'une France «réveillée après d'immenses épreuves». Quels événements historiques qui ont marqué les vingt-cinq années antérieures (*preceding*) à ce discours évoque-t-il probablement?

____

____

5. Quels sont les signes de progrès que le Général remarque au Québec? ______________

____

____

Troisième écoute

Un discours, c'est un «document oral». Pendant votre troisième écoute, considérez les aspects oraux de ce texte.

1. Quelles qualités de la voix et du débit *(delivery)* de Charles de Gaulle suggèrent qu'il s'agit ici d'un discours formel? ______________

____

____

2. En général, les phrases de ce discours sont assez complexes. Au lieu de dire «La France vous salue!», le Général dit «Au nom du vieux pays, au nom de la France, je vous salue de tout mon cœur.» Pourquoi le Général a-t-il choisi ce genre de phrase? Est-ce que des phrases simples comme «La France vous salue!» seraient préférables à votre avis? Expliquez.

____

____

____

3. Dans les discours formels, on entend souvent des séries de trois éléments (par exemple, le «Gettysburg Address» d'Abraham Lincoln: « . . . we cannot *dedicate*, we cannot *consecrate*, we cannot *hallow* this ground.»). Trouvez un endroit vers le milieu du discours où trois phrases consécutives commencent par les mêmes trois mots. Quels sont ces mots? Cherchez un endroit à la fin de ce discours où vous entendez un seul sujet suivi de trois verbes. Quels sont ces trois verbes? ______________

____

____

4. À la fin du discours, De Gaulle prononce cinq phrases qui commencent par le mot «Vive...» *(Long live . . . !)*:

Vive ______________________________!

Vive ______________________________!

Vive ______________________________!

Vive ______________________________!

Vive ______________________________!

Quelle sorte de progression est établie dans cette série de phrases, de la première jusqu'à la dernière? Quel(s) changement(s) dans la voix du général de Gaulle souligne(nt) cette progression?

____

____

Atelier d'écriture

Des enfants bilingues, est-ce une bonne chose?

I. Le but: Faire de la recherche et écrire un rapport d'environ 400 mots sur les effets du bilinguisme chez les enfants.

II. Le sujet: Qu'est-ce que les chercheurs, les linguistes et les psychologues disent sur la relation entre le bilinguisme et le développement cognitif chez les enfants?

III. Élaboration du sujet: Plusieurs études indiquent que le bilinguisme précoce comporte des avantages. On parle de conséquences cognitives et sociales, on parle de flexibilité et d'ouverture mentales et on parle de la curiosité des enfants devant la diversité lexicale et structurale de deux langues. D'un autre côté, il y a des parents qui s'inquiètent car ils s'imaginent que le fait de parler et de penser en deux langues à un jeune âge est un «remplissage de tête» à éviter. C'est à vous de trouver ce que la recherche scientifique soutient et confirme sur ce sujet.

IV. Activités préparatoires. Avant d'écrire votre rapport, faites les exercices suivants.

A. Définitions. À l'aide d'un dictionnaire, donnez les définitions des mots ou expressions suivants.

1. un bilinguisme précoce ______________________________
2. un bilinguisme additif ______________________________
3. l'apprentissage d'une seconde langue ______________________________
4. la méthode de l'immersion ______________________________
5. l'école maternelle ______________________________

B. Relions des phrases avec un pronom relatif.

1. Mon colocataire a des grands-parents. Ses grands-parents sont bilingues.

____

____

2. Les enfants possèdent un vocabulaire très riche. Les enfants apprennent à parler plus d'une langue.

____

____

3. Certains enfants ont tendance à ne pas apprendre la langue de leur famille. Les parents de ces enfants sont immigrés.

4. Les gens bilingues utilisent les langues avec une certaine souplesse. Les gens monolingues ne possèdent pas cette souplesse.

5. Les enfants bilingues utilisent des capacités cognitives. À partir de ces capacités, ils peuvent résoudre des problèmes ou planifier une série d'actions.

6. En Europe centrale, on dit: «Plus vous parlez de langues, plus vous êtes un être humain.» En Europe centrale, une grande partie de la population est bilingue.

7. Les enfants bilingues réalisent qu'il y a une relation entre les mots et les objets. Cette relation est souvent arbitraire.

8. (Les enfants apprennent le mieux entre 1 et 5 ans.) C'est une période. L'enfant est très réceptif pendant cette période.

V. Au travail! Rédigez un premier brouillon de 400 mots sur le sujet indiqué ci-dessus. Ensuite, examinez votre texte en pensant aux suggestions suivantes.

- Vérifier la cohérence entre les phrases.
- Retravailler le texte après l'avoir fait relire par un(e) camarade de classe (si votre professeur l'autorise).
- Profiter des outils du traitement de texte (si votre professeur vous autorise à les utiliser):
  1. comprendre le fonctionnement du correcteur orthographique (*spellcheck*) en ayant conscience de ses limites;
  2. utiliser le dictionnaire des synonymes.
- Vérifier que le vocabulaire est précis.